Matthias Hugoth – Monika Benedix (Hrsg.)
Religion im Kindergarten

Matthias Hugoth
Monika Benedix (Hrsg.)

Religion im Kindergarten

Begleitung und Unterstützung für Erzieherinnen

Kösel

Im Auftrag der Bundesvereinigung Evangelischer Tageseinrichtungen für Kinder (BETA), Berlin, und des Verbandes Katholischer Tageseinrichtungen für Kinder – (KTK)-Bundesverband, Freiburg

Mit Unterstützung der Stiftung Ravensburger Verlag

Druck und Bindung: Kösel, Krugzell
Umschlag: fuchs_design, München
Umschlagmotiv: gettyimages; Foto: Camille Tokerud
Printed in Germany
ISBN 978-3-466-36768-9

*Gedruckt auf umweltfreundlich hergestelltem Offsetpapier
(säurefrei und chlorfrei gebleicht)*

www.koesel.de

Inhalt

Kinder brauchen Religion!

*Von **Gabriele Brosda**, Düsseldorf, Vorsitzende der Bundesvereinigung Evangelischer Tageseinrichtungen für Kinder (BETA), und Bruno Heller, Erfurt, Vorsitzender des Verbandes Katholischer Tageseinrichtungen für Kinder (KTK)-Bundesverband*

Bis vor Kurzem war die Kindergartenlandschaft im Blick auf das Thema *Religion* relativ klar aufgeteilt: Religion war Sache der konfessionellen Einrichtungen, für die kommunalen Einrichtungen und Einrichtungen anderer Träger stand das Thema selten auf der Tagesordnung. Das hat sich durch die aktuellen Bildungsinitiativen im Elementarbereich geändert: Viele Bundesländer haben Themen wie *Sinn, Werte, Religion* in ihre Bildungspläne aufgenommen, und auch die *Bündnisse für Erziehung* auf der Bundes- und Länderebene heben verstärkt die Bedeutung dieser Themen für die frühkindliche Bildung hervor. Wer heute auf Religion als Bildungsbereich verzichten will, muss plausiblere Argumente vorbringen, als sich auf die Devise zu berufen: »Religion gibt's bei den kirchlichen Kitas – alle anderen können's lassen.«

Aber auch die Befürworter einer »religiösen Bildung von Anfang an« können sich nicht mehr nur auf ihr Selbstverständnis als kirchliche Einrichtung oder auf ihren persönlichen Standpunkt berufen. Die Gleichrangigkeit des Bildungsbereichs *Religion* neben den anderen in den Bildungsplänen der Länder ausgewiesenen Bildungsbereichen muss argumentativ plausibel gemacht werden wie auch die Anforderungen an die fachliche und persönliche Kompetenz der Erzieherinnen.

Beide Fragestellungen stehen im Mittelpunkt dieses Buches. Dabei werden vor allem die davon betroffenen Menschen in den Blick genommen – die Kinder und die Erzieherinnen. Das unterscheidet dieses Buch von den meisten Publikationen, die gegenwärtig zur religiösen Bildung in Kindertageseinrichtungen erscheinen.

Die beiden federführenden Verbände – die »Bundesvereinigung Evangelischer Tageseinrichtungen für Kinder (BETA)« und der »Verband Katholischer Tageseinrichtungen für Kinder (KTK)-Bundesverband« danken der Stiftung Ravensburger Verlag nicht nur für ihre großzügige Unterstützung des Kongresses »Kinder brauchen Religion – und was brauchen Erzieherinnen?«, dessen Ergebnisse in dieses Buch eingeflossen sind, sondern auch für die Förderung dieser Publikation. Seit dem Kongress im Jahre 2005 in Frankfurt haben sich bis heute die Schwerpunkte der Diskussion über religiöse frühkindliche Bildung verschoben. Ebenso wie das Kind sind auch die Erzieherinnen ins Blickfeld geraten: Was müssen sie mitbringen, um dem Anspruch einer kindgerechten religiösen Bildung gerecht zu werden? Und was brauchen sie persönlich an Begleitung und Unterstützung?

Deshalb liegt das Hauptgewicht dieser Publikation auf Fragestellungen, die sich auf die Erzieherinnen und ihre fachlichen und persönlichen Kompetenzen beziehen.

Wir danken dem Kösel-Verlag, dass er diese Konzeption mitgetragen hat. Mit dem Buch leisten die BETA und der (KTK)-Bundesverband einen Beitrag zur Religionspädagogik in Kindertageseinrichtungen und zum Berufsprofil der hier tätigen Erzieherinnen.

Kinder bilden, Erzieherinnen stärken!

*Von **Dorothee Hess-Maier**, Ravensburg,*
Vorsitzende der Stiftung Ravensburger Verlag

Lernen beginnt schon beim Neugeborenen. Kinder, die eingeschult werden, sind fertige kleine Menschen – das haben uns die Gehirnforscher klargemacht. Das kurze »Fenster« der Vorschulzeit stellt für unsere Kinder Weichen, die später schwer zu verstellen sind. Erzieherinnen haben deshalb einen wesentlichen Anteil an der frühkindlichen Bildung. Nicht nur im familiären Umfeld, sondern auch im Kindergarten oder in der Kindertagesstätte machen die Kinder Erfahrungen, nehmen ihre Umgebung mit allen Sinnen wahr, stellen Fragen nach Natur, Mensch und Gott. Auf spielerische Weise, wie wir Erwachsene immer meinen, in Wahrheit ernsthaft und vor allem prägend für ihr ganzes weiteres Leben, lernen sie viele Dinge und werden auf das »echte« Lernen in der Schule vorbereitet. Trotz der Bildungspläne, die viele Bundesländer jetzt für frühkindliche Bildung entwickelt haben, sind viele Erzieherinnen ratlos und wünschen sich praktische Hilfestellung. Dies gilt auch für den Bereich der Werteerziehung. Was tun, wenn Kinder nach Gott, Tod oder dem Sinn des Lebens fragen? Wie führt man sie aktiv an transzendente Themen heran? Die Verantwortung der Erzieherinnen ist hoch, und viele müssen erst einmal ihre eigene Werthaltung und Religiosität überprüfen. Werte und religiöse Bildung formen sich in der frühen Kindheit. Brauchen Kinder Religion? Die Stiftung Ravensburger Verlag, die sowohl Forschungsvorhaben als auch Praxisprojekte im Bereich Bildung und Erziehung fördert, veranstaltete dazu gemeinsam mit der Tübinger Forschungsgruppe »Wirkungen religiöser Familienerziehung« ein interdisziplinäres wissenschaftliches Symposion. Einige Zeit später folgte die Vermittlung an die Praxis: Mit Förderung der Stiftung organisierten die Bundesverbände für evangelische (BETA) und katholische (KTK) Kindertageseinrichtungen einen Erzieherinnen-Kongress in Frankfurt. Die Nachfrage übertraf die Erwartungen weit, mehr als 500 Erzieherinnen aus ganz Deutschland nahmen teil. Das Motto lautete diesmal: »Kinder brauchen Religion – und was brauchen Erzieherinnen?«

Der vorliegende Band versammelt Arbeitsergebnisse und weiterführende Beiträge zu den Themen dieses Kongresses. Die Initiative der Bundesverbände KTK und BETA für diese Publikation, die einem breiten Kreis von Erzieherinnen praktische Unterstützung bieten soll, verdient Dank und Anerkennung. Wir wünschen dem Buch viele Leserinnen und Leser!

Einleitung

*Von **Matthias Hugoth**, Freiburg, und **Monika Benedix**, Berlin*

In diesem Buch geht es in erster Linie um Menschen – um die Kinder und die Frage, was sie mit Religion zu tun haben sollen, und um die Erzieherinnen, die sich mit dieser Frage auseinandersetzen. Von den drei Teilen dieses Buches befassen sich zwei mit den Erzieherinnen. Sie sollen ein Begleitbuch an die Hand bekommen, das ihnen Unterstützung für ihre religiöse Bildungsarbeit mit den Kindern bietet und sie persönlich stärkt.

Bei allen Bezügen zur religionspädagogischen Praxis geht es hier in erster Linie ums Nachdenken und Vergewissern, es geht um Erfahrungen und Einsichten im Blick auf die Kinder und noch mehr im Blick auf die Erzieherinnen und darauf, was sie für ihre Arbeit und für sich persönlich brauchen.

Was sie als Frauen brauchen, können ihnen wohl am ehesten Frauen sagen; deshalb kommen Frauen auch in den beiden Erzieherinnenteilen am meisten zu Wort. Insgesamt wurde auf eine ausgewogene Mischung von Autorinnen und Autoren geachtet. Und darauf, dass sie nicht nur fundiert und argumentativ überzeugend schreiben, sondern auch Farbe bekennen, dass sie deutlich machen, wo sie selber »stehen«.

Somit ist dieses Buch in manchen Passagen auch ein persönliches Buch geworden, dort nämlich, wo die Autorinnen und Autoren von Erfahrungen erzählen und Überzeugungen formulieren. Damit bieten sie Reibungsflächen für ihre Leserinnen und Leser – ein weiteres Kennzeichen dieses Buches. Womit es sich im Übrigen von der üblichen religionspädagogischen Literatur für den Kitabereich abhebt.

Im ersten Teil des Buches steht das Kind im Mittelpunkt: Die Beiträge beschäftigen sich aus unterschiedlicher Perspektive mit der Frage, wie man das Recht des Kindes auf Religion begründet und einlöst.

Der zweite Teil enthält Anregungen und Hilfen für die religionspädagogische Praxis. Die Beiträge richten sich zum einen an die Erzieherinnen selbst: Ihnen werden Einsichten und Hintergrundinformationen zu ausgesuchten Themenfeldern der religiösen Erziehung vermittelt. Zum anderen richten sich die Beiträge an Frauen und Männer, die in der Aus- und Fortbildung und in der pastoralen Begleitung von Erzieherinnen tätig sind. Es werden ihnen Möglichkeiten aufgezeigt und Formen beschrieben, wie sie Erzieherinnen bei ihrer religiösen Bildungsarbeit unterstützen können.

Der dritte Teil enthält Beiträge, die sich sowohl an die Erzieherinnen direkt wenden als auch an Personen, die sie begleiten und fördern wollen – diesmal allerdings unter der Leitfrage: Was brauchen Erzieherinnen persönlich?

Was brauchen Erzieherinnen als Frauen unserer Zeit für die religiöse Bildung von Kindern unserer Zeit? Dazu bietet dieses Buch ein breites Spektrum an Informationen, Reflexionen, praktischen und persönlichen Hilfen.

Das Recht des Kindes auf Religion einlösen

Wenn die Kinder klein sind,
gib ihnen Wurzeln.
Wenn sie groß sind,
gib ihnen Flügel.
Chinesisches Sprichwort

Einführung

Wenn ein Buch den Titel »Religion im Kindergarten« trägt, dann lässt das annehmen, dass in diesem Buch grundlegende und vor allem praxisbezogene Beiträge zur religiösen Erziehung zu finden sind – also Beiträge, die Themen behandeln wie *Religiöse Feste und Feiern*, *Religiöse Symbole, Bräuche und Rituale*, *Bibelarbeit*, *Heilige und große Gestalten des Glaubens*. Das alles aber wird man in *diesem* Buch nicht finden. »Religion im Kindergarten« befasst sich vor allem mit den Hauptakteuren religiöser Erziehung und Bildung, mit den Kindern und mit den Erzieherinnen. Dabei wird den Beiträgen für die Erzieherinnen – was ziemlich selten in solchen Publikationen vorkommt – der größte Raum gewährt. Denn: In fast allen Publikationen, in denen es um Theorie und Praxis der religiösen Erziehung und Bildung in Kindertageseinrichtungen geht, steht das Kind im Mittelpunkt. Und dort geht es immer um die Frage, wie eine *kindgerechte* religiöse Erziehung und Bildung praktiziert werden können. In dieser Hinsicht ist also das Feld mit Büchern und Materialien gut bestellt.

Das heißt natürlich nicht, dass sich die Beiträge dieses Buches nicht mit den Kindern befassen. Sie stehen im Mittelpunkt des ersten Teils, und zwar unter den Fragestellungen, inwieweit Kinder ein Recht darauf haben, etwas von Religion zu erfahren, inwieweit eine Kindertageseinrichtung dieses Recht einlösen soll und wie eine kindgerechte religiöse Erziehung und Bildung heute möglich sind.

Unter dem Motto »Das Recht des Kindes auf Religion einlösen« melden sich renommierte Autorinnen und Autoren zu Wort, die dieses Motto aus unterschiedlicher Perspektive beleuchten. Dabei werden vor allem grundsätzliche Fragen behandelt – angefangen von der Frage, wozu Kinder eigentlich Religion brauchen, über die Frage, ob religiöse Erziehung den Kindern schadet und wo sie ihnen nützen kann, über Aspekte der interreligiösen Erziehung bis hin zur Klärung dessen, was mit der Rede vom »Kindergarten als Lernort des Glaubens für Kinder und Erwachsene« gemeint ist.

Eine solche Klärung von grundsätzlichen Fragestellungen ist heute wieder dringlicher geworden – nicht zur Rechtfertigung der religionspädagogischen Praxis, sondern zur Untermauerung der Tatsache, dass *Religion* offiziell zu den Bildungsbereichen der Bildungsarbeit von Kindertageseinrichtungen gezählt wird. Das ist in den Bildungsplänen einer Reihe von Bundesländern dokumentiert, das wird in der Bildungspolitik der Bundesregierung bzw. des einschlägigen

Familien- und Jugendministeriums so gefordert und das setzt sich in der Fachwelt immer mehr durch.

Die im ersten Teil dieses Buches zusammengetragenen Beiträge zielen zum einen darauf ab, dass es gute Argumente – vor allem wenn sie vom Kind aus entwickelt werden – für eine religiöse Erziehung und Bildung in Kindertageseinrichtungen gibt, auch für die nichtkirchlichen Einrichtungen. Zum anderen liefern diese Beiträge auch gute Argumente, wenn die Erzieherinnen ihre religiöse Bildungsarbeit nach außen vertreten müssen.

Dabei geht es jedoch nicht um abschließende Gedanken und Argumente. Die Beiträge sind vielmehr als eine Grundlage für die persönliche Auseinandersetzung und für Klärungen im Team zu verstehen.

Wozu brauchen Kinder Religion?

Zur Grundlegung der religiösen Bildung in Kindertageseinrichtungen
Von ***Friedrich Schweitzer****, Tübingen*

> So wie der Mond
> Ungeteilt da ist,
> Auch wenn ich ihn nicht ganz sehe,
> Weiß ich von Dir,
> Dass Du da bist,
> Auch wenn ich Dich nicht ganz verstehe.
> *Nina Gantner*

Die Auffassung, dass Kinder Religion brauchen, findet wachsende Zustimmung. Diese Zustimmung reicht bis hinein in die Orientierungs- und Bildungspläne, die in den letzten Jahren für den Elementarbereich neu entwickelt und erlassen worden sind. Zugleich sind jedoch gegenläufige Tendenzen ebenfalls nicht zu übersehen. Die von internationalen Schulleistungsvergleichen (PISA u. Ä.) ausgehenden Impulse zielen zwar auf eine verstärkte Beachtung von Bildung im Elementarbereich, gedacht wird aber vor allem an sprachliche sowie an frühe naturwissenschaftliche Förderung, kaum hingegen an religiöse Bildung oder an Werteerziehung. Deshalb muss die Vergewisserung darüber, warum Kinder Religion brauchen, auch am Anfang des vorliegenden Bandes stehen. Der religiöse Bildungsauftrag von Kindertageseinrichtungen ist eigens zu klären.

Aus meiner eigenen Sicht ist dabei an erster Stelle an das Kind selbst sowie an das Recht des Kindes auf Religion zu denken. Die religiöse Entwicklung des Kindes braucht Bildung und Begleitung. Wichtig ist aber auch die umgekehrte Begründung: Bildung in Kindertageseinrichtungen braucht Religion, weil religiöse Bildung eng mit allen anderen Bildungsaufgaben zusammenhängt und weil die pädagogische Ausgestaltung von Einrichtungen die Berücksichtigung von Religion erfordert.

Kinder haben ein Recht auf Religion

Dass Kinder überhaupt eigene Rechte haben, ist erst seit verhältnismäßig kurzer Zeit anerkannt. Die Kinderrechtskonvention der Vereinten Nationen, die als Meilenstein auf dem Weg zu solchen Rechten gelten kann, wurde erst 1989 verabschiedet. Zu den anerkannten Rechten des Kindes zählt seither ein »Lebensstandard«, der seiner »körperlichen, geistigen, spirituellen, sittlichen und sozialen Entwicklung« angemessen ist (Artikel 27), wobei die deutsche Fassung der Kinderrechtserklärung die Bezugnahme der englischen und französischen Fassung auf die »spirituelle« Entwicklung leider verzerrend mit »seelische« Entwicklung wiedergibt. Auch offiziell verbriefte Rechte allein können aber keine neue Realität schaffen. Deshalb kommt es nach wie vor auf pädagogisch überzeugende Begründungen für das Recht des Kindes auf Religion an.

In meiner eigenen Arbeit mit Kindern, mit Eltern, Erzieherinnen und Kindertageseinrichtungen bin ich immer wieder darauf gestoßen, dass Kinder selbst die überzeugendsten Gründe für ihr Recht auf Religion liefern (Friedrich Schweitzer 2005; vgl. Albert Biesinger 2005). Mit ihren Fragen und Orientierungsbedürfnissen, mit ihrer Suche nach Bestätigung, nach Anerkennung und Gewissheit, mit ihren Gefühlen zwischen Angst und Hoffnung sowie ihren vielfältigen Weltzugängen führen uns Kinder immer wieder plastisch vor Augen, dass für sie die Welt weiter reicht als unsere alltägliche Realität. Es sind die Geheimnisse und das, »was man nicht sehen kann«, wovon sich die Kinder faszinieren lassen. Hieran entzündet sich ihre Neugier, und ihre Erkundung der Welt macht auch vor den Geheimnissen von Religion und Glaube nicht halt.

Die kindliche Erschließung von Welt stellt einerseits einen kognitiven Vorgang dar. Andererseits geht es immer auch um die Vertrauenswürdigkeit der Welt: Erweist sich diese Welt am Ende als gut, oder ist sie so beängstigend und bedrohlich, dass man sich beständig vor ihr schützen muss? Überwiegen die Ängste oder die Hoffnungen? Davon hängt nicht zuletzt die Widerstandsfähigkeit oder Resilienz von Kindern ab. Wo es keine Hoffnung mehr gibt, da bleibt nur der Rückzug. Kinder, die sich verängstigt nur in sich selbst verkriechen, lernen die Welt nicht kennen. Insofern trägt Religion ganz elementar zur Bildungsfähigkeit des Kindes bei – als Lebensmut und Zuversicht, als Schutz, Geborgenheit und Sich-behütet-fühlen-Dürfen.

Kinder stellen große Fragen, manchmal ganz ausdrücklich, manchmal aber auch einfach so, dass im Leben mit Kindern für die Erwachsenen große Fragen aufbrechen. Auch wenn Religion keineswegs an erster Stelle mit dem Tod zu tun hat, sondern mit dem Leben, wird dies doch häufig bei Fragen, die mit

Tod und Sterben zu tun haben, besonders greifbar. Die Mutter Martha Fay berichtet, dass sie ihrer dreijährigen Tochter Anna nicht die Vorstellung vermitteln wollte, dass die verstorbene Großmutter »in den Himmel« gekommen sei. Doch dann stirbt auch die Großmutter eines anderen Kindes im Kindergarten: Im Gegensatz zu unserer Großmutter war »diese glückliche Frau, wie ihr Enkel erklärte, geradewegs in den Himmel gekommen, der, wie sich herausstellte, noch immer genau da war, wo ich ihn als Kind zurückgelassen hatte und wohin er nach Annas Dafürhalten ... offenbar auch gehörte: direkt über uns, außer Sichtweite, über den Wolken«. (Martha Fay 1994, S. 22 f.)

Für Kinder ist es wichtig zu wissen, was mit den Toten geschieht, wo sie »hingehen«. Für die Erwachsenen, so zeigt der Bericht dieser Mutter, brechen dabei häufig nicht minder große Schwierigkeiten auf: Der eigene Kinderglaube, der längst aufgegeben und überwunden schien, tritt wieder vor Augen und fordert die Erwachsenen dazu heraus, sich erneut mit der vielfach abgebrochenen Lebenslinie zu beschäftigen.

Die großen Fragen der Kinder betreffen nicht nur Tod und Sterben. »Wer bin ich, und wer darf ich sein?« »Warum soll ich fair zu anderen sein, wenn sie zu mir nicht fair sind?« »Wer oder was ist eigentlich Gott?« »Warum glauben manche Kinder an Allah?« Das sind weitere Beispiele für Fragen, die sich Kindern in Kindheit und Jugend stellen und die nach einer potenziell religiösen Antwort verlangen (dazu ausführlicher Friedrich Schweitzer 2005). So ist es kaum zu bezweifeln: Religion gehört zum Leben des Kindes, deshalb haben Kinder ein Recht auf Religion.

Religiöse Entwicklung braucht Bildung und Begleitung

Manchmal wird die Auffassung vertreten, das Recht des Kindes auf Religion bedeute vor allem, dass die religiöse Entwicklung des Kindes nicht beeinflusst werden dürfe. Diese Auffassung findet sich in klassischer Form in dem berühmten Buch von Ellen Key »Das Jahrhundert des Kindes«, das zu Beginn des 20. Jahrhunderts erschienen ist (Ellen Key 2000). Kinder, so ist dort zu lesen, würden sich dann am besten entwickeln, wenn wir sie auch in religiöser Hinsicht in Ruhe ließen.

Einer solchen Haltung widersprechen nicht zuletzt die Kinder selbst. Kinder wenden sich auch mit ihren religiösen Fragen ausdrücklich an Erwachsene. Offenbar ist es ihnen wichtig zu wissen, wie gerade die für sie bedeutsamen Erwachsenen – Vater, Mutter oder Erzieherinnen – in dieser Hinsicht denken. Sie suchen nach Bestätigung oder weiterer Klärung.

Aus der Entwicklungspsychologie ist darüber hinaus bekannt, dass es nicht einfach *den* Kinderglauben gibt, sondern dass sich schon im Laufe der Kindheit mehrere wichtige Entwicklungsschritte vollziehen (vgl. die zusammenfassende Darstellung bei Friedrich Schweitzer 2004). Am Anfang stehen religiös bedeutsame Erlebnisse und Erfahrungen im vorsprachlichen Bereich, die bis in die allerfrüheste Zeit zurückreichen. Im Zuge des Spracherwerbs können solche Erfahrungen dann erstmals versprachlicht werden und gewinnen dadurch einen auch ausdrücklich religiösen Charakter. Im Zuge der Weltbildentwicklung fangen Kinder vor allem gegen Ende der Kindergartenzeit damit an, sich eine Gesamtvorstellung von der Welt zu bilden. Ihrem ersten Weltbild zufolge hat Gott seine Wohnung »im Himmel«, der als eine Art Stockwerk oder Bereich über den Wolken aufgefasst wird. Der Raum zwischen Sonne und Wolken ist in vielen Kinderzeichnungen mit Gott, Jesus, Maria und Engelwesen bevölkert. Doch schon gegen Ende des ersten Lebensjahrzehnts gerät dieses Weltbild oft wieder ins Wanken. Populärwissenschaftliche Vorstellungen von Weltraum und Kosmos, von Planetensystemen, Milchstraßen und der Unendlichkeit des Alls machen es zunehmend schwer, sich »Gott im Himmel« noch vorzustellen.

Angesichts solcher entwicklungs- bzw. religionspsychologischer Befunde ist die Notwendigkeit einer Begleitung der kindlichen Entwicklung leicht zu erkennen. Denn diese Entwicklungsschritte vollziehen sich nicht automatisch, sondern stets in Auseinandersetzung mit der Umwelt des Kindes. Beispielsweise kann eine Versprachlichung religiös bedeutsamer Erfahrungen nur gelingen, wenn dem Kind tatsächlich eine dafür geeignete Sprache angeboten wird, etwa in Form biblischer Geschichten. So gesehen erweist sich die religiöse Entwicklung als ein Bildungsprozess, der auf eine religiös anregende Umwelt angewiesen ist. Das Recht des Kindes auf Religion kann als Recht auf religiöse Bildung, Begleitung und Erziehung ausgelegt werden, als Anspruch auf eine religionspädagogisch gestaltete Umwelt, die Entwicklungen herausfordert und unterstützt. Aus dem Recht des Kindes auf Religion erwächst für die Kindertageseinrichtung ein unausweichlicher religionspädagogischer Auftrag, der nicht auf kirchliche Einrichtungen beschränkt sein kann. Umfassende Bildung ist keine Frage der Trägerschaft.

Bildung in Kindertageseinrichtungen braucht Religion

Bislang habe ich vom Kind und vom Recht des Kindes auf Religion her argumentiert. Aber auch die umgekehrte Frage ist wichtig: Wozu brauchen Kindertageseinrichtungen Religion?

Darauf sind zwei Antworten möglich: Religion trägt unmittelbar bei zur Bildung im Kindesalter, und Religion unterstützt die Ausgestaltung und Profilierung von Einrichtungen.

Die Bildungsbedeutung von Religion lässt sich in mehrerer Hinsicht verdeutlichen:

- *sprachliche und kognitive Bildung* durch biblische bzw. religiöse Geschichten
- *emotionale Bildung* durch die Verbundenheit mit Gott und anderen Menschen im Glauben
- *soziale Bildung* durch religiös ausgestaltete Gemeinschaftserfahrungen und gemeinschaftliche Rituale
- *ethische Bildung* durch religiös begründete Werte wie Nächstenliebe, Gerechtigkeit, Toleranz und Solidarität
- *ästhetische Bildung* durch religiöse Lieder und Musik, Symbole und künstlerische Ausdrucksformen

Zumindest in einem Teil der Bildungspläne für den Elementarbereich wird die Bildungsbedeutung von Religion deutlich erkannt. Beispielsweise verbindet der Orientierungsplan in Baden-Württemberg religiöse Bildung mit der Erfahrung von »Anerkennung und Wohlbefinden«, mit dem »Entdecken und Verstehen« der Welt, mit der Fähigkeit, »sich ausdrücken« zu können, sowie mit »Regeln, Ritualen und Traditionen«, die das Leben mit anderen betreffen (als Zusammenfassung vgl. Orientierungsplan Baden-Württemberg 2006, S. 66). Damit werden wichtige Bildungsaspekte benannt, was auch dann erfreulich bleibt, wenn beispielsweise der Beitrag von Religion zur sprachlichen Bildung hier nicht ebenso deutlich angesprochen wird.

Zusammenfassend kann auf den Beitrag von Religion zur Selbstwerdung und Identitätsbildung des Kindes hingewiesen werden. Dies beginnt mit frühen Prozessen der Vertrauensbildung, setzt sich fort in der für alle Resilienz bedeutsamen Haltung von Zuversicht, Lebensmut und Hoffnung und führt schließlich zur Gewissensbildung und zu ausdrücklichen Antworten auf die Frage: »Wer bin ich, und wer darf ich sein?«

Bildung in der Kindertageseinrichtung hat immer auch mit der Ausgestaltung und Profilierung von Einrichtungen zu tun. Bildungsmöglichkeiten erschließen sich für Kinder nicht nur bei ausdrücklichen Bildungsangeboten, sondern im gesamten Leben einer Einrichtung. Deshalb ist es wichtig, auch den Beitrag ins Auge zu fassen, den Religion in dieser Hinsicht zu leisten vermag.

Genau dies ist das Interesse, aus dem heraus der Ansatz »Religion im Alltag des Kindergartens« entwickelt wurde (Christoph T. Scheilke/Friedrich Schweitzer 2006). Bei diesem Ansatz wird religiöse Erziehung und Bildung mit den Gestaltungsdimensionen von Einrichtungen verbunden: Als Dimensionen werden dabei die in jedem Kindergarten vorhandenen Gestaltungsmöglichkeiten, etwa im Umgang mit Raum und Zeit, bei menschlichen Beziehungen oder beim Erzählen bezeichnet. Die Gestaltung dieser Dimensionen des Kindergartens hat Folgen für die religiöse Erziehung, und aus der religiösen Erziehung ergeben sich Anstöße für die Gestaltung der Einrichtung. Wichtige Beispiele sind:

- religiös begründete Rituale etwa zu Beginn oder am Ende des Tages, Lieder, Gebete usw.
- gestaltete Zeiten im Jahreskreis und Kirchenjahr, im Tages- und Wochenrhythmus
- religiöse Feste
- religiöse Symbole
- das Kennen- und Achtenlernen anderer Religionen und Weltanschauungen

Setzt all dies eine »heile Welt« voraus – eine Kindertageseinrichtung, bei der zumindest so gut wie alle Kinder und Eltern der Kirche angehören? Und ist die Realität nicht längst ganz anders – vielfältig, multireligiös und plural? Wie sich in den weiteren Beiträgen des vorliegenden Bandes zeigt, wäre eine religiöse Erziehung in der Kindertageseinrichtung, die an der Realität vorbeigeht, weder wünschenswert noch sinnvoll. Übergreifend ist festzuhalten: Religiöse und weltanschauliche Vielfalt oder Pluralität lässt religiöse Erziehung zwar schwieriger werden, aber eben auch umso dringlicher. Gerade angesichts dieser Pluralität brauchen Kinder eine Begleitung, die ihnen eine Orientierung in der Pluralität ermöglicht.

Wozu brauchen Kinder Religion? Am Ende lautet die kürzeste Antwort: *zum Leben!* Und deshalb brauchen auch Kindertageseinrichtungen Religion und haben einen religionspädagogischen Auftrag, ganz unabhängig von der Trägerschaft: Wo immer eine umfassende Bildung unterstützt werden soll und wo immer Kinder in jeder Hinsicht ernst genommen werden sollen, da müssen auch ihre religiösen Fragen, Orientierungsbedürfnisse, Erfahrungen und Sehnsüchte, ihre Hoffnungen und Zweifel, ihre Ängste und ihre Suche nach einer vertrauenswürdigen Welt im Blick sein.

Literatur

Albert Biesinger, Kinder nicht um Gott betrügen. Anstiftungen für Mütter und Väter. Freiburg: Herder Verlag, 13. überarb. Aufl. 2005

Martha Fay, Brauchen Kinder Religion? Wie Eltern die Frage nach dem Sinn des Lebens beantworten. Hamburg: Kabel Verlag 1994, S. 22 f. (Übersetzung leicht verändert)

Ellen Key, Das Jahrhundert des Kindes. Studien. Neu hrsg. von Ulrich Hermann. Weinheim: Beltz Verlag 2000 (Beltz-Taschenbuch, Bd. 28)

Orientierungsplan für Bildung und Erziehung für die baden-württembergischen Kindergärten. Pilotphase. Hrsg. vom Ministerium für Kultur, Jugend und Sport Baden-Württemberg. Weinheim: Beltz Verlag 2006

Christoph T. Scheilke/Friedrich Schweitzer (Hrsg.), Kinder brauchen Hoffnung – Religion im Alltag des Kindergartens. Bd. 1: Mit Geheimnissen leben, Neuauflage Münster 2006, sowie weitere Bände in dieser Reihe (zu beziehen beim Comenius-Institut: Schreiberstraße 12, 48149 Münster)

Friedrich Schweitzer, Lebensgeschichte und Religion. Religiöse Entwicklung und Erziehung im Kindes- und Jugendalter. Gütersloh: Gütersloher Verlagshaus, 5. Aufl. 2004

Friedrich Schweitzer, Das Recht des Kindes auf Religion. Ermutigungen für Eltern und Erzieher. Gütersloh: Gütersloher Verlagshaus, 2. Aufl. 2005

Ist Religion lebenswichtig?
Religiöse Erziehung – Chancen und Gefahren für Kinder

*Von **Gunther Klosinski**, Tübingen*

> Rede nicht von Gott,
> wenn du nicht danach gefragt wirst,
> aber lebe so,
> dass man dich nach Gott fragt.
> ***Talmud***

Die grundsätzliche Frage, ob religiöse Erziehung und religiöse Glaubensüberzeugung einen wesentlichen Einfluss auf die Gesundheit der Menschen haben, ob Religion gar lebenswichtig ist, lässt sich unter wissenschaftlichen, medizinischen Gesichtspunkten nicht eindeutig mit »Ja« oder »Nein« beantworten. Angemessene religiöse Begleitung und Unterweisung auf den unterschiedlichen Altersstufen kann einerseits das Fundament legen für eine Persönlichkeitsentwicklung, die u. a. gekennzeichnet ist durch ein tiefes Vertrauen in den Mitmenschen und eine Gelassenheit in Bezug auf Krisen und Schicksalsschläge des Lebens. Religiöse Indoktrination kann aber auch andererseits zu massiven Versagensängsten, zu Selbstzweifeln und zu Versündigungsvorstellungen führen.

Die Sichtweise, Religion sei »Opium für das Volk« (Marx) oder eine »kollektive Neurose« (Freud) greift zu kurz: Es gilt das Grundanliegen religiösen Glaubens und Handelns als menschliche Seins-Dimension zu begreifen, religiöses Erleben als einen lebenslangen, sich stetig wandelnden Prozess aufzufassen. Religiosität und Glaube verweisen seit jeher auf eine Beziehung zu übernatürlichen Mächten, die dem Menschen überlegen sind und Dinge vollbringen können, die wir nicht vermögen. Unter entwicklungspsychologischen Gesichtspunkten dient Religion damit im psychischen Haushalt der Kontrolle des Unkontrollierbaren: Die religiöse Vorstellung von einem allmächtigen Gott oder einer Gottes-Mutter dient damit auch der Verminderung von Angst bei dem sich entwickelnden Individuum.

Religiöse Vorstellungen und Gottesbilder sind Teil eines sich stetig wandelnden Weltbildes auf unterschiedlichen Entwicklungsstufen vom Kind zum

Erwachsenen. Dabei muss Religiosität, um positiv wirksam zu werden, das Streben nach positivem Selbstwertgefühl unterstützen (Bernhard Grom 1994).

Religiöse Erziehung in den ersten drei Lebensjahren

Im ersten Lebensjahr kann noch keine verbale religiöse Unterweisung erfolgen, sondern dem Kind muss durch ein gelungenes, gutes »Attunement« (Affektanpassung), durch Verlässlichkeit und Fürsorge das als Fundament mitgegeben werden, was als »Urvertrauen« und »Gehalten-Werden« zu umschreiben ist.

Im zweiten Lebensjahr, dem Trotzalter, ist es wichtig, dass dem Kind positive vergebende und versöhnende Gottesbilder vermittelt werden und nicht strafende und verdammende! Gerade weil es für Kinder in diesem Alter zur Entwicklungsaufgabe gehört, den guten und den »bösen, versagenden« Aspekt der Mutter (und des Vaters) in einer Person zu integrieren, sollten dem Kind mehr die beschützenden und liebenden Aspekte eines Gott-Vaters oder einer Gottes-Mutter vermittelt werden.

Religiöse Erziehung im Kindergartenalter

Weil in diesem Alter die Kinder noch besonders leicht zu beeinflussen sind und ihre Fantasiewelt und ihre Wahrnehmungsfähigkeit in Bezug auf die sie umgebende Realität nicht immer voneinander getrennt sind, wären auch in diesem Alter strafende Gottesaspekte nur dann aus entwicklungspsychologischer Sicht zu rechtfertigen, wenn die Strafen »gerecht«, das heißt für das Kind nachvollziehbar sind und eine Versöhnung und Wiedergutmachung möglich ist durch ein versöhnliches und vergebendes Gottesbild. Wenn auf dieser Stufe das Böse und der Teufel eingeführt werden, so wäre aus kinderpsychiatrischer Sicht wichtig, dass das Kind selbst sich das Böse mit ausdenken darf und es ihm nicht von außen durch elterliche Vorgaben übergestülpt wird. Dies deswegen, weil ein Kind nur das an Bosheit und Destruktivität denken und sich ausmalen kann, was es entsprechend seiner Altersstufe kognitiv und aufgrund seiner Bindungserfahrung »verkraftet«. In der Kinderkirche und im Kindergarten sollten jene biblischen Geschichten, in denen eine ewige Verdammnis als furchterregendes Höllenbild thematisiert wird, nicht den Kindern vorgesetzt werden. Dies sollte erst im Anschluss daran behutsam erfolgen.

Wie kann religiöse Erziehung im frühen Schulalter gelingen?

Da die Kinder im frühen Schulalter zunehmend besser zwischen Wirklichkeit und Fantasie zu unterscheiden vermögen und sie ihre Weltsicht immer mehr auch rational begründen, kann ihnen mehr und mehr auch die Doppelgesichtigkeit des Göttlichen, das heißt der richtende und der verzeihende Gott, in symbolischen Bildern und Gleichnissen nahegebracht werden. Die Botschaft: Der Tod ist der Sünde Sold, darf so nicht isoliert stehen bleiben. Es muss gleichzeitig darauf hingewiesen werden, dass dieser Gott auch ein vergebender ist, der vergibt und erlöst, der den Tod selbst überwunden hat.

Schritte zu einer gelungenen religiösen Erziehung in der Pubertät und Adoleszenz

Im Jugendalter ist die Gottesfrage an die stets potenziell aufbrechende Sinnfrage gekoppelt, die in aller Regel mit einer Erschütterung des Jugendlichen in seinem Gottesbild einhergeht. Ein Verlust des Glaubens an Gott ist bei den Jugendlichen in einer Enttäuschung über Gott als Helfer zu sehen: Der Jugendliche möchte Gott persönlich spüren und als Handelnden erfahren, Gott soll Macht haben, mehr Macht noch als die Eltern, und er soll der Garant für das Gute sein.

Die sogenannte Theodizee-Problematik (Rechtfertigung Gottes) ist für Jugendliche wohl die entscheidende Krise in der Gottesbeziehung: Warum lässt Gott die Ungerechtigkeit der Welt zu? Warum hat er uns alle als sündige Menschen geschaffen, die dann wieder von ihm selbst (durch Christus, Gottes Sohn) erlöst werden müssen?

Weil die religiöse Entwicklung in der Pubertät und frühen Adoleszenz einen »Wetterwinkel« darstellt, ist es notwendig, den Jugendlichen in seinen Zweifeln zu begleiten. Dabei versperrt eine bei Jugendlichen zu verzeichnende kritisch-emanzipatorische Distanz zur Kirchlichkeit offenbar keineswegs den Zugang zu religiösen Deutungssystemen der Gesellschaft und Gegenwartskultur. Unsere pluralistische Gesellschaft zwingt den Jugendlichen, offen für einen religiösen Pluralismus zu sein, zwingt ihn gleichsam zur Häresie, wie dies Volker Drehsen (1993) u. a. formuliert hat.

Religiöse Erziehung muss gerade bei Jugendlichen innerhalb der Christenheit den ökumenischen Aspekt aufgreifen und fördern, muss ferner darauf hinweisen, dass jede religiöse Entwicklung – und damit letztlich jede Religion – unvollendet ist. Mehr noch als in der ersten Ablösungsphase, dem Trotzalter, geht es in der zweiten Separationsphase, in der Pubertät, um die Einübung von Nähe und Distanz, Zärtlichkeit, Sexualität und Aggression.

Gottesbilder und religiöse Weltbilder müssen diese Eckpfeiler mit einbeziehen und integrieren. Bleibt das Bild von Gott ein übermächtiges Außenbild, wird die Gottesvorstellung verwandelt in einen verfolgenden Gott, die die Entwicklung des Individuums zu einem eigenverantwortlichen Menschen verhindert. Kommt es aber zu einem Gewahrwerden und zu der Empfindung, dass in unserem Inneren, in unserer »Seele«, ein Gott gleichsam verankert ist, kann ein positives, Entwicklung ermöglichendes Bild zum Leitbild unseres Menschseins werden. In letzterem Falle erleben wir Gott individuell in der Seelentiefe. In diesem Sinne kreist die Gottessuche auch um die Suche nach dem eigenen Selbst, das letztlich zwar immer Geheimnis bleiben wird, sich aber stets in neuen Aspekten und Symbolen zeigen und finden lassen möchte. Ingrid Riedel (1994) ist der Auffassung, in Träumen und Imaginationen würden uns progressive und regressive Gottesbilder entgegentreten, wobei es erstere zu nutzen gelte.

Gottesbilder progressiver Art sind Induktionsbilder für ein im Augenblick mögliches, ebenso individuelles ganzheitliches Weltverständnis. Peter Schellenbaum (1990) versteht als Tiefenpsychologe unter einem Gottesbild »jedes die Individuation zentral weckendes und förderndes Bild«. Er spricht als Jungianer in diesem Zusammenhang von »Spiegelkommunikation« und meint damit, dass religiöse Erziehung, religiöse Suche über eine Ich-Du-Beziehung in eine Art Spiegelkommunikation mit dem eigenen inneren Wesen einmündet. Religiöse Erziehung sollte eine solche positive religiöse Anleitung zu einem solchen Dialog mit einem inneren Gottesbild positiver Art fördern. Es wird dann religiöse Erziehung zur Chance und zu einer »lebensbegleitenden Identitätshilfe« (Karl Ernst Nipkow 1990).

Da jeder Mensch gezwungen ist, auf den unterschiedlichen Altersstufen Fragen existenzieller Art zu stellen, die auf ein Vorher (vor der Geburt) und Nachher (nach dem Tod) verweisen und nach dem Sinn des Ganzen fragen, ist eine religiöse Unterweisung Hilfestellung im Sinne einer Weltdeutung, die aber nie geschlossen, sondern offen sein muss. Religiöse Neugierde ist damit sozusagen dem Menschen in die Wiege gelegt und die Antworten sind und müssen individuell auf den Fragenden bezogen sein. Wenn wir unseren Kindern eine religiöse Unterweisung versagen, werden sie dennoch religiöse Fragen stellen, ob wir wollen oder nicht.

Religiöse Erziehung stellt die Frage nach dem Menschenbild, das wir vor Augen haben, wenn ein Kind erzogen oder begleitet wird. Erzieher, Lehrer, Psychologen und Psychiater, von dem gehe ich aus, könnten sich dem idealisierten Bild »des guten Menschen in heutiger Zeit« wohl annähern: Er sollte kommunikativ, empathisch, verantwortungsbewusst sein, einerseits kritisch mit Rückgrat und andererseits kompromiss- und konsensfähig. Er sollte eigenverantwortlich und eigeninitiativ einerseits, andererseits helfend, kooperativ und sich mit anderen vernetzend ausgerichtet sein. Unter entwicklungspsychologischen und kinderpsychiatrischen Aspekten geht es dabei entscheidend um folgende Ziele in der Erziehung: um den Aufbau einer Bindungs- und Empathiefähigkeit, gepaart mit positivem Selbstbewusstsein bzw. Selbstkonzept.

Wann ist eine religiöse Erziehung folglich gelungen? Vielleicht kann man dies umschreiben mit dem Bild, »eine Heimat gefunden zu haben«. Erinnert sei an das Nietzsche-Wort: »Weh' dem, der keine Heimat hat!« Damit weist der Philosoph auf die Heimatlosigkeit, auf die Entwurzelung, auf einen Zustand, der der Vertreibung aus dem Paradies gleichkommt und offenbar einen wesentlichen Aspekt des Menschseins schlechthin beschreibt. Eine Heimat haben heißt, zu wissen, wo man verwurzelt ist, wo die Quellen des eigenen Beginns liegen. Heimgehen heißt auch im übertragenen Sinne, dort hingehen, wo man hergekommen ist, das heißt aus dem Nichts ins Nichts, oder vom Schöpfer zum Schöpfer. Wenn unsere Kinder und Jugendlichen dieses Gefühl entwickeln können, nicht herauszufallen, nicht alleine zu sein, sondern trotz der Ungerechtigkeit und destruktiven Aspekte in der Welt »aufgehoben« zu sein und »gehalten zu werden«, dann ist religiöse Erziehung nicht vergebens gewesen.

Religiöse Erziehung muss sich messen lassen an einer Verantwortungsethik als Erziehungsziel (vgl. Wilhelm Rotthaus 2002). Ferner muss sich religiöse Erziehung kindgerecht am Kindeswohl orientieren, wie dies Friedrich Schweitzer (2003) herausgearbeitet hat: Irreversible Einschränkungen eigenständiger Lebensentscheidungen von Kindern und Jugendlichen sowie angsterzeugende

Erziehungspraktiken sind bei jeder religiösen Erziehung zu unterlassen. Hingegen muss religiöse Erziehung auch ein Sinnangebot bereithalten und wird Orientierungen im Sinne von Entwicklung einer sozialen Verantwortung anbieten. Sehr wohl darf hierbei erinnert werden an alte kategorische Imperative, die dringender und moderner denn je sind: »Ehrfurcht vor dem Leben« (Albert Schweitzer), »Heiligkeit des Lebens« (Hans Jonas) oder »Frieden mit der Natur« (Klaus Michael Meyer-Abich, vgl. Otfried Höffe 1993).

Jede Erziehung, und insbesondere eine religiös ausgerichtete Erziehung, muss aus kinder- und jugendpsychiatrischer Sicht alles daransetzen, dass wir unsere Kinder zu einer »gutartigen Aggression« hin erziehen, zu einem Menschenbild, das – natürlich idealtypisch – sowohl Zivilcourage, Selbstbehauptung und konstruktive Kritikfähigkeit zulässt als auch Mitgefühl, Solidarität, teilnehmende Gemeinsamkeit mit anderen. Es wäre ein Menschenbild mit all jenen Eigenschaften, die besser in der Lage sind, ein für den einzelnen Menschen und für die Gesellschaft notwendiges Umdenken zu vollziehen, um lieb gewonnene egoistisch-hedonistische Einstellungen zu überwinden, zugunsten einer maßvollen Lebenseinstellung und Lebensführung, durch die wir ein Bewusstsein für die Geschwisterlichkeit aller Wesen bekommen.

Literatur

Volker Drehsen, »Alles andere als Null-Bock auf Religion – religiöse Einstellungen Jugendlicher zwischen Wahlzwang und Fundamentalismusneigung«. In: *Peter Biehl/Christoph Bitzer/Roland Degen/Norbert Mette/Folkert Rickers/Friedrich Schweitzer (Hrsg.)*: Religion der Jugend wahrnehmen. Ohne Hoffnung erziehen? Neukirchen-Vluyn: Neukirchener Verlag 1993, S. 47–69 (Jahrbuch der Religionspädagogik Bd. 10)

Bernhard Grom, »Religiosität und das Streben nach positivem Selbstwertgefühl«. In: *Gunther Klosinski (Hrsg.):* Religion als Chance oder Risiko – entwicklungsfördernde und entwicklungshemmende Aspekte der religiösen Erziehung. Bern: Huber Verlag 1994, S. 102–110

Otfried Höffe, »Animal morale«, in: Zeitschrift für Rechtspolitik 10 (1993), S. 344–399

Gunther Klosinski, »Wann ist religiöse Erziehung gelungen? Anmerkungen des Kinder- und Jugendpsychiaters«, in: Wege zum Menschen 57 (2005), S. 179–190

Gunther Klosinski, »Religiosität als Chance und Hindernis der Persönlichkeitsentwicklung«. In: *Albert Biesinger/Hans-Jürgen Kerner/Gunther Klosinski/Friedrich Schweitzer (Hrsg.):* Brauchen Kinder Religion? Neue Erkenntnisse – Praktische Perspektiven. Weinheim: Beltz Verlag 2005, S. 22–35

Karl Ernst Nipkow, Bildung als Lebensbegleitung und Erneuerung. Kirchliche Bildungsverantwortung in Gemeinde, Schule und Gesellschaft. Gütersloh: Gütersloher Verlagshaus, 2. Aufl. 1992

Ingrid Riedel, »Bilder von Angst und Vertrauen. Progressive und regressive Gottessymbole in Träumen und Imaginationen«. In: *Gunther Klosinski (Hrsg.):* Religion als Chance oder Risiko – entwicklungsfördernde und entwicklungshemmende Aspekte religiöser Erziehung. Bern: Huber Verlag 1994, S. 159–168

Wilhelm Rotthaus, Wozu erziehen? Entwurf einer systemischen Erziehung. Heidelberg: Carl-Auer-Systeme Verlag, 5. Auflage 2004 (Systemische Pädagogik)

Peter Schellenbaum, Gottesbilder – Religion, Psychoanalyse, Tiefenpsychologie. München: Deutscher Taschenbuchverlag, 5. Auflage 2004 (dtv, Bd. 34079)

Friedrich Schweitzer, Pädagogik und Religion – eine Einführung. Stuttgart: Kohlhammer Verlag 2003 (Grundriss der Pädagogik/Erziehungswissenschaft, Bd. 19)

Religion in der interkulturellen Erziehung und Bildung

Sinn und Praxis interreligiöser Bildung in Kindertageseinrichtungen

*Von **Frieder Harz**, Erlangen*

> Sage es mir, und ich werde es vergessen.
> Zeige es mir, und ich werde mich daran erinnern.
> Beteilige mich, und ich werde es verstehen.
> ***Lao Tse***

In den neuen Bildungsempfehlungen für Kindertageseinrichtungen werden auch interkulturelle und -religiöse Erziehungs- und Bildungsaufgaben benannt. *Interkulturelle* Erziehung und Bildung geschieht auf vielfältige Weise: von der Sprachförderung der Kinder bis zu entsprechenden Angeboten für Eltern, von der Ausstattung mit Bilderbüchern, Puppen etc. aus verschiedenen kulturellen Traditionen bis zu mehrsprachigen Informationen für die Eltern, von Liedern bis zum gemeinsamen Feiern von Festen, von der Unterstützung von Migrantenfamilien bis zu der Einsicht, dass Integration Sache aller Beteiligten ist, nicht nur der Hinzugekommenen. Zu den interkulturellen gehören auch die *interreligiösen* Aufgaben, denn nur wenn sie mit im Blick sind, kann interkulturelle Erziehung und Bildung wirklich gelingen. Was bedeutet das im Einzelnen?

- Zu der Einsicht, dass Deutschland zu einem *multikulturellen* Land geworden ist, gehört auch, dass wir uns an eine multireligiöse Situation zu gewöhnen haben. Mit *religiöser* Vielfalt gilt es nicht als etwas Ungewöhnlichem, sondern als etwas Normalem, Alltäglichen umgehen zu lernen.
- Weil kulturelle Andersartigkeit oft auch befremdend wirkt, zielt *interkulturelles* Lernen darauf, solche Fremdheitserlebnisse nicht zu überspielen, sondern sich ihnen zu stellen und konstruktiv mit ihnen umzugehen. Entsprechend gilt es, sich empfundener Fremdartigkeit anderer *Religionen* bewusst auszusetzen und dabei zugleich die religiösen Bindungen ihrer Mitglieder ernst zu nehmen.
- Zum Prüfstein *interkulturellen* Lernens werden die Konflikte des Alltags, in denen unterschiedliche Verhaltensmuster aufeinanderprallen. Ursachen

dazu liegen oft auch im *religiösen* Bereich, wenn etwa Eltern befürchten, dass religiöse Verpflichtungen ignoriert werden. Interreligiöse Erziehung muss sich solchen alltäglichen Konflikten stellen.

- *Interkulturelles* Lernen heißt, Etikettierungen abzuwehren und auch zwischen sozialen und ethnischen Konflikten sorgfältig unterscheiden zu lernen. Manches Verhalten wurzelt mehr in sozialen Erfahrungen von Fremdheit und Unverständnis als in ethnischen Unterschieden. Entsprechendes gilt für die *Religionen* in der Vielfalt ihrer Erscheinungsformen. Religiöse Verhaltensweisen wurzeln sowohl in den Anweisungen heiliger Schriften als auch in kulturell tradierten Gewohnheiten. Religiöse Zugehörigkeit wird von den Familien auf sehr unterschiedliche Weise praktiziert, von fundamentalistischen bis zu sehr liberalen Einstellungen.
- Im *interkulturellen* Lernen soll eine größtmögliche Basis gemeinsamer Verhaltensweisen gewonnen werden, die für das Zusammenleben in einer Gesellschaft unentbehrlich ist. Ein wichtiger Beitrag dazu sind auch *religiöse* Gemeinsamkeiten, die Judentum, Christentum und Islam im Glauben an den einen Gott verbinden, weiterhin auch gemeinsame Verpflichtungen zu Nächstenliebe, Gerechtigkeit, Frieden und Bewahrung der Schöpfung.
- *Interkulturelles* Lernen hat sich von einer Ausländerpädagogik zu einer Erziehungs- und Bildungsaufgabe für alle entwickelt mit dem Ziel des Zusammenlebens in kultureller Vielfalt. Entsprechend geht es beim *interreligiösen* Lernen um die Fähigkeit des christlichen Glaubens zur Verständigung mit anderen Religionen. Interreligiöse Bildung setzt bei einem Verständnis des christlichen Glaubens an, das religiöse Wahrheit nicht nur für sich allein reklamiert, sondern auch anderen Religionen zugestehen und mit dem Aufeinanderprallen unterschiedlicher Wahrheitsansprüche konstruktiv umgehen kann.

Solche interreligiösen Erziehungs- und Bildungsaufgaben treffen in den Einrichtungen auch auf Vorbehalte: Tageseinrichtungen in nichtkirchlicher Trägerschaft verweisen oft auf die Pflicht zu religiös-weltanschaulicher Neutralität: Kinder sollen nicht religiös beeinflusst oder gar manipuliert werden. Kirchliche Träger fordern zuweilen, christlichen Familien den Vorrang bei der Vergabe der Kindergartenplätze zu geben. Kinder sollen Beheimatung im christlichen Glauben erfahren. Interreligiöse Erziehung und Bildung wird da zuweilen als mögliche Behinderung des Hineinwachsens in die christliche Gemeinde angesehen.

Viele Einrichtungen haben sich mit der interkulturellen auch in der interreligiösen Erziehung auf den Weg gemacht: Anhand von Bilderbüchern, Geschichten, Gegenständen, Erkundungen erfahren Kinder wesentliche Merkmale anderer Religionen. Sie begegnen anderen Religionen in einem reichhaltigen interreligiösen Festkalender. In vielen kirchlichen Einrichtungen wird überlegt, wie die angebotene Beheimatung im christlichen Glauben für Kinder und Eltern anderer Religionen erträglich sein kann – besonders dann, wenn die kirchliche Einrichtung die einzige am Ort ist. Erfreut registrieren Erzieherinnen und Erzieher, dass biblische Gestalten bis zu Jesus auch im Koran hohe Wertschätzung genießen; dass ethische Standards, wie Christen sie in den Geboten und besonders in dem der Nächstenliebe finden, auch für andere Religionen bestimmend sind.

Vor allem konfliktträchtige Situationen, in denen kulturell und religiös unterschiedliche Verhaltensmuster aufeinanderprallen, zeigen, wie wichtig eine tragfähige interreligiöse Konzeption ist. Bei deren Entwicklung gilt es, sich an dem Verständnis von Bildung zu orientieren, das die aktuellen Bildungsempfehlungen für den Elementarbereich bestimmt.

Bildung geschieht in Beziehungen

Kinder brauchen Bezugspersonen, zu denen sie ein Vertrauensverhältnis aufbauen können. An ihnen sollten Kinder lernen können, eine eigene Überzeugung und Meinung zu haben, eigenständig zu urteilen – und zugleich zu akzeptieren, dass andere andersartige Positionen vertreten können. Das gilt in besonderer Weise für religiöse Überzeugungen, die durch die Glaubwürdigkeit wirken, in der sie uns begegnen. Die religiöse Lernaufgabe besteht also darin, wahrzunehmen, was Menschen für ihr Leben wichtig ist, was ihnen Halt gibt, worauf sie vertrauen. Und dabei gilt es zu entdecken, dass solche religiösen Überzeugungen in ganz unterschiedlicher Weise artikuliert werden. Kinder brauchen Erwachsene, die religiöse Fragen und Überzeugungen nicht tabuisieren, sondern die zum Gespräch bereit sind, die zuhören können, dabei auch eigene Überzeugungen einbringen und die anderer wertschätzen.

Für die Erziehenden heißt das zunächst, die eigenen religiösen Überzeugungen zu klären, mit dem Ziel der Bereitschaft, auch über Religiöses miteinander zu sprechen – sofern es zu dem passt, wie Kinder ihre Wirklichkeit wahrnehmen, strukturieren und deuten. In kirchlichen Einrichtungen wird erwartet, dass die Mitarbeiter ihre eigenen religiösen Vorstellungen in Begegnung und Auseinandersetzung mit christlichen Überlieferungen gewinnen und artikulieren. Das setzt die Bereitschaft voraus, sich auf eine solche Begegnung einzulassen und dabei in Nähe und Distanz zu kirchlichen Traditionen eine eigene Position zu suchen. Vielfalt begegnet damit schon in dem je eigenen Umgang mit christlicher Überlieferung. Sie wird weiterhin bewusst in der Aufmerksamkeit und dem Respekt, in dem Erzieherinnen und Erzieher andere religiöse Orientierungen von Eltern und Kindern wahrnehmen. In einer Atmosphäre des Vertrauens können Kinder unterschiedliche religiöse Zugehörigkeit erleben, die ohne Bewertungen in gut oder schlecht auskommt.

Ethische Bildung

In den Bildungsplänen wird die religiöse Thematik meist zusammen mit der Werteerziehung eingebracht. In den Religionen finden wir ein gemeinsames tragfähiges ethisches Fundament, das dem Schutz des Lebens höchsten Rang gibt. Die bekannte »Goldene Regel« gilt in allen Weltreligionen. Überall gibt es Zusammenfassungen, die das Verbot des Mordens, den Schutz der Familien und der Frauen, das Recht auf Eigentum, das Verbot des Lügens thematisieren. Vielfalt und Unterschiedlichkeit wird sichtbar in Weisungen, die auf Aussagen der Religionsstifter zurückgehen, durch göttliche Autorität legitimiert sind und religiöse Identität verdeutlichen. Freilich sind solche religiösen Gesetze oft unentwirrbar mit kulturellen Überlieferungen verflochten.

Grundsätzlich verdient die Ernsthaftigkeit Anerkennung und Respekt, mit denen Gläubige ihre religiösen Regeln achten. Zum Inhalt interreligiösen Lernens werden sie, indem alle Kinder um sie wissen und sich beim Einhalten der Regeln gegenseitig unterstützen. Kinder lernen auf diese Weise die religiöse Verankerung bestimmter Verhaltensweisen kennen und sie begreifen, dass ihnen deshalb hohe Verbindlichkeit zukommt. Sie erfahren, dass hinter ihnen der Wille der Eltern und dahinter eine religiöse Verpflichtung stehen und dass dies prinzipiell bei jedem Kind anders sein kann. Gerade indem die Verschiedenheit zum Beispiel bei den Essensregeln bewusst wird, lernen die Kinder verantwortungsvoll damit umzugehen.

Schwieriger wird es, wenn religiös-kulturelle Traditionen im Widerspruch zu anerkannten pädagogischen Grundsätzen stehen. Aus der unantastbaren Würde des Menschen resultieren unveräußerliche Menschenrechte, die auch zu entsprechenden pädagogischen Grundsätzen führen. Dazu passt es nicht, wenn zum Beispiel aus religiös-kulturellen Gründen das Verhalten von Mädchen anderen Maßstäben unterworfen wird als das von Jungen. Kinder sollten dann lernen, dass in unterschiedlichen Lebensräumen unterschiedliches Verhalten geboten bzw. erlaubt sein kann: dass zu Hause andere Traditionen wirksam sein können als in der Kindertageseinrichtung. Religiös-kulturelle Bildung unterstützt die Kinder darin, mit solchen Differenzierungen zurechtzukommen. Und Erzieherinnen und Erzieher suchen in individuellen Konfliktlösungen das Prinzip der Gerechtigkeit für alle mit dem Verständnis für besondere religiös-kulturelle Traditionen auszubalancieren: Wie kann sich Verständnis für religiös begründetes Verhalten mit der Klarheit verbinden, in der unaufgebbare pädagogische Grundsätze zur Geltung gebracht werden?

Zugänge zur umgebenden Welt

Kinder sind als »kompetente Lerner« die Subjekte ihres Lernens auch im interkulturellen und -religiösen Bereich. Zu ihren Erkundungen gehört auch die Welt der Religionen. Dabei wird immer wieder befürchtet, erfahrene Vielfalt der religiösen Traditionen sei für kleine Kinder eher verwirrend als weiterführend. Aber Religionen begegnen sich in Gläubigen, die sich einer bestimmten Religionsgemeinschaft zugehörig fühlen und dies in ihrem Verhalten zeigen. Kinder lernen so religiöse Vielfalt in der Unterscheidung von Zugehörigkeit kennen. Das hilft ihnen, sich nach und nach ihrer eigenen, das heißt von den Eltern bestimmten religiösen Identität bewusst zu werden.

Religionspädagogische Aufgabe ist es damit, das Wissen über religiöse Traditionen durch Personen erfahrbar zu machen, die sich solchen Überlieferungen verpflichtet fühlen. Das sind zunächst die Eltern und Verwandten mit dem Schatz an familiären Traditionen. Verschiedenartigkeit zeigt die religiöse Praxis in konfessions- und religionsübergreifenden Ehen und Familien, samt den Eltern, die sich keiner religiösen Überlieferung zugehörig fühlen. Kinder entdecken später, dass es neben der eigenen religiösen Familientradition auch andere gibt. Sie erfahren, was dort Zugehörigkeit bedeutet und worin diese begründet ist.

In der Kindertageseinrichtung lernen sie Menschen kennen, die ihre Konfession bzw. Religion präsentieren, auch besondere Funktionen innehaben und sich darin wiederum von eigenen und anderen Eltern unterscheiden. Erzieherinnen und Erzieher sind gefragt, was sie von ihrer eigenen religiösen Einstellung und Beheimatung den Kindern zu zeigen bereit sind. Religiöse Erkundungen können die Einstellung fördern, dass religiöse Unterschiedlichkeit ganz normal ist und ein aufgeschlossenes Miteinander nicht beeinträchtigen muss.

In religiösen Überlieferungen leben

Religionen leben, indem Überlieferungen praktiziert werden. Erziehung und Bildung hat damit auch die Aufgabe, religiöse Vielfalt im ganzheitlichen Erleben und Mitvollziehen zugänglich zu machen. Wie ist dies möglich, wenn es Kinder doch in ihrer eigenen religiösen Identität zu bestärken gilt? Sollen nun etwa alle Kinder das muslimische rituelle Gebet mitmachen oder das Vaterunser mitbeten? Wird damit die ordnende Differenzierung in »mein« und »dein« nicht wieder aufgehoben?

Als Lösung dieses Problems bietet es sich an, das gemeinsame Feiern in je unterschiedlichen Rollen von Zugehörigkeit zu praktizieren. Die eine ist die Rolle der religiösen Gastgeber. Sie feiern ihr Fest, vollziehen ihre Rituale. Die andere ist die der religiösen Gäste. Sie sind eingeladen, etwas mitzufeiern, das nicht ihr Eigenes ist. Die Distanz zum religiös Anderen wird nicht einfach ignoriert, sondern wird deutlich benannt: Muslime werden zum Mitfeiern des christlichen Weihnachtsfests eingeladen – als Gäste, die dabei herzlich willkommen sind. Umgekehrt werden christliche Kinder als Gäste beim Besuch der Moschee begrüßt. Die Rolle des religiösen Gasts erlaubt Distanz in der Neugier am Anderen als dem Fremden und auch die Freiheit, selbst entscheiden zu können, bei was man mitmachen möchte und bei was nicht.

In diesem Sinne sollte eine solche Gästerolle mit den Eltern geklärt und abgestimmt werden. Die Differenz zwischen religiösen Gastgebern und Gästen bietet gute Möglichkeiten, religiöse Vollzüge gemeinsam zu erleben, ohne dies als Nötigung empfinden zu müssen. Auch die Erziehenden selbst sind dabei gefragt, welche Rolle sich denn aus ihrer eigenen Einstellung ergibt. Wo ist ihnen eigene Zugehörigkeit wichtig, wo die distanziertere Rolle des religiösen Gasts?

Interreligiöse Erziehung und Bildung ist viel mehr als Weitergabe von Informationen und ist differenzierter als die erlebte Gemeinsamkeit beim Feiern religiöser Feste. Indem sie zugleich das Bewusstsein eigener religiöser Zugehörigkeit mit dem Interesse an anderen Religionen verbindet, ermöglicht sie reichhaltige religiöse Erfahrungen, die dann den Weg zu fundierten eigenen Entscheidungen ebnen.

Literatur

Frieder Harz, Ist Allah auch der liebe Gott? Interreligiöse Erziehung in der Kindertagesstätte. München: Don Bosco Verlag 2001

Matthias Hugoth, Fremde Religionen – fremde Kinder? Leitfaden für interreligiöse Erziehung. Freiburg: Herder Verlag 2003

Religion für alle Kinder? Konfessionslose und andersgläubige Kinder in katholischen Kindertageseinrichtungen. Redaktion: *Matthias Hugoth*. Freiburg: Verband Katholischer Tageseinrichtungen für Kinder (KTK)-Bundesverband 2003

Peter Schreiner u. a. (Hrsg): Handbuch Interreligiöses Lernen. Gütersloh: Gütersloher Verlagshaus 2005

Vielfalt leben – Profil gewinnen. Interkulturelle und interreligiöse Erziehung und Bildung in evangelischen Tageseinrichtungen für Kinder. Redaktion: *Ulrike Gebelein/Rudolf Jan Gajdacz*. Stuttgart: Bundesvereinigung Evangelischer Tageseinrichtungen für Kinder (BETA) 2002 (Diakonie Positionen)

Eltern und Kinder in die Mitte nehmen

Kindergarten – Familien – Gemeinde

*Von **Albert Biesinger**, Tübingen*

> Der Glaube spiegelt sich im Denken wider.
> Die Überzeugung im Handeln.
> ***Nina Gantner***

Der Kindergarten St. Michael in Rottenburg am Neckar feiert den Familiengottesdienst zum Thema »Jesus macht die Kinder stark« mit. Beim Bußakt fragt die Erzieherin den fünfjährigen Michael: »Michael, was ist für dich ein starkes Kind?« Michael deutet auf seine Oberarme und tippt mit dem Zeigefinger auf seine Muskeln und sagt: »Nicht hier, hier« und zeigt dabei auf seinen Kopf.

Die volle Kirche – alle haben innerhalb von wenigen Sekunden die Botschaft verstanden: Konflikte lösen, ohne zu schlagen. Ein Bußakt, der auch den Erwachsenen guttut.

Gemeinsam singen, kurze Phasen eines geführten Schweigens, um den Altar stehen, sich die Hände beim Vaterunser reichen, eine Evangeliumsprozession, eine Prozession zur Gabenbereitung, ein kurzes Anspiel einer biblischen Szene, von Kindern (tatsächlich!) formulierte und vorgetragene Fürbitten, ein wichtiges Bild im Altarraum, es ist natürlich etwas Flexibilität und Kreativität notwendig. Aber wer guten Willens ist, ist dessen fähig.

Vonseiten der Gemeinde sind solche Kommunikationszusammenhänge mit den Kindertageseinrichtungen auf dieser Ebene vielerorts bereits gegeben, anderswo müssten sie umso schneller aufgebaut werden. In der einen Gemeinde stirbt das Leben ab, in der anderen Gemeinde kommen wieder mehr junge Eltern und Kinder zum Sonntagsgottesdienst. Diesen Eltern geht es darum, Kinder bei dem Abenteuer der Gottessuche zu unterstützen und gemeinsam den Sonntag zum herausragenden Tag der Woche zu machen, indem sie gemeinsam zum Gottesdienst gehen und sich Gott anvertrauen. Wenn ein Kind auf die Welt kommt, dann beginnt die Liebe Gottes in dieser Welt und für diese Welt erneut, ist Gottes Plan mit dieser Welt noch nicht zu Ende, vielmehr schafft er in jedem Kind neue Zukunft.

Für viele Eltern – nicht alle – ist die Erfahrung »Wir bekommen ein Kind ...« und »Wir haben ein Kind ...« auch spirituell hochkarätig. Die Tränen vieler Väter und Mütter bei der Geburt ihrer Kinder sind nicht nur Zeichen der Anspannung und Entlastung, wenn endlich alles gut gegangen ist, oft sind sie auch Zeichen der Berührung mit dem Göttlichen, dem Schöpfer dieses Kindes. Wie anders kommen wir Menschen mit IHM in einen dermaßen engen Kontakt?

Für die Gemeinde als Zeichen des Heils vor Ort darf es gar keine Frage sein, sich mit den Kindern und Eltern zu solidarisieren, mit ihnen gemeinsam den Weg durch die Höhen und Tiefen des Lebens in dieser konkreten, weithin unheilen Welt zu gehen.

Spirituelle Wegbegleitung und solidarische Unterstützung

Kindergärten, Kindertageseinrichtungen in Trägerschaft der Kirchen sind eine entschiedene Option für Kinder und ihre Eltern. Wenn Kirchengemeinden auf diese Weise Kinder und Eltern »tragen«, stellt sich angesichts der säkularisierten pluralistischen Situation unserer Gesellschaft aber umso mehr die Frage nach der Qualität dieser Trägerschaft.

Wir haben es derzeit mit einer (neuen) Mentalität von jungen Eltern zu tun, die einen hohen Bedarf an Orientierung und in weiten Teilen auch spirituelle und religiöse Unsicherheit signalisieren. Die vielerorts formulierte Frage bringt es auf einen Nenner: »So ganz ohne Gott kann es auch nicht gehen – aber wir wissen nicht, wie es gehen soll.«

Die Frage ist also, wie auf diesen Suchprozess von Familien mit Kindergartenkindern kompetent einzugehen ist? Die Kindertageseinrichtungen sollten sich Schritt für Schritt zu Eltern-Kind-Zentren entwickeln. Entwicklungspsychologisch ist es reichlich kurzsichtig, sich lediglich um die Kinder zu kümmern und nicht gleichzeitig auch um die systemische Kommunikation, in der sich ihr tägliches Leben in den Familien – wie auch immer diese strukturiert sind – abspielt.

Die Erfahrung in Regionen, in denen »Elternschulen« entstanden sind, zeigen, dass sich derzeit sehr viele – nicht alle – Eltern an einer Weiterentwicklung ihrer Erziehungs- und Beziehungskompetenz mit ihren Kindern einzulassen bereit sind. Für Einrichtungen in kirchlicher Trägerschaft ist die Option, dass es dabei auch um religiöse Elternkompetenz gehen muss, logisch, aber in vielen Situationen längst nicht selbstverständlich.

Die Themen beziehen sich auf Erziehungs- und Beziehungsprobleme wie: »Kinder brauchen Grenzen«, »Wie mit Kindern fernsehen?«, »Familienrituale«, »Abend-Oasen« u. a. Integriert, aber auch bewusst ausdrücklich gemacht und profiliert werden folgende Themen mit großer Resonanz diskutiert: »Kinder nicht um Gott betrügen«, »Kinder brauchen Liturgie«, »Kinder und der Tod«, »Kinder und das Böse«, »Kinder brauchen biblische Geschichten«, »Wie mit Kindern Advent und Weihnachten feiern?« u. a.

Kinder brauchen Liturgie – Liturgieprojekte sind daher unerlässlich

Am Beginn des Kindergartenjahres und zu wichtigen Festen wie Elisabeth von Thüringen, Nikolaus, Weihnachten, Lichtmess, Ostermontag, Erntedank u. a. sind familiengemäße Liturgien eine Möglichkeit für religiöse Erfahrung.

Kinder und ihre Eltern können dem Geheimnis des Lebens näherkommen, wenn sie Gottesdienste erleben können, die ihnen große Visionen für ihr Leben aufschließen.

In Kindertageseinrichtungen ist Projektorientierung heute eine Selbstverständlichkeit. Einmal im halben Jahr ein »Liturgieprojekt« zu entwickeln, kann Farbe und Tiefgang geben, wenn dieser gemeinsam von Kindern, Eltern und Erzieherinnen vorbereitete Gottesdienst gemeinsam mit »den Großen« im Gottesdienst gefeiert wird. Solche liturgische Vernetzungen zu intensivieren – gerade aus der Motivation heraus, Kinder und Eltern auf ihrem Weg der Gottessuche kompetent zu unterstützen – ermöglicht ihnen den Prozess der Initiation.

Dass es in jeder Gemeinde »Machthabergruppen« gibt, die es möglicherweise stört, wenn Kinder einen so breiten Raum in Gottesdiensten einnehmen, ist kein Grund nachzugeben. Wenn eine bestimmte Gruppe so egozentrisch ist, dass Gottesdienste nur so gefeiert werden dürfen, wie es ihnen gefällt, ist ein entschiedener Klärungsprozess fällig. Solche Konflikte können sehr produktiv sein.

Die zentrale biblische Situation und Kommunikationsqualität zwischen Jesus und Kindern spricht gegen solche Kirchgänger und ist mehr als eindeutig: Mk 10,13–16 in eigener Formulierung:

»Da brachten die Leute Kinder zu Jesus, damit er sie mit der Hand berühre. Die Jünger aber schickten sie weg. Jesus aber, als er das sah – wurde zornig und er sagte: Lasst die Kinder zu mir kommen, wehret ihnen nicht, denn ihnen gehört das Reich Gottes. Wenn ihr nicht so werdet wie diese Kinder, habt ihr vom Reich Gottes nichts begriffen. Dann nahm er die Kinder in seine Arme, legte ihnen die Hände auf den Kopf und segnete sie.«

Das berühmte Bild von Emil Nolde »Christus und die Kinder« lässt die Kinder in der Begegnung mit Jesus aufleuchten. Ebenso ihre Mütter. Die Jünger sind als dunkle Gestalten gemalt, weil sie ganz offensichtlich diesen Teil der Botschaft Jesu noch gar nicht begriffen haben und den Kindern den Weg zu Jesus verbauen. In so mancher Gemeinde gibt es diesen Typus von »Jünger« und »Jüngerin« bis heute …

Anlässe und Rituale – kreativ gestalten

Für Eltern und Kinder ist der erste Kindergartentag ein großer Einschnitt. Das Kind geht für einen Teil des Tages seinen eigenen Weg und die Eltern sorgen ab diesem Tag nicht mehr alleine für das Kind. Eltern bei dieser Passage zu begleiten wird in der Regel von ihnen sehr positiv wahrgenommen.

Die Segnung der Kinder im Rahmen eines Wortgottesdienstes im Kindergarten, zu dem Eltern und Großeltern der Kinder mit eingeladen sind, kann ein unvergessliches Erlebnis werden.

Sie wissen es in der Regel sehr zu schätzen, wenn feierliche Anlässe den Kontakt zwischen Kirchengemeinde und ihnen vertiefen. Sensibel zu sein für Anlässe und Situationen im Laufe des Jahres ist Aufgabe der Kirchengemeinde eines Kindergartens.

Ein Beispiel: Am Ende des Kindergartenjahres lädt mich die Leiterin des Kindergartens ein, die Kinder, die nach den Sommerferien in die Grundschule kommen, in einem Wortgottesdienst zu segnen.

Der größte Raum des Kindergartens ist voll wie sonst nie. Die Kinder sitzen im großen Kreis. Jeweils hinter ihnen sind ihre Familien. Integriert in Lieder und kurze Gebete segne ich jedes Kind einzeln. Das Gebet zu Gott geht Kindern und Eltern in dieser Situation nahe; wer hätte nicht Sehnsucht nach Schutz, Behütung und Geborgenheit für sein Kind und sich selbst?

Interkulturelles Lernen ist nicht von religiösem Lernen abzukoppeln

»Für die kommunalen Kindergärten gibt es keine religiöse Erziehung mehr!«

Was war geschehen? Einige muslimische Väter haben in einer süddeutschen Stadt kritisiert, dass ihre Kinder während der Adventszeit mit christlichen Symbolen und Bräuchen in Kontakt kommen, und die Kommune aufgefordert, dies entsprechend einzustellen.

Der Kulturamtsleiter entscheidet daraufhin, dass religiöse Erziehung ab sofort nicht mehr stattfinden dürfe. Eine pädagogische Inkompetenz! Anstatt präzise wahrzunehmen, dass sich in den städtischen Kindergärten eine Problemlage anbahnt, die nach kompetenten, innovativen Lösungen geradezu schreit, wird das Problem einfach durch Abschaffung religiöser Erziehung »gelöst«. Schließlich ist es für muslimische Kinder unter den Aspekten von Bildung und Inkulturation mehr als wichtig, dass sie die christlichen Rituale unserer Gesellschaft wahrnehmen und auf ihren Bedeutungsgehalt hin verstehen. Es kann also nur um eine andere Qualität und nicht um die Abschaffung von religiöser Erziehung gehen.

Einer der großen Fehler der letzten 20 Jahre besteht darin, dass viele Pädagogen, Psychologen und Soziologen meinten, Inkulturation, interkulturelles Lernen, multikulturelles Lernen unter Ausgrenzung der religiösen Dimension verstehen zu können. Für die meisten Menschen gehört aber zu ihrer Kultur auch die Religion.

In dem konkreten Beispiel mit den muslimischen Kindern und ihren Eltern zeigt sich dies in zugespitzter Form. Die Trennung von religiöser Orientierung und Werteorientierung bzw. -erziehung ist gescheitert.

Religiöse Begleitung als Sinn-Überschuss

Kinder sind religiöse Wesen von innen heraus. Wie anders lässt sich erklären, dass sie voller religiöser und philosophischer Fragen sind?

- »Wo war ich eigentlich, als ich noch nicht da war?«
- »Wie geht das, dass ich weiß, dass ich bin?«
- »Gibt es in der Luft noch eine Welt und unter dem Boden, wenn man tief gräbt, auch eine Welt?«
- »Glaubt die Katze, dass Gott aussieht wie eine Katze?«

- »Wer macht die Tage, und wann sind sie alle?«
- »Irgendeiner muss doch den Anfang gemacht haben? Aber wer?«
- »Papa, weißt du, was ich mir eigentlich gar nicht vorstellen kann?« – »Na was?« – »Dass es Gott gibt.«
- »Mutti, ich finde es gar nicht schön, dass ich geboren bin und dass ich vielleicht lange leben muss.«
- »Wenn ich tot bin, bin ich dann noch ganz?«
- »Ist Gott ein Mann oder eine Frau oder beides?«
- »Ich weiß gar nicht, warum es die Welt gibt.«
- »Wozu sind die Menschen eigentlich da?«

(vgl. Biesinger 2005, S. 12 f.)

Wer entschieden vom Kind her denkt, tut gut daran, Kinder religiös nicht im Regen stehen zu lassen, sondern ihnen Begleitung zu geben, so wie sie auch in anderen Bereichen dringend der Begleitung, der Förderung und Unterstützung in ihrer Persönlichkeitsentwicklung bedürfen. Die Entwicklung der letzten 30 Jahre in der Bundesrepublik war zum Teil von der Erfahrung geprägt, dass Religion und Religiosität etwas sei, wovon man sich emanzipieren müsse.

Die Situation hat sich geändert. Die Orientierungslosigkeit ist in einer Weise angewachsen, dass sich der Stiel umgedreht hat.

Vielen Eltern ist klar geworden, dass es ganz ohne Gott nicht geht, die Kinder zumindest ihre religiösen Fragen haben. Viele Eltern wissen aber nicht, wie sie ihr Kind religiös kompetent und aufbauend begleiten können.

In Kindertageseinrichtungen die religiöse Begleitung von Kindern und die religiöse Kommunikation in Familien zu thematisieren, wird in Zukunft unverzichtbar sein. Für Erzieherinnen stellt dies eine große Herausforderung dar, schließlich bedeutet dies, sich auf die Religiösität der Kinder einzustellen und sich dafür Schritt für Schritt Kompetenzen anzueignen.

Kinder brauchen Religion – und was brauchen Erzieherinnen?

Es kann sehr erfreulich sein, mit Kindern über religiöse Ideen, Fantasien, Deutungen und Vorstellungen zu sprechen, Engel am Wege für sie zu sein, damit sie sich auch religiös Schritt für Schritt selbstständig orientieren können. Die Kinder nehmen uns Erwachsene an die Hand und führen uns in eine Welt, in der sie ganz selbstverständlich zu Hause sind und in der sie sich kreativ bewegen. Sie machen sich ihre eigenen Gedanken über »Gott und die Welt«.

Hilfreich ist es, mit der eigenen Kindheit Kontakt aufzunehmen, sich an die eigenen frühen Begegnungen mit Gott zu erinnern. Dies macht es uns möglich, authentisch auf Kinder einzugehen und sich in sie einzufühlen.

Die Einschätzung, selbst nicht sicher genug zu glauben, um andere religiös begleiten zu können, ist in der Regel unnötig, weil es in dieser direkten Kommunikation mit Kindern nicht um theoretisierende Glaubenswahrheiten geht, sondern um die Kommunikation mit den eigenen Vorstellungen über »Gott und die Welt«. Und es schadet ja nichts, wenn Kinder uns durch ihre religiösen Fragen auch zu weiterem Nachdenken anregen. Kinderfragen sind oft auch die Fragen, die uns bis ins hohe Erwachsenenalter hinein begleiten und beschäftigen. Sie dabei zu unterstützen ist eine erfreuliche Aufgabe.

Erzieherinnen fehlt es nicht an Materialien und Unterstützung. Oft ist es wichtiger, sich selbst mit den religiösen Fragen wieder neu auseinanderzusetzen und sich mit Kolleginnen und Kollegen auszutauschen. Meine These »Kinder nicht um Gott betrügen« hat in den letzten Jahren viele Menschen veranlasst, an diesem Thema dranzubleiben. Es bleibt zu hoffen, dass sich diese Dynamik fortsetzt. Gerade in einer säkularisierten Gesellschaft wie der unsrigen sind solche Provokationen wichtig.

Angesichts der multikulturellen Situation in vielen Kindertageseinrichtungen in kirchlicher Trägerschaft sind weiterführende Überlegungen fällig.

Ein Beispiel: In einem kirchlichen Kindergarten sind 30% der Kinder muslimisch. Dass hier liturgische Anlässe mit großer Sensibilität zu gestalten sind, ist selbstverständlich. Oft führt diese Ausgangslage jedoch dazu, christliche Profile ganz herauszunehmen, um die muslimischen Familien nicht zu irritieren.

Unter religionspädagogischen Gesichtspunkten ist dies aber sehr fragwürdig und inkonsequent. Gerade weil es für die nachwachsende Generation diese interkulturellen und interreligiösen Probleme zu bewältigen gilt, ist es umso wichtiger, dass sie schon als Kinder lernen, »die anderen als andere« wahrzunehmen und zu würdigen und selbstbewusst den eigenen Weg im Dialog zu suchen.

Für muslimische Kinder ist es wichtig, dass sie die Bedeutung der christlichen Feste verstehen lernen, wenn sie in unserer Gesellschaft für immer leben wollen. Für christliche Kinder und ihre Eltern ist es ebenso bedeutsam zu verstehen, was zum Beispiel »Ramadan« ist, wie sich Muslime Gott vorstellen und wie sie ihre religiösen Feste feiern. Dies gilt auch für Kinder ohne religiöses Bekenntnis. Die Alternative, in kirchlichen Kindergärten die religiösen Profile abzuschleifen, damit man sich religiös nicht in die Quere kommt, ist das komplett falsche Signal. Wir sollten stattdessen den »kairos«, den günstigen Zeitpunkt erkennen und Profil zeigen und uns auf der Basis von Unterschieden und Gemeinsamkeiten verständigen.

Auf Elternabenden sollten daher entsprechende Themen auf die Agenda gesetzt werden, damit solche Verständigungsprozesse möglich werden und es nicht zu einem Gegeneinander oder bestenfalls einem Nebeneinander verschiedener religiöser Wege kommt.

Diese Hinweise gelten auch für Kindergärten in kommunaler Trägerschaft. Auch hier tut man Kindern und Eltern keinen Gefallen, wenn man die religiöse Verständigung ausgrenzt. Langfristig kann dies sogar gefährlich sein, weil damit Potenziale von Rückzug, Aversion und Feindseligkeit entstehen können.

Für die nächsten Jahre steht eine große Kraftanstrengung an, um die »Störungen« zu bearbeiten, die sich bereits jetzt im multikulturellen und interreligiösen Bereich abzeichnen.

Dabei darf es natürlich nicht zu Übergriffen kommen, dass also plötzlich muslimische Kinder einfach in christliche Liturgieprojekte integriert werden. Aber es hat sich ja schon längst in der pädagogischen Szene herumgesprochen, dass man mittels »innerer Differenzierung« die einen Kinder für zwei Wochen an einem alternativen Projekt teilnehmen lassen kann, während die anderen Kinder an ihrem Liturgieprojekt arbeiten.

Dass muslimische Kinder mit ihren Eltern das Kirchengebäude vor Ort besichtigen, christliche Kinder die Moschee besuchen können, kann für beide Gruppen zu einem horizonterweiternden Erlebnis werden.

Thesen für die Diskussion

1. Religiöse Elternkompetenz wird in der Praxis gelernt.
2. Bedeutungen entstehen durch Interaktion (Symbolischer Interaktionismus). Die verschiedenen Entwicklungsphasen des Kindes bedürfen von Anfang an verschiedener Kommunikationsformen und -rhythmen.
3. Wiederkehrende Rituale haben eine orientierende, Sicherheit gebende und stabilisierende Wirkung. Rituale geben Vertrauen, Geborgenheit und Orientierung.
4. Eine wesentliche Aufgabe von Lernprogrammen religiöser Elternkompetenz ist es u.a., Suchprozesse anzustoßen und zu unterstützen und Rituale, und zwar auch religiöse Rituale mit dem eigenen Kind in der Familie zu entwickeln und zu realisieren.
5. Das Konzept »Abend-Oasen« gibt Familien Bausteine für die Gestaltung von Abendritualen an die Hand. Das Themenprofil der Bausteine ist mehrdimensional: Konkrete Alltagsprobleme wie Überforderung und Kommunikationsdefizite, die Anleitung zur Familienkonferenz sind ebenso Bestandteile wie religiöse Profile auf der Basis des Christentums. Zum Beispiel: Wie Advent und Weihnachten feiern? Tod und Leid, Fastenzeit, Ostern, Pfingsten. Auch die Passageriten werden berücksichtigt: mein erster Kindergartentag, mein erster Schultag, Hochzeitstag u.a.
6. Das Konzept »Abend-Oasen« will die Integration von Religiosität als Wirklichkeitsdeutung in den Alltag von Familien realisieren. Dies impliziert umgekehrt aber auch, dass ein Konzept von Religiosität zugrunde gelegt wird, das sich auf die Interpretation der gesamten Wirklichkeit einlässt und sie als solche wahr- und ernst nimmt.
7. Ein wichtiges Lernprinzip dabei ist der Tagesrückblick: gemeinsam den vergangenen Tag anschauen (»Tagesschau«) mit der Frage: »Was war denn heute schön, was war nicht so schön?«
8. Die Entwicklung von Lernprogrammen für religiöse Elternkompetenz wird unter ganz verschiedenen Begriffen, vor allem im Praxisbereich bearbeitet: das Salzburger Konzept »Eltern-Kind-Zentrum«, Ansätze von »Elternwerkstatt« oder das Konzept der katholischen Bildungswerke der Diözese Rottenburg-Stuttgart »Elternschule«, ebenso das mediale Projekt »Elternschule« mit dem Katholischen Sonntagsblatt. Die Begriffe sind weiter zu reflektieren. Vor allem der Begriff »Elternschule« provoziert bisweilen kritische Rückfragen. Von vielen Eltern wird er allerdings sofort verstanden. Da innovative Konzepte von Schule kreative Entwicklung und

eigene Suchprozesse initiieren, ist ganz offensichtlich der Begriff »Elternschule« in vielen Kreisen nicht negativ belegt.

9. Dass verschiedene Medien sich des Themas »Elternschule« annehmen, ist bemerkenswert. Immerhin kommen sie damit einer ganz wesentlichen, heute von breiten Leserkreisen gebrauchten Dienstleistung nach. In manchen Regionen gibt es ein gut ausgebautes Konzept von »Familienbildungsstätten«, die mit einem differenzierten Programm aus ihrem Kontext heraus Elternkompetenz, auch religiöse Elternkompetenz anstreben.
10. Für die Zukunft ist ein kritischer Diskurs im Blick auf eine Evaluierung und Weiterentwicklung der derzeit vorhandenen Lernprogramme anzustreben. Wünschenswert ist darüber hinaus eine Vernetzung zwischen Kurs- bzw. Lernprogrammen und lokalen bzw. überregionalen Medien. Das ist im Blick auf elektronische Medien, aber auch im Blick auf Rundfunk eine Zukunftsthematik.

Literatur

Albert Biesinger/Eugen Stross, Wir gehen in die Kirche. Freiburg: Herder Verlag 2004

Albert Biesinger, Kinder nicht um Gott betrügen. Anstiftungen für Mütter und Väter. Freiburg: Herder Verlag, 13. überarb. und erw. Auflage 2005

Albert Biesinger/Barbara Berger/Marlies Mittler-Holzem, Abend-Oasen. Geschichten – Rituale – Gebete – Spiele. Ein Gute-Nacht-Buch für junge Familien. München: Kösel-Verlag 2002

Albert Biesinger, Kinder brauchen mehr als alles. Eine Elternschule. Ostfildern: Schwabenverlag 2003

Albert Biesinger, Gott mit Kindern wiederfinden. Ein Begleiter für Mütter und Väter. Freiburg: Herder Verlag 2003

Kindern im Glauben Heimat geben

Eltern und Erzieherinnen als Wegbegleiter

*Von **Helga Kohler-Spiegel**, Feldkirch (Österreich)*

> Wer sich zur Sprache bringen kann,
> hat im Wesentlichen
> seine Einsamkeit überwunden.
> ***Peter Handke***, Das Gewicht der Welt

Vieles geschieht ungeplant ...

Vieles lernen wir nicht geplant im pädagogischen Kontext, sondern aufgrund der Erfahrungen, die wir im Verlauf unseres Lebens machen. Ein Kind lernt danken und bitten, lieben und sich abgrenzen, mit anderen spielen und streiten meist, bevor es in eine pädagogische Einrichtung kommt. Es lernt den Umgang mit Dingen, mit Tieren und mit Menschen, es begegnet religiösen Elementen in der Familie, in der Umgebung, im Fernsehen. Es hat Farben und Zahlen kennengelernt, erste Erfahrungen mit technischen Geräten gesammelt, Samstage in Einkaufszentren verbracht, an Blumen und Bäumen gerochen und vieles mehr. Manche Wahrnehmungen und Empfindungen kann das Kind schon benennen, für anderes fehlen ihm noch die Worte.

Familie, wie immer sie strukturiert ist, ist hierfür zentraler Erfahrungsort, daneben sind aber miterziehende Personen sowie Kindertageseinrichtungen bedeutsam; Letztere vor allem deshalb, weil sie als professionelle Stätten Rechenschaft darüber abgeben, wie die Begleitung und Erziehung verantwortet und gestaltet werden soll.

Zum Grundverständnis von religiöser Erziehung und Begleitung

Religiöse Erziehung und Begleitung von kleinen Kindern geschieht an verschiedenen Orten, in der Familie werden bedeutsame Erfahrungen gemacht, Mütter, Väter, Großeltern prägen als Modelle – bei aller Verschiedenheit, wie Religiöses in einer Familie vorkommt und gestaltet wird. Die Chance, als Kind die jeweilige Atmosphäre in der Familie im Bereich von Glaube und Religion aufzunehmen, erste Lieder, Geschichten, Rituale, Feiern kennenzulernen, kann auch zur Einschränkung werden, wenn diese ersten Empfindungen mit belastenden Stimmungen verknüpft sind. Eine erste emotionale Prägung geschieht in förderlichen Begegnungen ebenso wie wenn Religiöses in einer Familie kaum vorkommt. (Es sei daran erinnert, dass es sich bei dem Wort »Familie« nicht um eine normative Begriffsverwendung handelt, sondern um die Bezeichnung des Primärortes, an dem Kinder aufwachsen und ihre ersten Erfahrungen machen.)

In Kindertageseinrichtungen (später auch durch Schule und außerschulische religiöse Angebote) kann die Begegnung mit Religiösem für alle Kinder ermöglicht werden, alle Kinder können erste religiöse Geschichten und Lieder, kleine Rituale des Alltags und erste Feiern erleben. Die Erweiterung geschieht auch durch eine inhaltliche Öffnung – nicht mehr nur die Vorstellungen der eigenen Familie sind Thema der Begegnung mit Religiösem, sondern auch Vorstellungen anderer Menschen, innerhalb der eigenen Religion und in der Begegnung mit anderen Religionen. In Kindertageseinrichtungen geschieht diese religiöse Bildung konzeptionell verantwortet und reflektiert, dies betrifft das Bildungs- und Religionsverständnis ebenso wie die Begründung, wieso die Begegnung mit Religion im Kindesalter von so großer Bedeutung ist.

Wie wir Kinder in der Begegnung mit Religion begleiten können

»Pädagogik« – das aus dem Griechischen abgeleitete Wort »pais – agein«, das Kind bei der Hand nehmen, führen, hilft uns zu verstehen, worum es wirklich geht. In der Antike wurde der Begriff verwendet, wenn der Sklave das freie Kind zum Ort des Lernens begleitete. Auch wir begleiten Kinder an »Orte«, an denen sie lernen können – auch im religiösen Bereich. Bei der religiösen

Begleitung von Kindern werden nicht fertige Inhalte weitergegeben, sondern es wird Begegnung ermöglicht – mit Inhalten, mit Personen, mit Ritualen, mit Traditionen … Ein Raum entsteht, in dem Erfahrungen gemacht werden, um selbst zu lernen und sich zu entwickeln. Auch im religiösen Bereich, im Glauben entwickelt sich jede Person selbst, zugleich geschieht dies in Begegnung und Beziehung, ist also personal und dialogisch – und wie jede Kommunikation ist auch pädagogisches Handeln konfliktträchtig und störungsanfällig (vgl. Hartmut von Hentig 1996, S. 58. Auf die Breite der Diskussion in der Fachliteratur um die Begriffe von »Pädagogik« und »Bildung« und um die verschiedenen Konzeptionen sei an dieser Stelle exemplarisch verwiesen auf: Werner Jank/Hilbert Meyer 2005)

Im Verständnis von Religion wurzelt gegenwärtige Verunsicherung. Globalisierung, Pluralisierung und Individualisierung in der Gesellschaft haben das Bewusstsein gegenüber Religion und Religionen verändert. Eigene Erfahrung ist zum Maßstab für die persönliche Auswahl im religiösen Bereich geworden. Religion wird mehrdimensional, vielfältig gesehen. Deshalb ist heute oft davon die Rede, dass religiöses Lernen

- religionskundliche Aspekte (»learning about«),
- Werterziehung – aus reflektierter Grundhaltung, die offengelegt ist (»learning from«) –
- und Elemente gelebten Glaubens und spirituellen Lebens in einer konkreten Tradition (»learning in«) beinhaltet.
  (Interne Mitschrift einer Expertentagung über »Religion und Kultur« am 16. Dezember 2003 an der Universität Zürich)

All dies ist auch bei jüngeren Kindern zu bedenken, auch wenn hier, wie gleich gezeigt wird, das emotionale Mitgehen, das Mitfühlen und das Mithandeln zentral sind.

Entwicklungsbezogene Aspekte

Religiöse Erfahrungen sind davon geprägt, dass wir innere Bilder entwickeln können, dass wir mitfühlen und mitdenken können.

Ein entscheidender Lernschritt in der Entwicklung eines Menschen besteht darin, äußere Erfahrungen und innere Repräsentationen miteinander zu verknüpfen, äußere Objekte zu verinnerlichen, sodass sie innere Repräsentanzen bilden, und diese innerlich zu bewahren, auch wenn sie äußerlich nicht (mehr) da sind. Was so kompliziert klingt, heißt zum Beispiel: Wir können »Tisch« denken, selbst wenn kein Tisch da ist, wir können uns einen »Tisch« vorstellen, auch wenn äußerlich keiner vorhanden ist. Wir können an »Liebe« denken und sie auch empfinden, auch wenn der geliebte Mensch Tausende Kilometer entfernt oder bereits verstorben ist. Wir können Gegenstände, Erfahrungen, Gefühle nach innen nehmen und dort bewahren, wir können uns diese wieder bewusst machen und in sie eintauchen.

Im Übergangsbereich von der Zweieinheit mit der »Mutter« (mit »Mutter« ist jeweils die primäre Bezugsperson oder sind primäre Bezugspersonen umschrieben, also Mutter, Vater, Geschwister, Großeltern, andere Erziehungspersonen) in die Getrenntheit der eigenen Persönlichkeit, der eigenen Individualität, entsteht diese Fähigkeit, einen inneren Raum zu entwickeln. Die Art und Weise, wie das Kind den Verlust des Gefühls des Einsseins mit der »Mutter« verarbeitet und Lösungsmöglichkeiten zum »Überleben« zwischen Eigenständigkeit und Geborgenheit findet, ist ein Grundmuster, das uns prägt (vgl. Margaret Mahler u.a. 1993; auch Martin Dornes 2000; Dieter Funke 1986).

So lernt ein Kind im frühen Alter, dass die Bezugsperson da ist und zugleich nicht da sein muss, dass ein sogenanntes »Übergangsobjekt« hilft, mit diesen Gefühlen umzugehen. Teddybär, Schmusekissen, Schnuller können helfen, diese Spannung zwischen dem Wunsch, nicht allein zu sein, und dem Wunsch, auch allein und eigenständig zu sein, auszuhalten. Dann, im weiteren Lernprozess, werden Gefühle damit gestalt- und erinnerbar. Ein Kind lernt, Gefühle wiederzuerkennen und zu ihnen zurückzukehren, zum Beispiel wenn es den Teddybären oder das Schmusekissen in die Hand nimmt, oder beim Nachtgebet, im Spiel, bei Ritualen. Allmählich können wir diese Übergangsobjekte verinnerlichen, ich brauche den Teddybären nicht mehr in der Hand zu halten, um zu wissen, dass ich nicht alleine bin. Ich brauche keinen Teddybären, um zu wissen, dass ich mit einem Menschen verbunden bin, auch wenn wir getrennt sind, dass Gott mich begleitet, auch wenn ich ihn nicht sehe. Diese Verinnerlichungen werden im Erinnern, in Erzählungen der Bibel, in religiösen Symbolen (wie Licht, Stern, Regenbogen, Baum, Quelle usw.), im Gespräch oder im

Gebet, im Gottesdienst, bei Musik, beim Singen wieder wachgerufen und weiterentwickelt – sie bieten uns »Erinnerungszeichen«, um das Alleinsein auszuhalten, ohne in Einsamkeit zu versinken, die Aufgaben und Herausforderungen dieser Welt zu bestehen, ohne verloren zu gehen, um Leid zu ertragen und Hoffnung zu bewahren. Wenn wir Kinder im Religiösen begleiten, helfen wir ihnen, diesen symbolischen Raum zu erschließen und zu entwickeln, wir stärken – im positiven Sinn – ihre Fähigkeit, sich nach innen zu wenden, um wieder gestärkt nach außen gehen zu können (was wir übrigens in jedem Gottesdienst tun: ankommen im Innenraum, um am Ende gestärkt – »Geht und bringt der Welt Frieden« – wieder in den Alltag zu gehen).

Gerald Hüther (Professor für Neurobiologie an der Psychiatrischen Klinik der Universität Göttingen) zeigt, dass aufgrund bildgebender Verfahren verstanden werden kann, wie im Gehirn aus primitiven Verschaltungsmustern durch stabilisierende (und durch destabilisierende) Einflüsse komplexe Verschaltungsmuster werden. Nervenzellen unterhalten sich über sogenannte Synapsen, die Verschaltungen verändern sich durch Botenstoffe, Lernen und Erfahrungen führen zu chemischen Reaktionen, diese lagern sich in (neuen) Verknüpfungen der Synapsen im Gehirn ab. Die Nervenzellen sind also offen und damit störanfällig. Eine Störung des emotionalen Gleichgewichts geschieht durch sogenannte »trigger« (Anstoß, Auslöseimpuls), das sind vor allem: psychosoziale Konflikte, Verlust von psychosozialer Unterstützung und Verlust von psychosozialer Kompetenz. Das erleben auch Tiere, nur beim Menschen konnte nachgewiesen werden, dass allein die Vorstellung dieser Stressfaktoren, die bloße Vorstellung eines solchen Konfliktes ausreicht, um im Gehirn dieselbe Reaktion auszulösen wie das Faktum selbst (vgl. Gerald Hüther 2005 a). So wird verständlich, wie innere Bilder wirken, wieso sie eine solche Kraft entwickeln können. In religiöser Hinsicht ist die Kraft innerer Bilder bedeutsam: In Gebet und Meditation, im rituellen Handeln, im Glauben entstehen solche inneren Bilder.

Drei Aspekte zeigt Hüther auf, die für den Menschen hilfreich sind gegen Stress und Angst oder die, positiv gesagt, der Lebensbewältigung dienen:

- Vertrauen in die eigene Fähigkeit (Wissen, Erfahrung)
- Vertrauen in die Fähigkeiten anderer (Bindung, Beziehung)
- Vertrauen in vorgestellte Kräfte (Glaube, »die Fähigkeit, daran zu glauben, dass es wieder gut wird«, so Hüther 2004)

Vertrauen in die eigene Fähigkeit und in die Fähigkeiten anderer sind bei Tierversuchen auch nachweisbar, Vertrauen in die vorgestellten Kräfte hat nur der Mensch. Zugleich ergeben sich Deutungen für gegenwärtige, als schwierig wahrgenommene Entwicklungen: Vertrauen in die eigenen Fähigkeiten wird bereits bei jüngeren Kindern gestärkt, es gilt als vergleichsweise sicher, sich auf die eigenen Fähigkeiten zu verlassen. Sich auf Beziehungen zu verlassen, ist brüchig geworden, zu häufig sind Krisen in Bindungen erlebt. Und wir lernen »gar nicht mehr«, sagt Hüther, die inneren Kräfte, die vorgestellten Kräfte, den Glauben zu leben und als Ressource zu nutzen (vgl. Gerald Hüther 2005 b). Hier hat religiöse Erziehung und Begleitung eine große Aufgabe und Verantwortung, den »Schatz an inneren Bildern« den Kindern zur Verfügung zu stellen.

Das Recht des Kindes auf Religion

Unabhängig von den verschiedenen »Lernorten« (der Begriff »Lernort« bezeichnet Lern- und Erfahrungsräume, für religiöses Lernen ist Familie dabei zentral – vgl. exemplarisch: Gottfried Bitter u.a. 2002, S. 293 ff.), an denen ein Kind Religiösem begegnet, hat Friedrich Schweitzer das Recht des Kindes, mit Religion in Berührung zu kommen, ausführlich dargelegt. Zur Förderung des Wohles von Kindern gehört die Sorge für das Nützliche und Notwendige, für die Grundversorgung an Nahrung und Wohnung, die Sorge für die emotionalen Bedürfnisse sowie für die kognitive Entwicklung. Zum Wohl des Kindes gehört aber auch die Auseinandersetzung mit all dem, was ein Kind fragen und nachdenken, staunen und fasziniert sein lässt. Fünf große Fragen benennt Schweitzer, »die entweder die Kinder an uns richten oder mit denen wir uns selbst bei der Erziehung konfrontiert sehen. Und es sind ›große Fragen‹, weil sie zumindest potenziell nach einer religiösen Antwort verlangen«. (Friedrich Schweitzer 2000, S. 28)

- Wer bin ich und wer darf ich sein? Die Frage nach mir selbst
- Warum musst du sterben? Die Frage nach dem Sinn des Ganzen
- Wo finde ich Schutz und Geborgenheit? Die Frage nach Gott
- Warum soll ich andere gerecht behandeln? Die Frage nach dem Grund ethischen Handelns
- Warum glauben manche Kinder an Allah? Die Frage nach der Religion der anderen

Mit diesen Fragen wollen und sollen Kinder nicht alleine bleiben, es sind Fragen an die Erwachsenen, an Eltern und Erziehungspersonen, diese Fragen bedürfen der Auseinandersetzung, weil Kinder wissen wollen, was Erwachsene, die für sie wichtig sind, denken und glauben – und weil sie wissen wollen, was sie selbst denken und glauben können. Es geht also darum, Kindern eine auch in religiöser Hinsicht anregungsreiche Mit- und Umwelt zu sichern, sie anzuregen und zu begleiten, über diese »großen Fragen« nachzudenken. In Ansätzen tauchen diese Fragen bereits bei Vorschulkindern auf.

Praktische Zugänge

Familie bleibt der primäre Ort unserer Erfahrungen, dort lernen wir, Menschen, Beziehungen und »die Welt« wahrzunehmen und zu verarbeiten. Die Familie braucht zugleich die Ergänzung durch andere Räume – um andere, weitere Erfahrungen zu machen, um auch Grenzen von Familie zu erweitern. Kindertageseinrichtungen haben – unabhängig von der religiösen Prägung des Kindes in der Familie – die Chance, Religiöses in seinen vielfältigen Möglichkeiten allen Kindern zur Verfügung zu stellen.

Die Erwachsenen sind gefordert

Es braucht Erwachsene, die sich einlassen auf Religion, auf die Feiern und Riten der eigenen Religion und anderer Religionen. Erfahrung in der gelebten Praxis der jeweils eigenen Religion ist hilfreich, um Kindern erlebbar zu machen, welche Feste und Rituale, welche Geschichten und Lieder die jeweilige Religion bereithält. Denn Religion erfasst den Menschen kognitiv und emotional, Religion kann nur ganzheitlich erfasst und verstanden werden. Und es braucht Fachpersonen, die die Chance religiöser Begleitung auch konzeptionell einbeziehen in ihr pädagogisches Handeln.

Grunderfahrungen und Grundhandlungen

Angenommen sein, gemocht werden, einen Platz haben, auch wenn ein Kind etwas angestellt hat, sich versöhnen, einander verzeihen ... All das sind Grunderfahrungen, die für Religiöses wichtig sind. Grundhandlungen sind ebenso zentral, um Kindern die Welt des Religiösen zu erschließen: erzählen, feiern, singen und spielen, Rituale miteinander gestalten, erste Gebete kennenlernen ...

Sprache finden für Religiöses

Religiöses kommt oft unerwartet zur Sprache und ist uns fremd. Hinhören und mit Kindern Religiöses erleben, verändert häufig auch das eigene Reden von Gott. Eine Sprache zu finden für das, was uns bewegt, was uns Angst macht und uns hoffen lässt, kann auf vielfältige Weise geschehen: in Worten, Bildern und in Bewegung, in Musik. Wir brauchen Geschichten und Bilder, um uns selbst und die anderen und die Welt zu verstehen. Privatisierung von Religion hat häufig auch zu einer Verarmung der Sprache geführt – hier können pädagogische Einrichtungen für Kinder eine ganzheitliche Sprache auch für Religiöses fördern.

Innere Bilder und Symbole entstehen lassen

Kindern innere Bilder zu erschließen, ist eine der Stärken religiöser Erziehung. Wenn Kindern Geschichten der Bibel, Geschichten von Jesus erzählt werden, können sie sich mit den Personen identifizieren. Sie können so über äußere Geschichten und Symbole innere Bilder entwickeln (vgl. Helga Kohler-Spiegel 2005). Fantasiereisen und Imaginationsübungen, Stilleübungen und Übungen der Achtsamkeit in ihren vielfältigen Formen sind hier ebenso zu nennen.

Religiösem begegnen

Im Alltag kommen wir häufig mit Religiösem in Kontakt: bei Festen im Jahreskreis, bei Gebäuden wie Kirchen, Kapellen, Friedhöfen, bei Themen im Fernsehen oder bei Büchern (Rudolf Englert 1996). Dazu gehören auch Elemente anderer Religionen, die im Alltag von Kindern sichtbar sind – Moscheen und/oder eine Synagoge, religiöse Feiern, religiöse Kleidung u.a. – dies alles kann Kindern erschlossen werden. Seitens der Erwachsenen ist dafür Grundwissen notwendig. Überblickswissen ist erforderlich, um Zusammenhänge zu erkennen, selbstständig Spezialwissen zu erwerben und miteinander zu verknüpfen. Denken verhält sich zu Wissen wie die Welle zum Wasser ... – ohne Wissen kein Denken.« (Johannes Riedl 1994)

Kindern Bilder mitgeben, innere Bilder von Kraft, von Hoffnung und einer Welt in Frieden, Kindern die Begegnung mit Religion und mit Glauben zu ermöglichen, ist eine Chance ganzheitlicher Pädagogik. In Ergänzung all dessen, was ein Kind in seiner Familie an religiösen Erfahrungen machen kann, können pädagogische Einrichtungen für Kinder eine verantwortete und reflektierte Begegnung mit Religion ermöglichen. Solche positive religiöse Erfahrungen möchte ich den Kindern gönnen.

Literatur

Gottfried Bitter u.a. (Hrsg.), Neues Handbuch religionspädagogischer Grundbegriffe. München: Kösel-Verlag 2002

Martin Dornes, Die emotionale Welt des Kindes. Frankfurt a. M.: Fischer Verlag, 3. Aufl. 2002 (Fischer Taschenbücher ; Bd. 14715: Geist und Psyche)

Rudolf Englert, Individualisierung und Religionsunterricht. Analysen, Ansatz, Option, in: Katechetische Blätter 121 (1996), S. 17–21

Dieter Funke, Im Glauben erwachsen werden. Psychische Voraussetzungen der religiösen Reifung. München: Pfeiffer Verlag 1986

Hartmut von Hentig, Bildung. Ein Essay. München: Hanser Verlag 1996

Gerald Hüther, Neurobiologische Erkenntnisse und ihre Nutzung für die Psychotherapie. Vortrag bei den Lindauer Psychotherapietagen, Lindau 2004. Müllheim-Baden: Auditorium Netzwerk 2004 (als DVD und Video lieferbar) www.auditorium-netzwerk.de

Gerald Hüther (a), Bedienungsanleitung für ein menschliches Gehirn. Göttingen: Vandenhoeck & Ruprecht Verlag, 5. Aufl. 2005 (Sammlung Vandenhoeck)

Gerald Hüther (b), Die Macht der inneren Bilder. Wie Visionen das Gehirn, den Menschen und die Welt verändern. Göttingen: Vandenhoeck & Ruprecht, 2. Aufl. 2005

Werner Jank/Hilbert Meyer, Didaktische Modelle. Berlin: Cornelsen Verlag, 7. Aufl. 2005

Helga Kohler-Spiegel, Die Bibel von innen her verstehen – Elemente bibliodramatischer Arbeit mit Kindern und Jugendlichen, in: Text-Raum 11 (2005) Nr. 23, S. 8–10

Margaret Mahler u.a., Die psychische Geburt des Menschen. Symbiose und Individuum. Frankfurt a. M.: Fischer Verlag 1993 (Fischer Taschenbücher, Bd. 6731)

Jirina Prekop/Gerald Hüther, Auf Schatzsuche bei unseren Kindern. Ein Entdeckungsbuch für neugierige Eltern und Erzieher. München: Kösel-Verlag, 3. Aufl. 2007

Johannes Riedl, Schule als Szenario der Begegnung. Der Beitrag des Religionsunterrichts zu einem Paradigmenwechsel, in: Österreichisches Religionspädagogisches Forum 4 (1994) S. 16–22

Friedrich Schweitzer, Das Recht des Kindes auf Religion. Ermutigungen für Eltern und Erzieher. Gütersloh: Gütersloher Verlagshaus 2000

Kindertageseinrichtungen als Lernorte des Glaubens für Kinder und Erwachsene

Was heißt das eigentlich?

*Von **Matthias Hugoth**, Freiburg*

Dass in Kindertageseinrichtungen gelernt wird, ist eine Binsenweisheit. Die Kinder lernen täglich Neues. Ganz aus sich heraus, weil sie neugierig auf die vielen Dinge sind, die es in der Welt zu entdecken gibt, weil sie begreifen, Zusammenhänge verstehen, hinter die Sachen schauen wollen. Und sie lernen, weil sie von den Erzieherinnen immerfort dazu angeregt und motiviert werden. Sie lernen schließlich auch durch die anderen Kinder, wenn diese erzählen, was sie beobachtet und erlebt haben, wenn diese Fragen stellen und alle mitsamt der Erzieherin eine Antwort suchen, wenn sie ihre Ansichten mitteilen und ihre Theorien, die sie zu diesen und jenen Themen entwickelt haben.

Das alles ist in tausend Büchern hinreichend beschrieben und illustriert worden und muss deshalb hier nicht vertieft werden. Außerdem können Erzieherinnen dazu ausgiebig aus eigener Erfahrung berichten. Dass Kindertageseinrichtungen »Lernorte« sind – wer wollte das bezweifeln?

Doch stimmt das auch für das Themenfeld Religion? Und: Lernen hier nur Kinder, oder sind Kitas auch Lernorte für Erwachsene, vielleicht sogar für die Erzieherinnen?

Auch diese Fragen dürften viele Erzieherinnen spontan mit einem klaren Ja beantworten: Kinder wollen alles wissen und begreifen, was in der Welt vorfindbar ist und zum Leben der Menschen zu gehören scheint. Warum sollte man ihnen die Welt der Religion vorenthalten? Und dann wissen Erzieherinnen zu gut – und die meisten geben es auch zu: Wir lernen natürlich auch von unseren Kindern. Denn ihre Fragen, ihre Beobachtungen und Entdeckungen und die Art und Weise, wie sie sich die Welt erklären, verblüfft uns immer wieder und lässt uns manchmal die Dinge auf eine Art und Weise betrachten, die uns bisher noch gar nicht in den Sinn gekommen ist.

Wenn man allerdings in den pädagogischen Alltag mancher Kita hineinschaut, dann ist von diesen Einsichten der Erzieherinnen oft nicht viel zu spüren: Religion als Lernfeld kommt nicht vor oder wird wie eine Art Pflichtfach abgehandelt (reduziert auf religiös gefärbte Texte und Lieder zu Erntedank,

Sankt Martin und Weihnachten). Und dass Erzieherinnen sich als Lernende erweisen und dabei die ihnen in Obhut gegebenen Kinder als »Lehrmeister« anerkennen, das erlebt man auch nicht alle Tage.

Zwischen den oben erwähnten, in der Regel als selbstverständlich geltenden Einsichten und der Praxis vor Ort gibt es offensichtlich eine Diskrepanz. Diese dürfte auch darauf zurückzuführen sein, dass – wie es oft bei selbstverständlich scheinenden Sachverhalten der Fall ist – diese Ansichten nicht hinreichend reflektiert werden und deshalb an Bedeutung verlieren.

Im Folgenden werden einige Aspekte zusammengetragen, die plausibel machen:

1. warum Kindertageseinrichtungen »Lernorte des Glaubens« sind (vgl. Kardinal Joachim Meißner 2002)
2. warum dies auch auf die Erwachsenen, speziell die Erzieherinnen zutrifft.

Kindertageseinrichtungen als Lernorte des Glaubens

Es geht an dieser Stelle nicht darum zu begründen, warum das Themenfeld »Religion« in den Kanon der Themenbereiche für die Bildungsarbeit in Kindertageseinrichtungen aufgenommen werden muss. Dazu enthält der erste Teil dieses Buches, der mit »Das Recht des Kindes auf Religion einlösen« überschrieben ist, einige Beiträge, die dazu gewichtige Argumente liefern. Außerdem haben die Kirchen und kirchlichen Trägerverbände dazu bewährte Argumentationspapiere erstellt (vgl. KTK-Bundesverband 2003–2006; EKD 2004).

In diesem Beitrag soll vielmehr der recht abstrakte Begriff »Lernort des Glaubens« erläutert und bebildert werden. Dabei wird bewusst auf die Formulierung »Lernort des *Glaubens*« (statt der *Religion*) Wert gelegt. Dieser Entscheidung liegt die These zugrunde, dass, wenn religiöse Inhalte bei Kindern im Vorschulalter zur Sprache kommen, diese nicht wie bloße Sachverhalte behandelt werden können (so wie dies später in der Schule in »Religionskunde« oder »Religionsgeschichte« häufig geschieht), sondern dass die Kinder die einzelnen Phänomene aus der Welt einer Religion stets zu sich oder zu Personen, die sie kennen, in Beziehung setzen. Die Fragen »Was glauben Christen (oder Muslime usw.)?« und »Was tun, wie leben Christen (oder Muslime usw.)?« verbinden Kinder mit der Frage, ob sie das auch glauben und tun sollen, oder ob sie auch so leben wollen. Und sie bringen diese Fragen in Verbindung mit konkreten Menschen, die das glauben und so leben bzw. die das alles ablehnen – und sie stehen wieder vor der Frage, was denn sie eigentlich tun sollen. Weil die Kinder derart persönlich in die Themen der Religion involviert sind, geht es um mehr als um das Kennenlernen von einzelnen Bestandteilen einer Religion; es geht um die Frage, was davon glaubwürdig und *deshalb* zu lernen ist.

Die Formulierung »Lernort des *Glaubens*« verlangt eine andere Akzentsetzung bei der Behandlung religiöser Themen und auch ein anderes Einlassen der Erzieherinnen, als wenn man sich für »Lernort *Religion*« entscheidet und sich auf die Vermittlung von Sachwissen beschränken möchte (womit sich Kinder ja, wie gesagt, kaum zufriedengeben). Es geht nämlich nicht um die Paraphrasierung – also die Wiederholung mit eigenen Worten – der Inhalte von Sach- und Erklärbüchern aus der Reihe »Was ist was?« oder ähnlichen Publikationen. Worum aber geht es dann, wenn der »Glaube« von Christen und den Angehörigen anderer Religionen angeschaut wird und wenn dabei etwas gelernt werden soll?

Kann man Glauben lernen?

Auf diese Fragen gibt es unterschiedliche Reaktionen. Von denjenigen, die die Möglichkeit des Glaubenlernens verneinen, sagen die einen: Glauben ist eine Gnade, ein Geschenk Gottes. Menschen können zu einem Glauben an Gott nur gelangen, wenn er es ermöglicht. Als Eltern, Erzieherinnen, Religionspädagogen kann man Kinder mit der Welt des Glaubens vertraut machen, man kann ihnen auch ein Vorbild im Glauben sein. Aber dass sie schließlich selbst glauben, haben die Erziehenden und Lehrer nicht mehr in der Hand. Es liegt letztlich noch nicht mal in der Verantwortung der Kinder selber, sondern das ist eine Sache Gottes. (Wirkliche Verantwortung für den eigenen Glauben, das heißt die Notwendigkeit der Entscheidung für oder gegen ihn, kann erst Jugendlichen und Erwachsenen zugesprochen werden.)

Andere Verneiner der Möglichkeit des Glaubenlernens sagen: Glauben ist etwas völlig Privates, das sich im Inneren eines Menschen abspielt und eng mit seinem ganz persönlichen Empfinden und Denken, seinem Erleben und seiner individuellen Geschichte und Situation zu tun hat. Was sich hier abspielt, hängt davon ab, ob Kinder sich dafür öffnen und schließlich bewusst entscheiden können, oder ob es ihnen aus irgendeinem Grund verwehrt bleibt. Glauben ist so etwas wie eine innere Gewissheit, die man nicht lernen kann; sie wächst in einem Menschen, ohne dass er dazu sein gelerntes Wissen anwendet. Lernen kann man nur, wie man dafür Sorge trägt, dass diese innere Gewissheit am Leben bleibt.

Gegenüber diesen Skeptikern vertreten wiederum andere die Position, dass man Glauben sehr wohl lernen kann – so wie man lernt, wie man bewusst und konsequent liebt. Dass man überhaupt lieben, hassen, hoffen, sich sehnen kann, liegt nicht im Vermögen des Menschen – so wie das Glaubenkönnen auch zu den elementaren Fähigkeiten des Menschen gehört, die er sich selbst nicht gegeben hat. Aber glauben, lieben, hoffen, hassen, sich sehnen – all das sind einmal bewusste Akte, die ich so oder so vollziehen kann. Dieses bewusste Setzen eines Glaubensaktes und die Art und Weise, wie ich es vornehme, das kann ich sehr wohl lernen.

Um alle philosophischen, theologischen, psychologischen und neurophysiologischen Aspekte zu erörtern, die für die eine oder andere Einstellung zur Frage, ob man Glauben lernen kann, ins Feld zu führen wären, ist der für diesen Beitrag gesteckte Rahmen zu begrenzt.

Ich persönlich gehe davon aus, dass man Glauben lernen kann, und führe diese Ansicht nun begründend und illustrierend aus, indem ich darlege, wie Glaubenlernen in einer Kindertageseinrichtung vor sich gehen kann, wie eine solche Einrichtung also zu einem Lernort des Glaubens wird.

Glauben lernen praktisch

Bevor der Frage nachgegangen wird, *wie* Glaubenlernen konkret erfolgen kann, soll zunächst in einem Überblick aufgezeigt werden, *was* man lernen kann. Die Formulierung »man« ist dabei bewusst gewählt, weil sich dieses Lernen nicht auf eine bestimmte Gruppe von Menschen bezieht – auf Kinder und Jugendliche etwa –, sondern weil dieses Lernen grundsätzlich für alle Menschen möglich ist, auch für Erwachsene, auch für Erzieherinnen, die gewohnt sind, andere zum Lernen anzuleiten und sich dabei aus dem Spiel zu lassen.

Lernen in Sachen Glauben meint:

- die Inhalte und die Entwicklungen, die diese im Laufe der Geschichte genommen haben, kennenlernen und begreifen, was sie grundsätzlich und was sie für einen persönlich bedeuten können – also: *was es zu glauben gibt und was einen das angehen kann*;

- einen Zugang zu Personen finden, die diese Inhalte maßgeblich bestimmt haben, und erfahren, wie Glauben und Menschsein miteinander verwoben sein können – also*: wer Orientierung für den Glauben bieten, zu wem man eine Beziehung aufnehmen kann*;
- sich mit den Bildern, Symbolen, Riten und Ritualen vertraut machen, mit denen die Inhalte des Glaubens sowie das Empfinden, die Erfahrungen und die Vorstellungen der Gläubigen zum Ausdruck gebracht werden – also: *wie die eigenen Fragen, Sehnsüchte, Empfindungen und Ansichten zu denen in Beziehung zu setzen sind, die in den Bildern, Symbolen, Riten und Ritualen des Glaubens zum Ausdruck kommen*;
- die Standpunkte und Handlungsweisen kennenlernen, die Gläubige aufgrund des Zuspruchs und Anspruchs ihres Glaubens einnehmen bzw. praktizieren – also: *wie konsequent aus dem Glauben Denken, Bekennen und Handeln erfolgen können;*
- die Art und Weise der Lebensgestaltung aus dem Glauben und der Gestaltung von zwischenmenschlichen Beziehungen, von Gemeinschaft und Gemeinde erleben – also: *wie die das Leben bestimmende und die Gemeinschaft der Menschen erhaltende und gestaltende Kraft des Glaubens nachvollzogen werden kann.*

In diesen Bereichen können religiöse Lernprozesse stattfinden. In Kindertageseinrichtungen liegen die Anstöße dazu sowohl bei den Kindern, die wissen, begreifen, mit- und nachvollziehen wollen, und bei den Erzieherinnen, die solche Lernprozesse initiieren, vorantreiben, unterstützen und begleiten. Diese Doppelstruktur – Kinder und Erzieherinnen als Akteure zur Geltung kommen zu lassen – trifft im Übrigen auf alle Lernbereiche in Kindertageseinrichtungen zu. Das Besondere an religiösen Lernprozessen wird deutlich, wenn man sich mit den Begriffen »Glaube« und »Religiöse Bildung« eingehender befasst.

Bei der nun folgenden Klärung der Begriffe »Glaube« und »Religiöse Bildung« steht ihre Relevanz für die praktische Arbeit im Vordergrund. Es geht demnach weniger darum, einem wissenschaftlichen Anspruch auf Vollständigkeit zu entsprechen (die folgenden Ausführungen in Anlehnung an: Religion für alle Kinder?, S. 38 f.).

Wächst ein Kind auf

Wächst ein Kind mit Kritik auf –
Lernt es, zu verurteilen!

Wächst ein Kind mit Hass auf –
Lernt es, zu kämpfen!

Wächst ein Kind mit Spott auf –
Lernt es, scheu zu sein!

Wächst ein Kind mit Schmach auf –
Lernt es, sich schuldig zu fühlen!

Wächst ein Kind mit Toleranz auf –
Lernt es, geduldig zu sein!

Wächst ein Kind mit Ermutigung auf –
Lernt es, selbstsicher zu sein!

Wächst ein Kind mit Lob auf –
Lernt es, dankbar zu sein!

Wächst ein Kind mit Aufrichtigkeit auf –
Lernt es, gerecht zu sein!

Wächst ein Kind mit Sicherheit auf –
Lernt es, zuversichtlich zu sein!

Wächst ein Kind mit Anerkennung auf –
Lernt es, sich selbst zu schätzen!

Wächst ein Kind mit Güte und Freundlichkeit auf –
Lernt es, die Welt zu lieben!

(Wandspruch)

Umschreibung des Begriffs »Glaube«

»Glaube« beinhaltet zum einen die Beziehung des Menschen zu einem übergeordneten Göttlichen. Dieses Göttliche ist für manche namenlos, jenseits des menschlichen Vorstellungsvermögens und abstrakt und wird dann mit ebenso abstrakten Begriffen bezeichnet (»Göttliche Macht«, »Das Transzendente«, »Das Absolute«, »Das Sein an sich«, »Der Urgrund«). Für andere ist das Göttliche eine Persönlichkeit, sie sehen es als ein Gegenüber, das man ansprechen, zu dem man beten, auf das man seine Hoffnungen richten kann, vor dem manche aber auch Angst haben. Wieder andere glauben, dass sich dieses göttliche Gegenüber den Menschen mitgeteilt (»geoffenbart«) hat. Zu diesen gehören vor allem Juden, Christen und Muslime. Sie finden Antworten auf ihre Fragen nach dem Woher und Wozu des Lebens, nach Sinn und Ziel, nach dem Grund von Hoffnung und Liebe aus den Botschaften Gottes, seinen Weisungen und Verheißungen. Zu diesem Gott beten sie, sie verwenden Gebete, Symbole und Riten, um ihre Beziehung zu ihm auszudrücken, und feiern religiöse Feste.

»Glaube« als Beziehung zu einem göttlichen Gegenüber ist zunächst Sache des einzelnen Menschen. Er bestimmt auch die Intensität dieser Beziehung und den Stellenwert, den sie in seinem Leben hat. Das hängt zudem davon ab, wie das göttliche Gegenüber für ihn erfahrbar wird.

Neben dieser individuellen Gestalt des Glaubens als Beziehung des Menschen zu einem göttlichen Gegenüber hat der Glaube auch eine soziale Gestalt: die Gemeinschaft von Menschen, die sich zu bestimmten Inhalten bekennen, die diesem Glauben in Bildern und Symbolen, in Riten und Bräuchen, in Bekenntnissen, Gebeten und Festen, in bestimmten Lebensformen und sozialen Ordnungen gemeinsam einen Ausdruck geben. Die Art und Weise, wie die Zugehörigkeit zu einer Glaubensgemeinschaft gelebt wird, und der Stellenwert, den sie für die Mitglieder hat, kann sehr unterschiedlich sein. Für manche ist diese Zugehörigkeit ein wichtiges Moment ihrer Identität, viele erfahren sie als eine spirituelle Beheimatung. Für andere ist ihre Religion und die Gemeinschaft ihrer Mitglieder wichtig, weil sie daraus einen »Nutzen« ziehen: Sie finden Halt und Orientierung, ethische Werte und Normen, ein soziales Gefüge, in dem man füreinander sorgt.

Umschreibung des Begriffs »Religiöse Bildung«

Religiöse Bildung ist die Initiierung, Begleitung und Unterstützung von Lernprozessen, in denen Bezüge zu einer Religion hergestellt werden. Diese Bezugnahme kann von den Erzieherinnen oder von den Kindern selbst angestoßen werden. Sie erfolgt ausdrücklich durch die Behandlung religiöser Inhalte, durch die Verwendung religiöser Sprachformen und Symbole, das Durchführen religiöser Riten, das Feiern religiöser Feste, das Handeln nach religiös begründeten Werten und Normen. Und sie erfolgt indirekt beispielsweise durch die Art des Umgangs miteinander, durch den Geist, aus dem heraus in einer Kindertageseinrichtung gelebt und gehandelt wird, durch die Verwendung von ursprünglich in einer Religion beheimateten Sprachspielen, Bildern und Symbolen, ohne dass allerdings dabei ausdrücklich auf diese Religion Bezug genommen wird.

Kindertageseinrichtungen als Lernorte des Glaubens für Kinder

Kindertageseinrichtungen sind dann Lernorte des Glaubens für Kinder, wenn hier religiöse Lernprozesse ermöglicht, initiiert, gefördert und begleitet werden, und zwar auf allen Ebenen, auf denen Kinder lernen (zum Folgenden vgl. Religion für alle Kinder?, S. 39 ff.).

Um *religiöse Lernprozesse* handelt es sich dann,

- wenn die Kinder sich von religiösen Symbolen, Bildern, Ritualen, Personen, Liedern, Bräuchen und Festen angesprochen fühlen, wenn sie neugierig werden und Fragen stellen oder Lust bekommen mitzumachen (emotionaler Aspekt),
- wenn die Kinder sich Wissen über eine Religion oder über mehrere Religionen aneignen (kognitiver Aspekt),
- wenn die Kinder ihre Beobachtungen, Fragen und Meinungen zu den Botschaften einer Religion in Beziehung setzen können bzw. durch die Erzieherinnen erfahren, wie sich solche Erklärungszusammenhänge herstellen lassen; wenn sie also Antworten, Begründungen und Sinndeutungen finden und sich damit auseinandersetzen (rationaler Aspekt),
- wenn die Kinder für die Beurteilung der eigenen Verhaltens- und Hand-

lungsweisen und der anderer Menschen Anhaltspunkte in den Werten und Normen einer Religion finden (ethischer Aspekt),

- wenn sie mit Bildern, Symbolen und Riten einer Religion vertraut werden und lernen, mit ihnen auch ihre eigenen religiösen Empfindungen, ihre Überzeugungen, Gedanken und Gefühle zum Ausdruck zu bringen (symbolischer Aspekt),
- wenn sie in der Botschaft einer Religion, in ihren Liedern, Gebeten, Symbolen und Ritualen und in der Gemeinschaft derer, die ihr angehören, Trost, Zuspruch, Ermutigung, Versöhnung und Weisung zu entdecken lernen (psychologischer Aspekt),
- wenn sie am gemeinschaftlichen Leben der Menschen teilhaben können, die einer Religion angehören, oder zumindest verstehen können, dass und wie Menschen für ihr Zusammenleben Religion wichtig nehmen (sozialer Aspekt),
- wenn sie in den Inhalten und Traditionen einer Religion Wahrheiten über Gott, Welt, Mensch und sich selbst zu entziffern lernen (philosophischer Aspekt).

Die religiösen Lernprozesse in unseren Kindertageseinrichtungen führen dazu, dass Kinder vor allem mit der Welt der christlichen Religion vertraut werden. Dies ist die Voraussetzung dafür, dass sie später einmal in der Lage sind, sich dafür oder dagegen zu entscheiden, ob der christliche Glaube ihre geistige, seelische und soziale Heimat wird. Damit die Kinder ferner einmal fähig sind, als Angehörige dieser Religion deren Lebensformen mitzugestalten und Verantwortung zu übernehmen, wird ihnen in der religiösen Erziehung ein Raum geboten, in dem sie die Möglichkeit haben, religiöse Vollzugsformen auszuprobieren und einzuüben.

Auf diese Weise kann religiöse Erziehung zur Selbstwerdung und zur Entwicklung einer Ich-Identität beitragen. Hierin liegt eine wesentliche Legitimation für eine religiöse Erziehung in Kindertageseinrichtungen.

Glauben zu lernen kann, so haben die bisherigen Ausführungen deutlich gemacht, nicht auf das Hören, Verstehen und Merken von Wissensinhalten beschränkt werden.

Religiöse Lern- und Aneignungsprozesse werden praktiziert als

- *ganzheitliches Lernen* – dieses bezieht sich auf die Art der Kinder, mit allen ihren Sinnen wahrzunehmen, auf ihre Sensitivität und ihre Empfindungen, auf ihr Denken, Erkennen, Erfassen und Merken, auf die Aufnahme- und Darstellungsfähigkeit über ihren Körper sowie ihre Begabung, sich mit ihrer Fantasie beliebige Vorstellungswelten und Geschichten zu schaffen.

- *soziales, interaktionales Lernen* – ein solches Lernen erfolgt zum einen aufgrund der Erfahrungen, die Kinder bei ihren Beziehungen zu anderen Menschen und in ihrem sozialen Umfeld machen: Kinder lernen die verschiedenen Beziehungsformen und Verhaltensweisen der Menschen zu unterscheiden und zu beurteilen, sie lernen sich selbst in den Beziehungen zu anderen kennen, und sie ziehen Schlussfolgerungen aus ihren Erfahrungen mit den Menschen. Zum anderen lernen sie, wie sie die Beziehung zu den Mitmenschen und zum sozialen Umfeld insgesamt mitgestalten können, was es heißt, für den Verlauf von Beziehungen einen Teil der Verantwortung zu tragen, und was dazu führt, dass sie gelingen oder schiefgehen.
- *lebensgeschichtlich-biografisches Lernen* – dazu gehört zum einen, dass die Kinder lernen, Elemente ihrer Lebensgeschichte, also Erlebnisse, Erfahrungen, Menschen, Orte, Stationen, die Auswirkungen von sozialer Umwelt und gesellschaftlichen Vorgängen auf ihr Leben, anzuschauen, zu reflektieren und daraus Konsequenzen zu ziehen. Zum anderen erfahren sie, wie sie selbst aktiv werden und für einzelne Bereiche ihres Lebens Regie führen können; dazu eignen sie sich die dafür notwendigen Fähigkeiten selbst an.
- *handlungsorientiertes Lernen* – gemeint sind Lernprozesse, die auf das selbstständige Tätigwerden und Handeln der Kinder abzielen, indem sie einmal aufgrund von Animationen, von Einsichten, Willensbildung und Planungen zum Handeln führen, das andere Mal zum Handeln selbst befähigen und schließlich Anhaltspunkte und Kriterien für die Einschätzung der eigenen Handlungen und der Handlungen anderer bieten.
- *kontextuelles, situationsorientiertes Lernen* – damit ist gemeint, dass auf die Kontexte, in denen die Kinder aufwachsen, und auf konkrete Situationen aus ihrem Alltag Bezug genommen wird – bei der Wahl der Lerninhalte und -mittel, bei der Gestaltung sozialer Prozesse, bei der Intensität, mit der ein Thema behandelt wird. Ein solches Lernen zielt ferner darauf ab, die Kinder zu befähigen, ihre eigene Lebenswelt und einzelne Situationen besser zu begreifen und sie, zumindest punktuell, zu beeinflussen und zu gestalten.

Bei der knappen und auf die jeweiligen spezifischen Merkmale konzentrierten Beschreibung der verschiedenen Ebenen, auf denen mit den Kindern Glaubenslernprozesse initiiert und durchgeführt werden können, wurde deutlich, dass es grundsätzlich – zusammenfassend gesagt – um Folgendes geht:

1. Die Kinder erhalten die Gelegenheit, einen bestimmten Gegenstandsbereich kennenzulernen und sich darüber ein Wissen anzueignen. Sie sollen in die Lage versetzt werden, Zusammenhänge wahrzunehmen, sie zu reflektieren und daraus Schlussfolgerungen zu ziehen.
2. Die Kinder nehmen aber nicht nur die Welt um sie her – einschließlich der Welt des christlichen Glaubens – und die dort lebenden und agierenden Menschen wahr; sie sollen vielmehr auch Möglichkeiten und konkrete Wege entdecken, sich aktiv zu dieser Welt und den Menschen in Beziehung zu setzen, sich in die Lebensfelder hineinzubegeben und sie mitzugestalten.

Zu *Lernorten des Glaubens für Kinder* werden Kindertageseinrichtungen dann,

1. wenn Religion und konkret die Welt des Glaubens als Themenbereich der Bildungsarbeit von Erzieherinnen (und Trägern) anerkannt werden,
2. wenn mit derselben Ernsthaftigkeit, demselben Engagement und derselben Kompetenz Glaubenslernprozesse initiiert, begleitet und unterstützt werden wie die Lernprozesse, die sich auf andere Themenbereiche wie Sprache, Naturwissenschaft, Mathematik usw. beziehen,
3. wenn die Glaubenslernprozesse in die Lebens- und Erfahrungswelt der Kinder in der Kita und in das gesamte Bildungsarrangement der Einrichtung eingebunden werden,
4. wenn die Kindertageseinrichtung einen Raum bietet, in dem konkret erprobt werden kann, wie es ist, wenn man mit den Inhalten und Bildern und Handlungsformen des Glaubens »im Kopf und im Herzen« den Alltag miteinander gestaltet.

Kindertageseinrichtungen als Lernorte des Glaubens für Erwachsene

Es halten sich hauptsächlich zwei Gruppen von Erwachsenen regelmäßig im Lebens- und Wirkraum einer Kindertageseinrichtung auf: die Gruppe der Eltern und natürlich die der Erzieherinnen. Zum Schluss dieses Beitrags wird, bezogen auf diese Gruppen, aufgezeigt, wo sie sich als »Lernende des Glaubens« erfahren und die Kita als einen Lernort für sich selbst erleben können.

Erzieherinnen als Lernende in Fragen des Glaubens

Erzieherinnen beschäftigen sich täglich über mehrere Stunden mit den Kindern ihrer Kita und werden von diesen beschäftigt. Auf beiden Ebenen machen sie auch selbst Lernerfahrungen – die einen eher unbemerkt und deshalb unreflektiert und wenig »nutzbringend«, die anderen bewusst und überlegt, sie erleben diese Erfahrungen als eine Bereicherung.

Erzieherinnen lernen bei der Beschäftigung mit den Kindern

Und zwar dann, wenn sie sich mit den Inhalten der Bildungsbereiche befassen, die sie mit den Kindern behandeln wollen; wenn sie sich auf die Kinder einstellen und sich fragen, welche Bedeutung diese Inhalte für die Kinder haben sollen bzw. können, und wie die Kinder an diese Inhalte herangehen werden; wenn die Erzieherinnen sich vergewissern, wo sie selbst zu diesem oder jenem Inhalt stehen. Letzteres ist vor allem bei der Glaubensbildung notwendig. Denn Glaubensaussagen, Personen aus der Welt dieses Glaubens, Bilder, Symbole, Riten und Rituale sowie Handlungsformen des Glaubens lassen sich – dies wurde eingangs bereits erläutert – nicht vermitteln wie ein bloßer Sachverhalt, den man zur Kenntnis nimmt und in seinem Wissensspeicher ablagert.

Bei diesen Formen der Vorbereitung und der begleitenden Reflexion der Behandlung von Glaubensthemen mit den Kindern müssen sich Erzieherinnen zwangsläufig auf Inhalte und Ausdrucksformen des Glaubens einlassen, sie müssen ihr Wissen vertiefen, Inhalte und Hintergründe verstehen, sich auch selbst damit auseinandersetzen. Und indem sie das alles schließlich noch in Beziehung zu den Kindern setzen und überlegen, wie sie Inhalte und Ausdrucksformen gemeinsam mit ihnen erschließen und in ihrer Relevanz für das Leben einschätzen sollen, müssen sie sich Dinge aneignen und reflektieren. All das lässt sich durchaus als Lernen bezeichnen.

Viele Aspekte des religiösen Lebens – das Gebet, Riten und Symbole, Glaubensinhalte und -praktiken, Feste und Bräuche – sind zunehmend mehr Kindern und Familien unbekannt und müssen ihnen nahegebracht werden. Den christlichen Glauben neu, das heißt in einer Sprache zu buchstabieren, die auch konfessionslose und andersgläubige Kinder verstehen, macht es notwendig, dass sich die Erzieherinnen mit den Möglichkeiten und Grenzen der Plausibilität dieses Glaubens auseinandersetzen. Und dabei lernen sie immer wieder selbst dazu.

Wenn Kinder die Erzieherinnen beschäftigen

Indem sie sich auf die oft unvorbereitet vorgebrachten Fragen der Kinder nach dem Woher, Warum und Wozu des Lebens, nach Gut und Böse, nach Liebe und Hass, nach Freundschaft und Ablehnung einlassen, müssen sie sich mit den möglichen Antworten aus dem Glauben auseinandersetzen. Schließlich erfordert die Präsenz von Angehörigen nichtchristlicher Religionen in der Lebenswelt der Kinder und in den Kindertageseinrichtungen, dass sich die Erzieherinnen mit ihnen beschäftigen. Dabei dürfte es auch zu Fragen bezüglich des eigenen Glaubens bzw. der Glaubenstradition kommen, in denen sie selbst aufgewachsen sind. Die Notwendigkeit der Selbstvergewisserung von Erzieherinnen hinsichtlich des eigenen Glaubens und religiösen Lebens und von religiösen Lernprozessen bekommt durch die zunehmende Pluralität an religiösen Dispositionen in den Kindertageseinrichtungen eine neue Dringlichkeit.

Glaubenslernprozesse finden statt, wenn die Erzieherinnen das Ziel verfolgen, ihre Kita sichtbar und spürbar zu einem »Lernort des Glaubens« zu machen

Denn beispielsweise die Ausstattung der Räume mit religiösen Bildern und Symbolen, die Beschäftigung mit der Frage, welcher »Geist des Hauses«, also welche Spiritualität die Atmosphäre der Einrichtung bestimmen soll, und die Entscheidung, wie im Leitbild, in der Konzeption, in den Flyern und anderen Darstellungsmitteln deutlich gemacht werden soll, dass die Einrichtung ein Bildungsort ist, in dem auch Glaubenlernen geschieht – alle diese Überlegungen erfordern religiöses Wissen, religiöse und religionspädagogische Kompetenzen und die Fähigkeit, sich mit diesen Themen auch theologisch (und nicht nur pädagogisch) auseinanderzusetzen.

Spätestens hier wird deutlich, dass Erzieherinnen *Rat und Hilfe* benötigen, wenn sie ihre Einrichtung als »Lernort des Glaubens für Kinder und Erwachsene« gestalten wollen. Das allerdings ist ein eigenes Thema. Hier nur einige Hinweise:

- Rat und Hilfe bieten Fachberaterinnen und Fachberater, aber auch Gemeindeberater und die pastoralen Mitarbeiter im Umfeld der Kindertageseinrichtung;
- Anregungen, Ermutigungen und konkreten Rat finden Erzieherinnen auch bei entsprechenden Fortbildungen – besonders bei solchen, die in ihrer eigenen Einrichtung stattfinden;

- Fachzeitschriften und Fachliteratur – auch das Gespräch mit Autorinnen und Autoren, das viel häufiger gesucht werden sollte – geben Anregungen und Tipps und beschreiben anhand zahlreicher Beispiele, wie es andere machen;
- schließlich sollte eine Erzieherin überlegen, ob sie nicht einen kontinuierlichen Gesprächspartner oder eine Gesprächspartnerin wählt, die sie bei ihren persönlichen und bei ihren berufsbezogenen religiösen Lernprozessen begleitet – früher hat man solche Frauen und Männer »Seelenführer« genannt.

Ein Beispiel zur Verdeutlichung, wie Erzieherinnen am »Lernort Kita« selber lernen können: Wenn das Thema »Alle Tiere und Menschen müssen sterben« drankommt (das kann spontan von den Kindern ausgelöst werden, es kann auch eingebunden sein in einen Besuch auf dem Friedhof oder Ähnlichem), dann kann sich eine Erzieherin auf ein solches Thema nur rechtschaffen einlassen, wenn sie sich mit dem Thema persönlich befasst hat – mit der Unumgänglichkeit des Sterbenmüssens, mit der Frage, was danach kommt, mit der Frage, ob das Leben vor dem Tod eine Bedeutung für ein mögliches Weiterleben nach dem Tod hat, mit der Frage, ob es Sinn macht, für Tote zu beten usw. Eine solche Auseinandersetzung ist eigentlich nie abgeschlossen, weil die einzelnen Aspekte dieses Themenfeldes immer wieder unterschiedliche Bedeutung bekommen oder weil neue Gesichtspunkte hinzukommen.

Eltern als Lernende in Fragen des Glaubens

Was bisher zu der Erfahrung dargelegt wurde, dass Erzieherinnen bei der Beschäftigung mit den religiösen Fragen, Vorstellungen und Lebensformen der Kinder selbst lernen können, trifft auch auf die Eltern zu. Diese jedoch befassen sich selten so ausführlich und intensiv mit ihren Kindern, wie dies professionelle Erzieherinnen in Kindertageseinrichtungen tun. Vor allem bringen die meisten Eltern nicht das pädagogische Rüstzeug mit, das ein derart differenziertes Eingehen auf die Lernprozesse ihrer Kinder allgemein und auf die Glaubenslernprozesse im Besonderen erforderlich macht.

Dennoch können auch sie von und mit ihren Kindern einiges in Sachen Glauben lernen – primär natürlich im Lebensraum ihrer Familien. Doch auch in der Kindertageseinrichtung.

Dazu ist es allerdings erforderlich, dass sie in die Glaubenslernprozesse einbezogen werden – angefangen bei der Teilnahme und Mitgestaltung religiöser Feste über das Mitwirken bei der Behandlung religiöser Themen (beispielsweise bei einer Themenfolge zur Bibel) bis hin zu Gesprächen über religiöse Themen am Elternabend, in Elternkreisen oder persönlich mit einer Erzieherin oder der Leiterin.

Wichtig ist, dass Eltern als kompetente, weil erfahrene und meist auch bewusst entschiedene Gesprächspartner gesehen und so auch begrüßt werden.

Es werden sich zum Thema »Glaubenlernen« natürlich nicht alle Eltern als Mitgestaltende und -lernende gewinnen lassen (wie dies ja bei manchen anderen Bildungsbereichen auch der Fall ist). Wenn die Eltern allerdings erleben, dass die Kindertageseinrichtung ihrer Kinder ein »Lernort für Kinder und Erwachsene« ist und dies auch auf den Bereich des Glaubens zutrifft, bleibt die Neugier wach und damit die Chance, dass sich Bildungspartnerschaften auch auf dem Feld des Glaubenlernens entwickeln.

Literatur

Als Frauen den Glauben weitergeben. Geschlechtspezifische Aspekte der Spiritualität und der religiösen Kompetenz von Erzieherinnen. Redaktion: *Matthias Hugoth*. Freiburg: Verband Katholischer Tageseinrichtungen für Kinder (KTK)-Bundesverband 2005 (KTK-Position – Theologie und Religionspädagogik)

Peter Beer, Wozu brauchen Erzieherinnen Religion? Ein Arbeitsbuch für Ausbildung und Praxis. München: Don Bosco Verlag 2005

Den Glauben neu buchstabieren. Ansätze einer zeitgemäßen Kinderpastoral und einer pluralitätsfähigen Religionspädagogik in Kindertageseinrichtungen und Kirchengemeinden. Redaktion: *Matthias Hugoth*. Freiburg: Verband Katholischer Tageseinrichtungen für Kinder (KTK)-Bundesverband 2004 (KTK-Position – Theologie und Religionspädagogik)

Kardinal Joachim Meißner im Vorwort zu, Gemeinsam für Kinder ... Gemeinden und ihre Kindergärten entwickeln sich weiter ... Köln: Erzbischöfliches Generalvikariat/Diözesan-Caritasverband Köln, Abteilung Kindertageseinrichtungen 2002

Matthias Hugoth, Fremde Religionen – fremde Kinder? Leitfaden für interreligiöse Erziehung. Freiburg: Herder Verlag 2003

Matthias Hugoth, »Erziehungspartnerschaften eingehen«, in: *Matthias Hugoth/ Daniela Kobelt Neuhaus (Hrsg.)*: Unternehmen Kindergarten & Co. Ma-

nagement und Führungsaufgaben erfolgreich umsetzen. Loseblatt-Sammlung. Kronach: Link Verlag/Wolters Kluwer Deutschland 9. Lieferung 2002, S. 1–14
Religiöse Erziehung als Bildung begreifen. Ein Argumentationspapier. Freiburg: Verband Katholischer Tageseinrichtungen für Kinder (KTK)-Bundesverband 2006
Religion für alle Kinder? Konfessionslose und andersgläubige Kinder in katholischen Kindertageseinrichtungen. Leitlinien und Materialien für die religiöse Erziehung. Redaktion: *Matthias Hugoth*. Freiburg: Verband Katholischer Tageseinrichtungen für Kinder (KTK)-Bundesverband 2003 (KTK-Position – Theologie und Religionspädagogik)
Elisabeth Roth, Religionspädagogisches Selbstbewusstsein. Eine pädagogische Theologie am Beispiel des Religionsunterrichts. Neukirchen-Vluyn: Neukirchener Verlag 2006
Wo Glaube wächst und Leben sich entfaltet. Der Auftrag evangelischer Kindertageseinrichtungen. Eine Erklärung des Rates der Evangelischen Kirche in Deutschland. Gütersloh: Gütersloher Verlagshaus 2004

Religiöse Bildung praktisch
Wahrnehmen – Begleiten – Gestalten

*Von **Peter Siebel**, Bonn, und **Johanna Wittmann**, Völklingen-Wehrden*

Als mein Vater
mich zum ersten Mal fragte,
was ich werden will,
sagte ich nach kurzer Denkpause:
»Ich möchte mal glücklich werden.«
Da sah mein Vater sehr unglücklich aus.
Aber dann bin ich doch was anderes geworden
und alle waren zufrieden.
Liselotte Rauner

Religiöse Bildung geschieht auf vielfältige Weise. Informell durch das, was Mädchen und Jungen im Alltag erleben, was sie in der Begegnung mit Menschen erfahren. Aber eben auch als pädagogischer Prozess in der Kindertagceinrichtung.

Dieser pädagogische Prozess beginnt mit der Wahrnehmung der Mädchen und Jungen (Anfangspunkt) und ist in der Folge ohne Begleitung und Gestaltung undenkbar (doppelter Aspekt).

Mädchen und Jungen wahrnehmen

Mädchen und Jungen zu begleiten und mit ihnen Prozesse religiöser Bildung zu gestalten, geht von den Mädchen und Jungen aus, von dem, wie sie sind und was sie mitbringen. So lauten grundlegende Fragen zum Beispiel:

- Welche Fragen beschäftigen die Kinder?
- Was weckt ihre Neugier und wofür interessieren sie sich?
- Wie sehen die Kinder Gott und die Welt?
- Welche Vorstellungen von Gott, den Menschen, dem Leben und Sterben haben die Kinder?
- Welche Geschichten, Rituale, Lieder usw. sind ihnen wichtig?
- Was bringen die Kinder an Religion (Religiosität/religiösen Erfahrungen) in den Kindergarten mit?

- Welche Religionen und religiösen Vorstellungen sind im Kindergarten vertreten?
- Welche religiösen Traditionen werden in den Familien der Kinder gelebt?

Mädchen und Jungen begleiten

Mädchen und Jungen begleiten heißt, mit ihnen unterwegs sein, ihnen nahe sein, da sein und gleichzeitig Distanz wahren. Ihre Fragen hören, ihre Interessen wichtig nehmen, das Gespräch mit ihnen suchen, Zuhörerin, Zuhörer sein.

Sich mit ihnen freuen, mit ihnen trauern. Ihre Entwicklung fördern, gleichzeitig ihren Ressourcen trauen und ihre Räume und Grenzen respektieren.

Gestaltungsformen entwickeln

Neben der Begleitung von Mädchen und Jungen geht es immer auch darum, Bildungsprozesse zu initiieren. Das heißt Gestaltungsformen zu entwickeln und zu erproben, die den Kindern Raum geben, ihre Religiosität auszudrücken, und durch die wir die Schätze des christlichen Glaubens und Lebens mit den Kindern teilen können, also Gestaltungsformen zu entwickeln, die sie zum Leben ermutigen.

Aus der Trias von Wahrnehmung, Begleitung und Gestaltung, bezogen auf die Praxis der religiösen Bildung, ergibt sich das Praxisfeld *Seelsorge.*

Praxisfeld: Seelsorge im Kindergarten
Eine Fortbildung für Erzieherinnen und Erzieher

»Wo Kirche draufsteht, da muss auch Kirche drin sein.« Und das bedeutet, dass für die großen und kleinen Probleme jemand zur Verfügung steht, zuhört, versteht, tröstet, weiterhilft. Dies ist Konsens, wenn auch im Allgemeinen in der Bevölkerung nur noch wenig Kenntnis über die Kirchen und ihr Selbstverständnis besteht. Im konfessionellen Kindergarten sind das die Erzieherinnen und Erzieher, die den Eltern als Vertreterinnen und Teil der Kirche begegnen, ob sie wollen oder nicht. Sie sind die Bezugs- und Vertrauenspersonen. Der Weg zur Pfarrerin, zum Pfarrer ist weit.

Von daher ergibt sich schon aus pragmatischen Gründen die Notwendigkeit, seelsorgerliche Kompetenzen zu erwerben.

Kinder und ihre Eltern erleben in ihrer Biografie Übergänge, Brüche und Krisensituationen. Sie erfahren Trennung, Streit und Einsamkeit. Sie begegnen Leiden und Sterben. Sie haben Fragen und suchen nach stützenden Antworten.

Es geht jedoch nicht nur um »dramatische« Lebenssituationen der Kinder. Manchmal brauchen sie im ganz »normalen« Kindergartenalltag einfach einen Menschen, der Zeit für sie hat, der ihnen zuhören kann, der sich ihnen zuwendet. Und der ihren Fragen Zeit und Raum gibt.

Ziele und Schwerpunkte der Fortbildung

Der Kurs gibt Hilfestellungen und entwickelt Möglichkeiten, Kinder und ihre Familien in ihren Lebenssituationen wahrzunehmen, sensibel zu werden für das, was Mädchen und Jungen von den Fachkräften erwarten und brauchen, um so »Seelsorge in Tageseinrichtungen für Kinder« zu pflegen.

Dieser Langzeitkurs hat folgende Schwerpunkte:

- die eigene Lebens- und Glaubensgeschichte zu reflektieren (Selbstreflexion);
- Wahrnehmung der Lebenssituation von Kindern und ihren Familien;
- Arbeit an konkreten Situationen und Fragen unter besonderer Beachtung des Kontextes (mit Rollenspielen, kreativen Übungen, Gesprächen, Fallbeispielen, Wahrnehmungsübungen);
- Entwickeln von Möglichkeiten der Seelsorge mit Kindern (zum Beispiel Rituale, Geschichten, Naturerfahrungen, Gebet und Meditation);
- kreative Arbeit mit biblischen Texten (u.a. einen eigenen Zugang mithilfe des Bibliodramas ermitteln);
- Theorieeinheiten: zum Beispiel zur Geschichte der Seelsorge, zu Seelsorgekonzeptionen, zur Gesprächsführung, zu Grundformen der Angst;
- Entwicklung von Hilfestellungen für die Praxis und Erprobung zwischen den Kursabschnitten im eigenen Praxisfeld.

Seelsorge mit Mädchen und Jungen

Ist von Seelsorge mit Mädchen und Jungen die Rede, kommt einem sofort die Situation von Kindern im Krankenhaus in den Sinn. Lange richtete sich der Blick nur auf diesen Bereich. Hier sollten wir unseren Horizont erweitern.

Seelsorge mit Kindern unterscheidet sich von der mit Erwachsenen. Um nur einige Aspekte zu nennen: Das Gespräch ist auch hier ein Mittel. Ebenso wichtig, wenn nicht sogar bedeutungsvoller aber sind Rituale, Erzählen, Bilder betrachten, miteinander singen. Wir können fragen:

Wo sind eure Lieblingsorte? Was tut ihr, wenn es euch nicht gut geht? Wen sucht ihr euch?

Rituale in der Gruppe zum Beispiel beim Ankommen und am Ende (mit Stein und Blüte) haben seelsorgerliche Dimensionen.

Es lassen sich Beichtrituale entwickeln. Dies mag zunächst befremdlich klingen, und es mag sein, dass die Erwachsenen dazu erst einen Zugang brauchen. Doch dienen sie dazu, Belastendes loszuwerden. Beichtrituale können ganz aktiv und handlungsorientiert von den Mädchen und Jungen selbst gestaltet werden.

Höhen und Tiefen einer Kindergartengemeinschaft miteinander in einem Gottesdienst zu gestalten – auch dies ist gestaltete Seelsorge.

Zu den wesentlichen Aspekten seelsorglicher Kompetenz gehört es, die Ressourcen der Kinder wahrzunehmen, Selbsthilfe zu unterstützen und zu ermöglichen, ihre religiöse Kompetenz in den Blick zu nehmen und zu fördern in Bezug auf die Deutung und Gestaltung ihres Lebens, und ihnen biblische Geschichten als Glaubens- und Lebenshilfe anzubieten.

Praxisfeld: Der dimensionale Ansatz in der Religionspädagogik

Ein hilfreicher und von uns in unterschiedlichen Zusammenhängen erprobter Ansatz praktischer Religionspädagogik ist die Arbeit mit den Dimensionen religiöser Bildung:

»Religion und religiöse Erziehung beginnen nicht erst dann, wenn im Kindergarten religiöse Fragen ausdrücklich aufgenommen oder wenn bestimmte Geschichten erzählt, Lieder gesungen und Gebete gesprochen werden. Religiöse Erziehung, wie wir sie verstehen, beginnt bereits etwa beim Umgang mit der Zeit und mit den Zeiten des Lebens, bei der Gestaltung der Räume und des Lebensraumes Kindertagesstätte. Jede Gestaltungsdimension des Kindergartens hat Folgen für die religiöse Erziehung, und aus der religiösen Erziehung ergeben sich Anstöße für die Gestaltung der Einrichtung.

Das ist gemeint, wenn wir abgekürzt von Dimensionen der religiösen Erziehung im Kindergarten sprechen. Dimensionen wie Raum und Zeit sind im

Kindergarten immer schon vorhanden. Immer spielen sie eine pädagogische und religionspädagogisch bedeutsame Rolle.

Deshalb kommt es darauf an, diese Dimensionen bewusst zu gestalten. Unser Ziel ist ein dimensionaler Ansatz der religiösen Erziehung.« (Christoph Th. Scheilke, Friedrich Schweitzer 1999, S. 12)

Dimensionen und Konzeption

Es werden Dimensionen in den Blick genommen, die im Kindergarten ganz unvermeidlich vorkommen und deshalb berücksichtigt und gestaltet werden sollten.

Sie eröffnen und beschreiben den Rahmen der religionspädagogischen Praxis und initiieren eine religionspädagogische Konzeption. Die folgenden Dimensionen stellen kein geschlossenes System dar, sie können erweitert und weiterentwickelt werden:

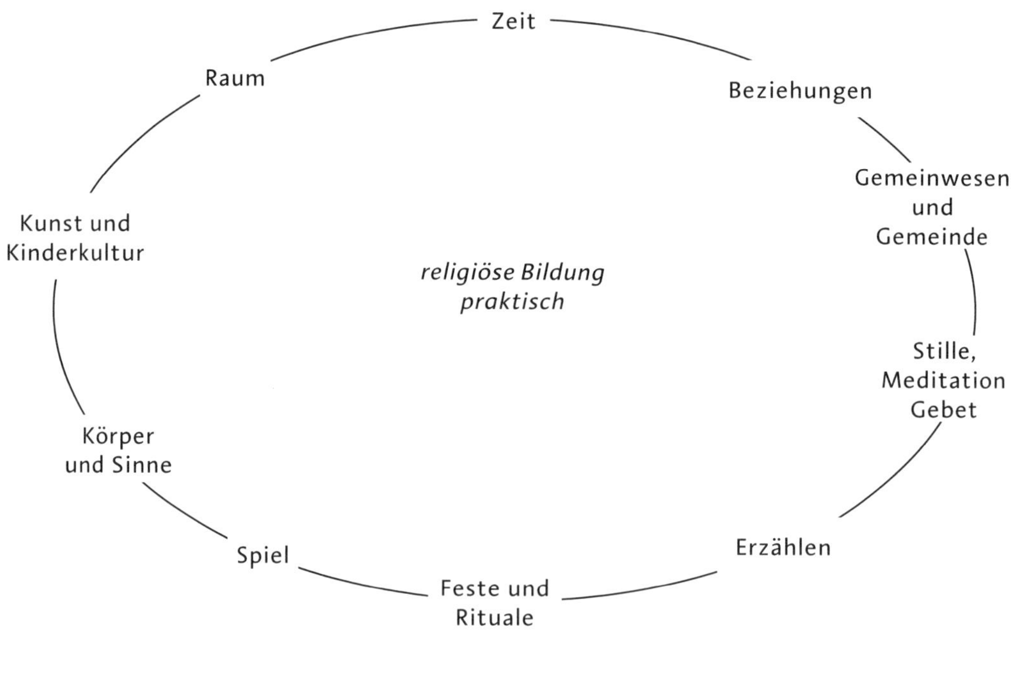

Um deutlich zu machen, welche Anstöße sich aus der Wahrnehmung und Gestaltung der Dimensionen für die religionspädagogische Konzeptionsentwicklung ergeben, werden im Folgenden einige dieser Dimensionen beispielhaft durch Impulse für die Praxis in Tageseinrichtungen für Kinder erläutert.

Zur Dimension Kunst und Kinderkultur

- Was erfahren wir von den Kulturen der Kinder?
- Wie kommen die unterschiedlichen Kulturen der Mädchen und Jungen im Kindergarten zum Ausdruck?
- Wie werden die Kinder zum Innehalten, Betrachten, Aufmerksamsein angeregt?
- Was setzt die Begegnung mit den unterschiedlichen Ausdrucksformen der Kunst (zum Beispiel Malerei, Musik, Bildhauerei) bei den Kindern in Bewegung?
- Welche Möglichkeiten haben die Kinder, eigene Kunstwerke zu gestalten?

Zur Dimension Zeit

- Welche Zeit-Erfahrungen und welches Zeit-Erleben bringen die Kinder in den Kindergarten mit? (Hier ist besonders darauf zu achten, dass Kinder anderer Kulturen und anderer Religionen ein anderes Zeit-Verständnis und ein anderes Zeit-Erleben mitbringen!)
- Wie nehmen wir in unserem Kindergartenalltag mit den Kindern die Jahreszeiten wahr?
- Das Kindergartenjahr in seiner eigenen Dynamik (Aufnahme neuer Kinder, Abschiede usw.),
- der Jahreszeitenablauf mit Werden und Vergehen,
- das Kirchenjahr mit seinen Festen, Symbolen, Ritualen und Bräuchen (zum Beispiel Ewigkeitssonntag/Totensonntag),
- die Feste anderer Religionen (zum Beispiel Ramadan, Chanukka).
- Welche Rituale, Geschichten, Lieder, Aktionen und Spiele helfen uns und den Kindern, Zeit zu gestalten?

Zur Dimension Raum

- Welche Räume erleben die Mädchen und Jungen in unseren Kindergärten?
- Welche Sprache sprechen die Räume (einladend, hell, freundlich usw.)?
- Welche Sprache spricht das Außengelände?
- Wird oder wie wird in den Räumen sichtbar, dass Kinder verschiedener Kulturen und Religionen in diesen Räumen leben?
- Können die Kinder Räume mitgestalten, verändern?
- Gibt es einen »Raum der Stille«, in den sich Kinder oder Erzieherinnen zurückziehen können?

Zur Dimension Gemeinde und Gemeinwesen

- Welche Beziehungen zwischen Kindergarten und Gemeinwesen gibt es?
- Wie sind der Kindergarten und die Kirchengemeinde miteinander verbunden, welches Beziehungsgeflecht gibt es?
- Welche Bedeutung haben die Kinder in der Gemeindekonzeption und wie sind Gemeindekonzeption und Kindergartenkonzeption aufeinander bezogen?

(Vgl. Hoffnung Leben 2002)

Dimensionen und Entfaltung von Geschichten, Themen, Texten

Evangelische und katholische Kindergärten nehmen am gesamtgesellschaftlichen Auftrag religiöser Bildung und Erziehung teil. Kindergärten werden diesem in besonderer Weise gerecht, wenn sie mit Kindern die Schätze des christlichen Glaubens und der christlichen Überlieferung teilen und wenn ein achtungsvolles Miteinander die Begegnung mit fremden Kulturen und Religionen bestimmt.

Ein wesentlicher Kontext evangelischer und katholischer Kindergartenarbeit ist die jeweilige Kirchengemeinde mit ihren Gottesdiensten, Festen, der Feier des Kirchenjahres, ihren Geschichten, Liedern, ihren Räumen und Gruppen, mit den dort gepflegten Beziehungen zwischen den Generationen, mit ihren sozialen Aufgaben, mit Gästen aus der Ökumene.

Zu dem Profil evangelischer und katholischer Kindergartenarbeit gehört es, diese vielfältigen Bezüge aufzunehmen und zu gestalten.

Die genannten Dimensionen regen nicht nur zur Konzeptionsentwicklung an, sondern öffnen und entfalten auch Inhalte und Themen der Arbeit:

Worauf weisen uns zum Beispiel in der Zeit des Erntedankfestes die Dimensionen Raum, Zeit, Beziehungen, Kunst und Kinderkultur, Erzählen usw. hin? Wie entfaltet sich in diesen Dimensionen das Erntedankfest? Was kommt neu in den Blick oder was sehen wir durch die Berücksichtigung der Dimensionen noch einmal anders? Und wie kann die Feier des Erntedankfestes mit den Kindern in diesen unterschiedlichen Dimensionen gestaltet werden?

Ähnliches gilt für Themen wie Advent und Weihnachten, Passion und Ostern, Abschied im Kindergarten usw.

Um zu verdeutlichen, wie die Entfaltung von Themen mithilfe der Dimensionen sehr praktisch geschehen kann, stellen wir im Folgenden ein Beispiel vor.

Abschied im Kindergarten: ein Beispiel

Die *besondere Situation* der Mädchen und Jungen in den letzten Wochen vor dem Verlassen des Kindergartens wird, wenn wir einzelne Dimensionen ins Blickfeld rücken, differenziert wahrgenommen, um diese Abschiedssituation dann im Alltag des Kindergartens zu gestalten. Wie sich dieses Thema im Einzelnen anhand einiger weniger Dimensionen entfalten lässt (hier nur eine Auswahl), soll kurz skizziert werden.

Es beginnt mit meinem eigenen Zugang zu dieser Situation:

- Wenn ich an die letzten Wochen des Kindergartenjahres denke, welche Gedanken, Gefühle, Erinnerungen beschäftigen mich?
- Was bedeutet mir der Abschied von den Kindern?
- Welche Erinnerungen habe ich an diese Situation im letzten Jahr/in den letzten Jahren?

Es folgt die Einbeziehung einer Auswahl an einigen Dimensionen:

Zur Dimension Kunst/Kinderkultur/kulturelle Umwelt

- Welche Kunstwerke (Kunstwerke der Kinder und Kunstwerke aus dem Bereich der bildenden Kunst), Bilder, Fotos, Filme usw. zum Thema können betrachtet werden?
- Welche Abschiedsorte kennen die Mädchen und Jungen, welche dieser Orte liegen in der Umgebung und können aufgesucht werden?

Zur Dimension Raum

- Was bedeutet Abschiednehmen für die Beziehung der Kinder zu »Räumen«? Welche Räume sind/waren den Kindern wichtig?
- Was bedeutet die Zeit des Abschiednehmens für die Raumgestaltung?

Zur Dimension Zeit

- Was bedeutet die Zeit des Abschiednehmens für das Zeiterleben der Kinder?
- Wann beginnt für die Kinder der Prozess des Abschiednehmens?
- Wofür brauchen Kinder viel Zeit?
- Wie ist die Zeit des Abschiednehmens strukturiert/gestaltet? (Kalender)

Zur Dimension Rituale

- Welches Abschiedsritual/welche Abschiedsrituale haben die Mädchen und Jungen entwickelt bzw. praktizieren sie?
- Welches Abschiedsritual, welche Abschiedsrituale können in den letzten Wochen vorkommen, wo haben sie ihren Ort, und wie können sie gestaltet werden?
- Welches Abschiedsritual kann das letzte, endgültige Verlassen des Kindergartens begleiten?
- Wie und wo kommt der Segen/das Segnen vor? Werden die Kinder zum Beispiel zum Abschied im Gottesdienst gesegnet?

Denn Gott hat seinen Engeln befohlen,
dass sie dich behüten auf allen deinen Wegen,
dass sie dich auf Händen tragen
und du deinen Fuß nicht an einen Stein stoßest.
(Psalm 91,11–12)

Praxisfeld: Mit Kindern die Bibel erschließen

Auch in die Arbeit mit biblischen Geschichten und Texten kann der dimensionale Ansatz eingebracht werden. Ein Beispiel bietet im Folgenden die Gestaltung des Psalms 23.

Der gute Hirte

Ein Psalm Davids. Der HERR ist mein Hirte, mir wird nichts mangeln. Er weidet mich auf einer grünen Aue und führet mich zum frischen Wasser. Er erquicket meine Seele. Er führet mich auf rechter Straße um seines Namens willen. Und ob ich schon wanderte im finstern Tal, fürchte ich kein Unglück; denn du bist bei mir, dein Stecken und Stab trösten mich. Du bereitest vor mir einen Tisch im Angesicht meiner Feinde. Du salbest mein Haupt mit Öl und schenkest mir voll ein. Gutes und Barmherzigkeit werden mir folgen mein Leben lang, und ich werde bleiben im Hause des HERRN immerdar.

Einführung/Zugang:

Lesen Sie zuerst den Psalm 23 vor.

- Was berührt Sie an diesem Psalm?
- Welche inneren Bilder entstehen bei Ihnen?
- Welche Gedanken stößt er an?

Nach dem eigenen Zugang zu Psalm 23 gehen Sie bitte den einzelnen Dimensionen nach.

Zur Dimension Erzählen und Gesprächskultur

- Die Mädchen und Jungen wahrnehmen:
  Welche eigenen Geschichten und Erfahrungen zu Psalm 23 bringen die Mädchen und Jungen in den Kindergarten mit? Was bedeuten sie ihnen?
- Eine Geschichte erzählen:
  Erzählen Sie den Psalm aus der Perspektive eines Kindes, das den Kindergarten bald verlässt, nach.
- Den Kontext in den Blick nehmen:
  Wie kann mit diesem Psalm die Abschiedszeit in der Tageseinrichtung begleitet werden bzw. was ergibt sich von diesem Psalm her für die Gestaltung der Abschiedszeit im Kindergarten?
- Ideensammlung:
  Welche Gestaltungselemente/Gestaltungsideen ergeben sich aus der Auseinandersetzung mit der Dimension *Erzählen und Gesprächskultur* im Blick auf Psalm 23?

Zur Dimension Kunst und Kinderkultur

- Die Mädchen und Jungen wahrnehmen:
  Welche Bilder, Klänge, Geschichten usw. bringen die Mädchen und Jungen zu diesem Psalm mit? Welche Kunstwerke der Jungen und Mädchen bzw. Elemente der Kinderkultur zeigen Bezüge zu Psalm 23?
- Eine Gestaltungsform zur Geschichte erproben:
  Stellen Sie den Psalm oder eine Szene in Farben, Formen, Symbolen, Naturmaterialien usw. dar.
- Auf Entdeckungsreise gehen:
  Welche Orte in der Umgebung gibt es, an denen für die Kinder der Psalm oder Teile daraus anschaulich werden?
- Ideensammlung:
  Welche Gestaltungselemente/Gestaltungsideen ergeben sich aus der Auseinandersetzung mit der Dimension *Kunst und Kinderkultur* im Blick auf Psalm 23?

Zur Dimension Körper und Sinne

- Die Mädchen und Jungen wahrnehmen:
  Welche Körper- und Sinneserfahrungen bringen die Mädchen und Jungen in diesen Wochen in den Kindergarten mit?

- Der Geschichte nachgehen:
  Welche Körper- und Sinneserfahrungen kommen in Psalm 23 vor?
  Gehen Sie dazu den Bewegungen, Gesten, Körperhaltungen, Berührungen, Anstrengungen, Körperkontakten in der Geschichte nach.
  Und wie können wir die Kinder in die Körper- und Sinneserfahrungen des Psalms einbeziehen, wie können wir diese für sie erfahrbar machen?
- Ideensammlung:
  Welche Gestaltungselemente/Gestaltungsideen ergeben sich aus der Auseinandersetzung mit der Dimension *Körper und Sinne* im Blick auf Psalm 23?

Zur Dimension Feste und Rituale

- Die Mädchen und Jungen wahrnehmen:
  Welche Erinnerungen/Erfahrungen an Feste und Rituale bringen die Mädchen und Jungen in diesen Wochen in den Kindergarten mit?
- Gestaltung:
  Entwickeln Sie zu Psalm 23 ein Ritual, das ihm einen Rahmen geben könnte oder das einzelne Szenen/Verse des Psalms miteinander verbinden könnte. Zum Beispiel ein wiederholt vorkommendes Lied, ein wiederkehrender Kanon, ein Tanz, Bewegungen usw.
  Gibt der Psalm Anlass zu einem Fest, und wie könnte dieses Fest gestaltet werden?
- Ideensammlung:
  Welche Gestaltungselemente/Gestaltungsideen ergeben sich aus der Auseinandersetzung mit der Dimension *Feste und Rituale* im Blick auf Psalm 23?
  Halten Sie diese bitte für weitere Gestaltungs- und Planungsüberlegungen fest.

Kinderbibeln

Um mit Mädchen und Jungen die Bibel zu erschließen, spielen Bibeln für Kinder oder Erzählbibeln eine ganz besondere Rolle.

Sie können sie betrachten, darin blättern, sich etwas vorlesen lassen oder als Hortkinder vielleicht schon selbst lesen. Eine Auswahl von Kinderbibeln, die für die Kinder auch erreichbar ist (zum Beispiel in der Bücherecke), reizt die Kinder zu eigenen Entdeckungen und gibt ihnen die Chance, eigene Zugangsmöglichkeiten zu entwickeln, selbstständig mit der Bibel umzugehen, Fragen zu stellen.

Aus der Fülle von Kinderbibeln weisen wir auf einige hin, die unserer Meinung nach in keiner Einrichtung fehlen sollten:

Kees de Kort, Meine Bilderbibel. Stuttgart: Deutsche Bibelgesellschaft 1990
Irmgard Weth, Neukirchener Kinder-Bibel. Neukirchen: Aussaat, 15. durchges. Aufl. 2005
Werner Laubi und Annegert Fuchshuber, Kinderbibel. Lahr: Kaufmann Verlag, 7. Aufl. 1992
Diana Klöpper/Kerstin Schiffner, Gütersloher Erzählbibel. Gütersloh: Gütersloher Verlagshaus 2004
Rainer Oberthür, Die Bibel für Kinder und alle im Haus. München: Kösel-Verlag 2004
Zur eigenen Vorbereitung ist für die Erzieherinnen sehr hilfreich:
Dietrich Steinwede, Die Bibel. Texte und Informationen. Düsseldorf: Patmos Verlag 2003

- Perspektivische Erzählung:
  Die Geschichte wird aus der Sicht einer Person erzählt (zum Beispiel Maria Magdalena erzählt die Passions- und Ostergeschichte). So bekommt die Erzählung einen persönlichen Bezug, Dynamik, Profil, Farbe und Lebendigkeit.
- Bewegung und Gesten:
  Welche Personen kommen in der Geschichte vor und sind für die Geschichte wichtig?
  Welche Bewegungen und Gesten sind für die einzelnen Personen bzw. Personengruppen typisch?
  Wie kann aufgrund der Bewegungen/Gesten die Geschichte pantomimisch dargestellt werden?
- Eine Mitte gestalten:
  Die Geschichte wird erzählt und dazu die Mitte gestaltet/gelegt
  - mit farbigen Chiffontüchern
  - mit Naturmaterialien
  - mit Symbolen
- Figuren:
  Die Figuren, die in einer Geschichte vorkommen, werden in Umrissen (Seitenansicht) auf Fotokarton oder Pappe gezeichnet, ausgeschnitten und ausgemalt.
  Ein Schaschlikspieß wird oben angeklebt, damit die Figuren dort angefasst werden können.

Mit den Figuren wird die Geschichte erzählt bzw. gespielt:
- es gibt eine Erzählerin/einen Erzähler und andere führen die Figuren;
- die Geschichte wird in verteilten Rollen gesprochen und gespielt;
- ein hochgestellter Karton kann als Bühne und Bühnenbild dienen (Pappkartontheater).

Im Laufe der Zeit sammeln sich viele unterschiedliche Figuren an, die von den Mädchen und Jungen immer wieder zum Nachspielen der Geschichte genutzt werden. Spannend wird es, wenn sich Figuren aus unterschiedlichen Geschichten begegnen und miteinander ins Gespräch kommen (zum Beispiel ein Bauarbeiter vom Turmbau zu Babel und ein Besucher Jerusalems zu Pfingsten).

- Verklanglichen:
  Die Geschichte/der Text wird mit Instrumenten, Stimmen, Klängen, Geräuschen verklanglicht.
  Die Erzählung/der Text kann auch mit dieser Verklanglichung als Kommentar verwoben werden oder aber die Geschichte wird erst nach dem Gehörten erzählt.
- Spurensuche:
  - Welche Personen sind für die Gestaltung der Geschichte wichtig?
  - Wie viel Fußspuren brauchen wir, um diese Personen mitspielen zu lassen?
  - Die Fußspuren werden auf Pappe gemalt und ausgeschnitten.
  - Die Geschichte wird erzählt/gelesen und die Spuren werden dazu gelegt.
- Lichter:
  Es wird überlegt, wie die Geschichte/der Text mit Teelichtern gestaltet werden kann. Die Geschichte wird zunächst erzählt, gelesen und dann durch Teelichter dazu auf dem Boden gestaltet.
- Symbole:
  Welche Symbole kommen in der Geschichte vor oder können die Geschichte erläutern?
  Die Symbole werden ausgeschnitten oder aus Ton oder Knetmaterial geformt und begleitend zur Erzählung wird ein Weg gelegt (zum Beispiel zu einem Passionsweg).
- Ton:
  Eine Geschichte/Text wird gelesen/erzählt. An welchem Bild, welcher Szene, welcher Figur, welcher Bewegung bleiben die Zuhörer/innen hängen? Was ihnen besonders vor Augen steht, was ihnen wichtig ist, gestalten sie

mit Ton. Die Geschichte wird gemeinsam mit den Tondarstellungen nacherzählt, entfaltet. Damit kann zum Beispiel eine Mitte gestaltet werden.

- Farben und Formen:
  Die Geschichte/ein Text wird gelesen oder nacherzählt. Die Zuhörer überlegen, welche Szene, welches Bild sie besonders gut vor Augen haben. Dieses Bild malen sie. Mit den so entstandenen Bildern wird ein Bildteppich gelegt. Das heißt, die Geschichte wird mit den Bildern nacherzählt und die Bilder werden an die Stelle gelegt, an der sie in der Geschichte vorkommen. Sind zu einer Szene mehrere Bilder gemalt worden, werden sie an dieser Stelle nebeneinandergelegt.

Praxisfeld: Religiöse Erziehung gendergerecht

Hier liegt der Fokus auch auf der Wahrnehmung: Gendergerechte religiöse Erziehung ist eine Frage der Achtsamkeit. Wie drücken sich Mädchen und Jungen aus, welche Bilder von Gott, vom Leben benutzen sie? Welche Lebensentwürfe entwickeln sie? Was rührt sie an biblischen Geschichten an?

Für die Begleitung verdienen Beachtung:

- die Sprache der Kinderbibeln,
- die Sprache und Bilder von Gebeten,
- die angebotenen Identifikationsfiguren: Gibt es neben dem Helden zum Beispiel auch biblische Heldinnen?

Welche Möglichkeiten haben die Mädchen und Jungen beim Gestalten? Welche unterschiedlichen Ausdrucksformen finden sie? Neben Tanz und Meditation nehmen körperbetonte Aktionen, Wettkämpfe, Hämmern, Klopfen – also expressive Arbeitsformen – die Jungen und ihre Bedürfnisse mehr in den Blick.

Praxisfeld: Sozialraumorientierte religiöse Erziehung

Auch hier geben die Dimensionen einen Anstoß. Zum Beispiel kann bei der Dimension Raum der Kirchenraum in den Blick geraten. Kinder erleben die Kirche als einen besonderen Raum – vielleicht als etwas Geheimnisvolles, auf jeden Fall ist die Kirche aus dem alltäglichen Einerlei herausgehoben. Der Kirchenraum hat seine eigene Sprache, in der er zu den Kindern spricht: durch seine Mauern und Wände, seine Skulpturen und Bilder, seine Säulen, Figuren und Klänge, seine Gerüche und Farben. Es ist eine Chance, mit Kindern diesen besonderen Raum zu besuchen und zu entdecken, Erfahrungen in und mit ihm zu machen, ihn seine Geschichte und Geschichten erzählen zu lassen.

Ebenso verhält es sich mit Friedhöfen, Denkmälern, historischen Gebäuden, Sie vermitteln etwas von Eingebundensein in eine Geschichte, in ein Woher und ein Wohin.

Praxisfeld: Interreligiöse Erziehung

Dank gebührt Gott,
dem, der uns satt macht, der uns nicht dursten lässt,
der uns zu den Glaubenden zählt.
Öffne uns alle Türen zum Guten,
lass Deinen Segen über uns nicht zu Ende gehen.
Dank gebührt Gott, dem, der uns alle ernährt.
(Tischgebet aus dem Islam)

Interreligiöse Erziehung ist weniger gekennzeichnet durch eine bestimmte pädagogische »Technik« oder »Fertigkeit«, vielmehr findet sie in einer Grundhaltung der Erzieherinnen ihren Ausdruck. Grundlage der Begegnung ist ein *achtungsvolles Miteinander*. Es geht nicht nur um Toleranz, sondern um Respekt vor den anderen Menschen mit ihrer Kultur und ihrer Religion. Respektvoller Umgang miteinander ist eine evangelische Grundhaltung.

Kinder erleben die Vielfalt von Kulturen und Religionen. Diese Vielfalt ist ein selbstverständlicher Teil ihrer Lebenswelt. Wir stehen somit nicht vor der Frage, ob wir interreligiös erziehen wollen oder nicht. Interreligiöse Erziehung findet bewusst oder unbewusst auf jeden Fall statt, weil Kinder in einer Vielfalt von Kulturen und Religionen leben.

Es geht darum, dieser Vielfalt Raum zu geben und sie als Bereicherung zu entdecken und anzunehmen.

- Beim Gebet vor dem Essen nehmen die Kinder unterschiedliche Gebetshaltungen ein.
- Es wird »Guten Appetit« und »Afiyet olsun« gewünscht.
- Es ist Weihnachten. Die christlichen Kinder hören die Geschichte von Jesu Geburt in Betlehem. Auch die muslimischen Kinder kennen diese Geschichte. Bei ihnen wird Jesus als Prophet verehrt und heißt Isa. Bei uns ist er Gottes Sohn.
- Muslime feiern das Zuckerfest. Die Kinder erzählen davon. Mütter muslimischer Kinder bringen Süßigkeiten in den Kindergarten und erzählen von ihrem Fest – wie es gefeiert wird und was ihnen daran wichtig ist.

In dieser selbstverständlichen Vielfalt und Verschiedenheit entwickelt sich Identität in der Bewegung zwischen Verwurzelung im Eigenen und Achtung des Fremden, in der Spannung zwischen der Frage »Wer bin ich?« und »Wer sind die anderen?«

In der interreligiösen Bildung und Erziehung geht es darum:

- das Gemeinsame zu entdecken;
- die Unterschiede wahrzunehmen und damit umzugehen;
- zu akzeptieren, dass ich immer wieder erlebe, dass mir Fremdes fremd und verschlossen bleibt;
- das Gemeinsame zu fördern.

Geprägt ist die interreligiöse Bildung von wechselseitiger Einladung und gegenseitiger Gastfreundschaft. Wir laden die anderen zu unseren Feiern und Feiertagen ein, und wir werden von anderen zu ihren Feiern und Feiertagen eingeladen. Wir sind wechselseitig Gäste und Gastgeber.

Wesentlich ist hierbei die *Gestaltung von Erfahrungsräumen*, in denen es Kindern ermöglicht wird, Fremdes zu erleben und zu achten und Eigenes als Stärkung der Persönlichkeit zu erfahren. Besuche in Kirchen, Moscheen, in Geschäften, bei Menschen, die die jeweilige Kultur repräsentieren, und in Familien können wichtige Hilfen dabei sein.

Genauso wichtig ist die *Gestaltung von Begegnungen*. Begegnungen finden auf vielen Ebenen statt. Neben dem täglichen Ablauf in der Kindertageseinrichtung gibt es immer wieder gemeinsame Feste (Gemeinde-, Kindergartenfeste) und Feste im religiösen Jahreszyklus (Freude- und Fastenzeiten, Erinnerungsfeiern). Allen Festen ist gemeinsam, dass sie Menschen zusammenführen können und dass sie wechselseitig Gastgeber und Gäste sind.

Als ein Schritt auf dem Weg in die interreligiöse Praxis hat sich folgende Checkliste als besonders hilfreich erwiesen:

Checkliste für einen Rundgang durch die Tageseinrichtung

(aus: Muslimische Erzieherinnen 2000)

- Wie wird sichtbar, dass in der Tageseinrichtung Kinder aus verschiedenen Kulturen und Religionen miteinander leben, Christen und Muslime, Deutsche und Türken, Bosnier, Marokkaner u.a.?
- Wie kann dies auch ein Gast bei einem Besuch in Ihrer Einrichtung sofort erkennen?
- Welche Materialien sind vorhanden, mit denen sich muslimische Kinder identifizieren können (Bilder, Spielsachen, Musikinstrumente, Bücher, Liederkassetten, Spiele, Tänze usw.)?
- Wie sieht es in der Puppenecke aus? Stammen ihre Einrichtungsgegenstände auch aus anderen Kulturen?
- Woran kann man erkennen, dass Sie im Kindergartenteam interkulturell bzw. interreligiös arbeiten?
- Gibt es einen interreligiösen Festkalender? Beachten Sie die muslimischen Feste und gestalten die Festzeiten?
- Achten Sie auf Speisevorschriften, wenn Sie mit den Kindern kochen?
- Wenn Sie in der Kirche einen Gottesdienst feiern, müssen dann an diesem Gottesdienst auch die muslimischen Kinder teilnehmen? Oder gibt es für sie alternative Angebote in der Tageseinrichtung? Oder müssen diese Kinder von ihren Eltern abgeholt werden?
- Wie binden Sie die muslimischen Eltern in die Arbeit der Tageseinrichtung ein? Könnten Eltern den Kindern Spiele aus ihrem Heimatland beibringen? Welche Eltern könnten Sie zur Mithilfe ansprechen?
- Sind Ihre Elternbriefe und Formulare, Ihre Konzeption und Hausordnung usw. auch in anderen Sprachen (zum Beispiel türkisch) vorhanden? Versuchen Sie die Eltern in ihrer jeweiligen Muttersprache zu begrüßen? Könnten Sie sich vorstellen, dass muslimische Eltern ihren Glauben bei einer Ver-

anstaltung der Tageseinrichtung vorstellen? Mit welchen Materialien informieren Sie sich als Erzieherinnen und Erzieher über den Islam? Finden sich Materialien in Ihrer Tageseinrichtung, die über den Islam informieren?

- Wo ist die nächste Moschee gelegen? Gibt es Kontakte der Tageseinrichtung oder der Kirchengemeinde zur Moscheegemeinde?

Wahrscheinlich fallen Ihnen nach dem Lesen dieser Checkliste noch weitere Fragen ein, mit denen Sie Ihren Rundgang durch die Tageseinrichtung gestalten können. Es wird ganz sicher den muslimischen Kindern, aber auch Ihrer Einrichtung zugutekommen.

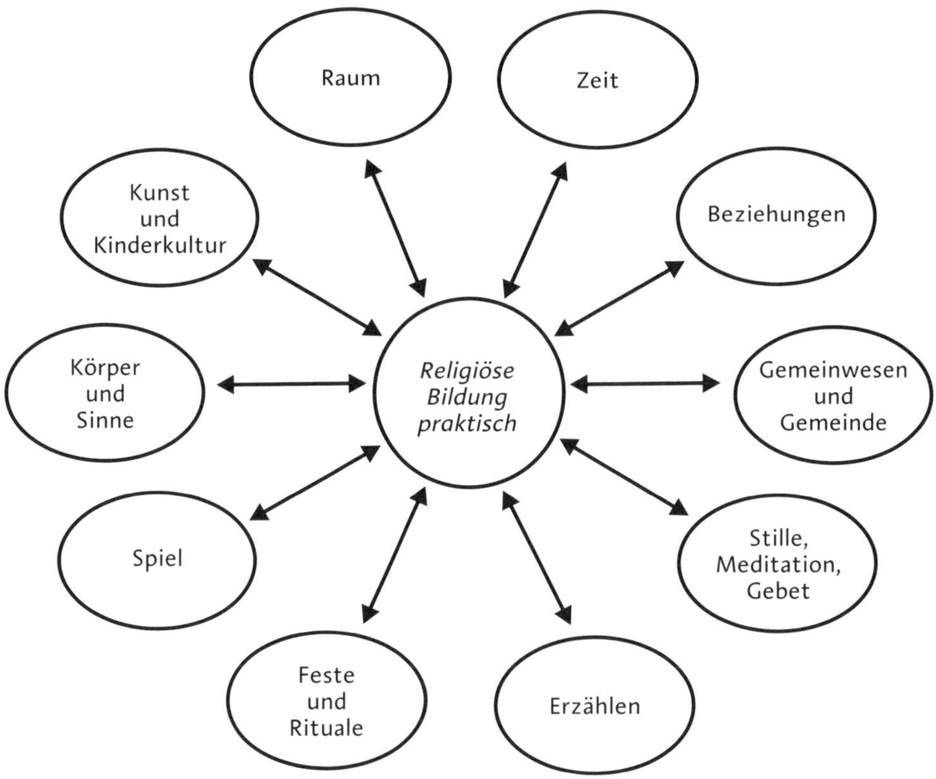
Raum
Zeit
Kunst und Kinderkultur
Beziehungen
Körper und Sinne
Religiöse Bildung praktisch
Gemeinwesen und Gemeinde
Spiel
Stille, Meditation, Gebet
Feste und Rituale
Erzählen

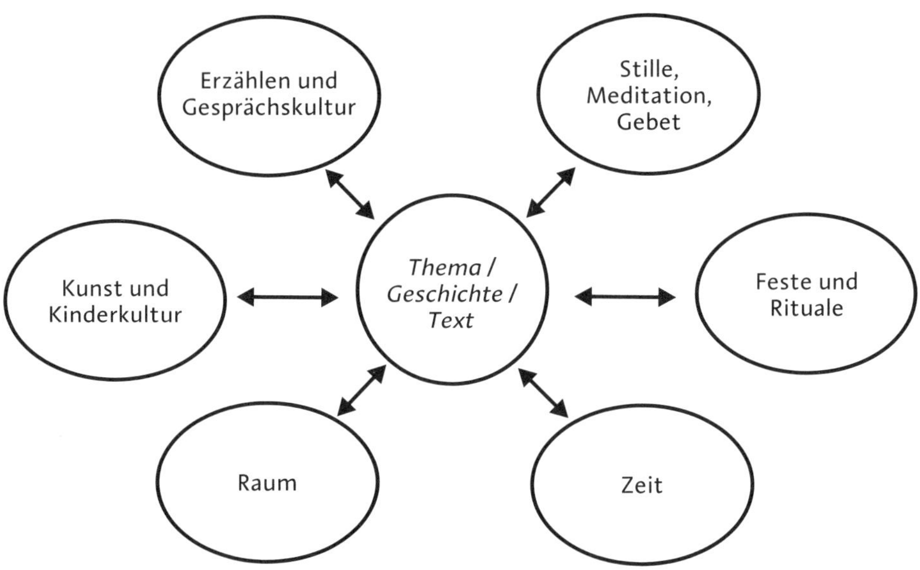
Erzählen und Gesprächskultur
Stille, Meditation, Gebet
Kunst und Kinderkultur
Thema / Geschichte / Text
Feste und Rituale
Raum
Zeit

Literatur

Hoffnung Leben – Evangelische Anstöße zur Qualitätsentwicklung. Hrsg. vom *Rheinischen Verband Evangelischer Tageseinrichtungen für Kinder*. Seelze/Velber: Kallmeyer Verlag 2002

Muslimische Erzieherinnen in ev. Tageseinrichtungen für Kinder. Hrsg. vom *Rheinischen Verband Evangelischer Tageseinrichtungen für Kinder*. Düsseldorf 2000

Christoph Th. Scheilke/Friedrich Schweitzer (Hrsg.), Kinder brauchen Hoffnung. Religion im Alltag des Kindergartens. Gütersloh: Gütersloher Verlagshaus 1999

Erzieherinnen bei der religiösen Bildungsarbeit unterstützen

Es gibt drei Siebe,
durch die alles,
was wir erzählen wollen,
zuerst hindurchgehen soll.
Das Sieb der Wahrheit,
das Sieb der Güte,
das Sieb der Nützlichkeit.

Das sind die Kontrollen,
bevor ein Wort uns verlässt.
Wenn das, was du sagen willst,
weder wahr noch gut
noch nützlich ist,
behalte es lieber für dich!
Nach Sokrates

Einführung

Nach den grundsätzlichen Überlegungen und praktischen Anregungen im ersten Teil dieses Buches, die allesamt um die Frage kreisen, wie das »Recht des Kindes auf Religion« eingelöst werden kann, geht es in den Beiträgen des zweiten Teils um das Anliegen, wie Erzieherinnen befähigt werden können, die Ansprüche einzulösen, die im ersten Teil aufgezeigt und erörtert wurden.

Da nach dem Gesamtkonzept dieses Buches vor allem die Erzieherinnen »auf ihre Kosten kommen« sollen, sind die Beiträge dieses zweiten Teils ausführlicher ausgefallen (was auch auf den dritten Teil zutrifft). Dahinter steht der häufig und immer wieder geäußerte Wunsch der Erzieherinnen (der beispielsweise auch immer wieder auf dem Kongress »Kinder brauchen Religion – und was brauchen Erzieherinnen?« vorgetragen wurde), dass bei künftigen Überlegungen zur Grundlegung und Praxis der religiösen Erziehung und Bildung in Kindertageseinrichtungen nicht nur das Kind im Mittelpunkt stehen sollte; vielmehr müssten neben den Kindern auch die anderen maßgebenden Akteure, nämlich die Erzieherinnen, bedacht werden: Was brauchen sie an Zurüstung durch Aus- und Fortbildung und an praktischer Begleitung und Unterstützung bei ihrer Arbeit, damit diese zur Zufriedenheit der Kinder, der Eltern und ihrer selbst gelingt?

So kommen in diesem zweiten Teil zunächst Vertreterinnen der Aus- und Fortbildung zu Wort. Sie zeigen nicht nur auf, »wie man's macht«, sondern auch, »warum man's überhaupt macht« und inwieweit die Erzieherinnen, die noch in der Ausbildung sind, und diejenigen, die an der Fortbildung teilnehmen, selbst zum Zuge kommen.

Sodann zeigt ein Fachmann für Bibelwissenschaft auf, wie Erzieherinnen sich ein Basiswissen zu *der* Urkunde des Christentums, der Bibel, erwerben und dabei einen »Gewinn« für ihre Arbeit und auch für sich selbst erlangen können.

Die religionspädagogische Arbeit in Kindertageseinrichtungen kann optimiert werden, wenn sie von den pastoralen Mitarbeiterinnen und Mitarbeitern der Kirchengemeinden unterstützt und in ein Gesamtkonzept »Kinderpastoral« integriert wird. Dazu legt ein katholischer Diakon seine Gedanken vor, wieder weniger unter dem Gesichtspunkt, wie »man's konkret macht«, sondern indem er die Frage stellt, auf welcher theologischen Basis ein solches pastorales Kooperationskonzept entwickelt werden kann.

Schließlich meldet sich auch ein Träger zu Wort. Die etwas ungewöhnliche Überschrift seines Beitrags – »Im falschen Licht betrachtet?« – zeigt an, dass für die Unterstützung der religionspädagogischen Arbeit in Kindertageseinrichtungen es vor allem auf die Sichtweise der beteiligten Personen ankommt. Dass es da zwischen den Trägern und den Erzieherinnen zu einer recht unterschiedlichen Optik kommen kann, wissen beide nur zu gut. Der Autor dieses Beitrags geht deshalb der Frage nach, wie es zu einer Annäherung zwischen beiden Seiten kommen und wie man konkret miteinander kooperieren kann.

Aus dieser Erläuterung der Themen, die im zweiten Teil des Buches behandelt werden, wird bereits deutlich: Auch hier geht es mehr um grundsätzliche Klärungen und weniger um Anregungen und Tipps, die man gleich morgen im Alltag verwenden kann (solche Publikationen liegen in einer großen Menge vor, wir möchten mit diesem einen über die Praxis hinausgehenden Akzent setzen).

Auskunftsfähig werden in Fragen des Glaubens*

Ansätze der religionspädagogischen Ausbildung von Erzieherinnen

Von ***Rita Meurer****, Köln*

> Es gibt Wichtigeres im Leben, als beständig dessen Geschwindigkeit zu erhöhen.
> *Mahatma Gandhi*

Vorbemerkung

Ehe ich versuche, aus meiner Erfahrung als Fachlehrerin die Frage nach der Pluralitätsfähigkeit der religionspädagogischen Ausbildung von Erzieherinnen anzugehen, möchte ich kurz den Rahmen meiner beruflichen Tätigkeit skizzieren.

Ich unterrichte seit vielen Jahren an einer katholischen Fachschule in Trägerschaft des Erzbistums Köln, deren Einzugsgebiet sich auf das Kölner Stadtgebiet, aber auch die umliegenden ländlichen Regionen erstreckt. Die folgenden Ausführungen sind entstanden nicht nur auf der Grundlage meiner ganz persönlichen beruflichen Erfahrung, sondern auch auf der Basis eines lebendigen Dialogs mit Studierenden und Kolleginnen und Kollegen.

Dabei scheint es mir sinnvoll zu sein, zunächst die Rede von der »Pluralitätsfähigkeit religionspädagogischer Ausbildung« quasi zu personalisieren, also auf die direkt Beteiligten am Ausbildungsprozess zu beziehen: Wo und in welchen Erscheinungsformen begegnet mir Pluralität bei Studierenden? Welche Qualität sehe ich darin? Wie sieht es mit meiner eigenen »Pluralitäts-

---

* Der Beitrag ist eine überarbeitete Fassung des gleichlautenden Aufsatzes in: Den Glauben neu buchstabieren. Ansätze einer zeitgemäßen Kinderpastoral und einer pluralitätsfähigen Religionspädagogik in Kindertageseinrichtungen und Kirchengemeinden. Redaktion: *Matthias Hugoth.* Freiburg: Verband Katholischer Tageseinrichtungen für Kinder (KTK) – Bundesverband 2004 (KTK-Position – Theologie und Religionspädagogik)

fähigkeit« als Lehrkraft aus? Welche Auswirkungen hat dies auf mein ganz konkretes pädagogisches Handeln, auf die Definition meiner Rolle Studierenden gegenüber?

Erfahrungen

Voraussetzungen und Erwartungen von Studierenden

Die Tatsache, dass es sich bei unserer Schule um eine katholische handelt, bedeutet keineswegs, dass unsere Schülerschaft hinsichtlich ihres religiösen Standortes homogen ist. Der große Anteil der katholischen Studierenden weist bei näherem Hinsehen das ganze Spektrum von »traditionell katholisch und kirchlich orientiert« bis »katholisch getauft, aber kirchenfern« auf. An unserer Schule wird »nur« katholischer Religionsunterricht angeboten. Wir ermutigen jedoch die Studierenden anderer Konfessionen und Religionen und Konfessionslose zur freiwilligen Teilnahme, was nur sehr selten nicht angenommen wird, sodass sich schon von daher eine sehr gemischte Lerngruppe ergibt.

Eine erste Verständigung mit neuen Klassen über das Fach Religion im Rahmen der Ausbildung fördert erfahrungsgemäß immer wieder ein ganzes Spektrum von Erwartungshaltungen, Wünschen und Befürchtungen von Studierenden zutage, oft zunächst einmal nur »ablesbar« an abwartenden bis skeptischen oder auch neugierigen Blicken, die sich allmählich auch verbal äußern, zum Beispiel:

- »Ich möchte sagen dürfen, was ich denke, ohne dass ich verurteilt werde.«
- »Ich hoffe, dass ich hier Hilfen für mein Leben bekomme.«
- »Meine Eltern sind sehr religiös, und ich habe früher alles mitgemacht, aber jetzt bin ich mir nicht mehr so sicher.«
- »Ich möchte lernen, was ich mit Kindern im Bereich Religion machen kann.«
- »Ich habe Angst, in einer katholischen Praxisstelle Probleme zu bekommen, weil ich viel zu wenig weiß.«
- »Ich möchte nicht noch einmal die Bibel einfach auswendig lernen.«
- »Ich möchte hier nicht ausgelacht werden, weil ich immer noch Messdienerin bin. Ich mach das halt wirklich gerne.«
- »Ich habe schlechte Erfahrungen gemacht und ich hoffe, dass ich hier Positiveres über Religion erfahre.«

Diese Aussagen machen Bedürfnisse und Wünsche der Studierenden offensichtlich. Dies sind:

- das Bedürfnis nach Sicherheit (respektiert zu werden mit dem je eigenen Standpunkt, sowohl von Lehrern als auch von Mitstudierenden);
- das Bedürfnis nach Aufarbeitung von persönlichen, oft abschreckenden Erfahrungen mit Religion und Kirche;
- das Bedürfnis nach Antworten auf Sinnfragen;
- das Bedürfnis nach Meinungsaustausch mit den Mitstudierenden, besonders über Lebens- und Sinnfragen;
- die Neugier, etwas über andere Religionen (manchmal auch über esoterische Praktiken) zu erfahren;
- das Bedürfnis, den Sinn von zum Teil nur noch aus der Distanz wahrgenommenen christlichen Festen und Bräuchen zu verstehen, sie nicht nur oberflächlich zu praktizieren;
- der Wunsch, für die Praxis mit Kindern das nötige Rüstzeug zu erwerben.

Einschätzung

Angesichts dieses verwirrenden Durcheinanders wird mir zunächst vor allem eines klar: Offensichtlich haben die wenigsten einen fest umrissenen religiösen Standort. Sie scheinen vielmehr auf der Suche zu sein nach Bausteinen ihrer noch aufzubauenden Identität – und diese Suche geht keineswegs in eine einzige Richtung (die »Globalisierung« auch in der religiösen Orientierung ist offensichtlich in vollem Gange!). Das gewohnte »Antwortenmonopol« der christlichen Tradition ist ihnen weitgehend fremd.

Ich kann diesen Befund als katholische Religionslehrerin reichlich frustrierend und verstörend finden, ich kann aber auch Hoffnungszeichen darin entdecken:

- Studierende haben Bedürfnisse nach Orientierung in Sinnfragen; Religion ist entgegen mancher Prophezeiungen der Soziologen doch noch ein Thema.
- Studierende suchen Begleitung bei ihren eigenen Suchbewegungen im Gestrüpp der religiösen oder pseudo-religiösen Angebotsflut.
- Studierende richten thematische Wünsche ganz bewusst an den Religionsunterricht mit der Begründung, es gebe keine anderen Räume, keinen anderen Rahmen für diesen Austausch (besonders auffällig beim Thema ›Tod‹).

- Studierende stellen an sich selbst den Anspruch, den eigenen Standpunkt zu klären und Echtheit zu leben.
- Studierende lassen sich herausfordern von Kindern und ihren Vorstellungen; sie wollen ihnen und ihren Fragen nichts schuldig bleiben und sie bei ihren Begegnungen mit religiösen Traditionen begleiten können.

Zusammenfassend stelle ich fest: Studierende bringen deutlich weniger religiöses Wissen oder Erfahrungen mit religiöser Praxis mit, sie sind auch nicht, wie vor zwanzig Jahren noch, leidenschaftlich bewegt von innerkirchlichen kritischen Diskussionen, aber sie verfügen über andere Potenziale. Religionsunterricht in der Fachschule kann meiner Erfahrung nach aufbauen auf zwei Motivationen von Studierenden:

1. Für das eigene Leben einen stimmigen Standpunkt zu finden und
2. den Kindern echt und kompetent gegenübertreten zu können.

Konsequenzen

Grundsätzliche Überlegungen

Wie kann unter diesen Bedingungen Religionsunterricht an einer Fachschule »mit dem Glauben vertraut machen«?

Vor allen methodischen Überlegungen scheinen mir bestimmte *Grundhaltungen den Studierenden gegenüber* wesentlich:

- Ich muss den Studierenden emotionale Sicherheit geben. Sie wollen und dürfen mich nicht als kirchliche »Moralinstanz« oder »Kontrollinstanz« erleben. Ich muss mir darüber klar sein, dass ich in dieser Hinsicht vom ersten Tag an auf dem Prüfstand stehe, oder anders gewendet: Es gilt von Anfang an Zeichen zu setzen, Vertrauensarbeit zu leisten. Der Satz »Erziehung ist Beziehungsarbeit« gilt auch noch oder erst recht in der pädagogischen Arbeit mit jungen Erwachsenen mit ihrem kritischen Gespür für Authentizität. Vertrauensarbeit, auch im Sinne von sich Zeit für ein gegenseitiges Kennenlernen zu nehmen, hat Vorrang vor dem schnellen »Hineinspringen« in (vielleicht noch so interessante und gewünschte) Themen.
- Ich muss den Studierenden gegenüber als aufmerksamer Zuhörer kenntlich werden, der Suchhaltungen wertschätzt, statt gefundene oder in der Tradition vorfindbare Antworten höher zu bewerten.

- Ich muss den jungen Erwachsenen signalisieren, dass sie nicht nur in ihrem aktuellen Sosein (mit allen Überzeugungen, mit aller Begeisterung oder Skepsis) respektiert werden, sondern auch als Gewordene, und das heißt immer auch: als Werdende gesehen und ernst genommen werden. Dies sensibilisiert darüber hinaus, solche Entwicklungsprozesse nicht nur bei sich selbst, sondern auch bei anderen wahrzunehmen und achtsam zu begleiten.
- In meinem Handeln muss die Grundlage des christlichen Menschenbildes mit seiner Achtung und Wertschätzung der Person erkennbar sein.
- Pluralität ist nur möglich auf der Grundlage klarer Standpunkte, das heißt: Ich muss bereit sein, mich den Fragen der Studierenden persönlich zu stellen, also Stellung zu beziehen und so ein Zeichen für Offenheit zu setzen bei aller angebrachten Zurückhaltung.
- Der Unterricht muss dennoch wesentlich dialogischen Charakter haben.
- Transparenz und ein auf die Situation, die Fragen und Themen der Studierenden abgestimmtes Vorgehen schaffen dabei Vertrauen.

Methoden und Inhalte konkreter Unterrichtsgestaltung

Beispiel eines gemeinsamen Starts: Übung mit Fotos

Eine erste Unterrichtseinheit im Fach Religion bringt die Anforderungen mit sich, gleich mehreren Intentionen zu dienen: eine erste Kontaktaufnahme, ein erstes Kennenlernen zwischen Lehrerin und Studierenden, in fachlicher Hinsicht aber auch der Studierenden untereinander zu ermöglichen; erste Einblicke in ihre Haltungen dem Fach gegenüber zu gewähren; aber auch: von der Atmosphäre und Gestaltung her Zeichen zu setzen im Sinne der oben beschriebenen Vorüberlegungen. Dies alles brachte mich auf die Idee eines vielleicht etwas ungewöhnlichen Einstiegs mit Fotos (im DIN-A-4-Format), die ich in der Mitte des Raumes – für alle sichtbar – auslegte. Diese Fotos zeigen kein einziges »typisch kirchliches« Motiv, vielmehr Landschaftsaufnahmen, Portraits und anderes. Sie sprechen erfahrungsgemäß aufgrund ihrer ästhetischen Wirkung unmittelbar an.

Ablauf der Übung

- Zunächst offener, mit keiner Arbeitsanweisung eingeschränkter Blick auf die Fotos;
- Arbeitsanweisung: Auswahl eines Fotos, das der persönlichen Auffassung des jeweiligen Studierenden nach etwas mit Religion zu tun hat;
- Vorstellung des gewählten Fotos und der Beweggründe für die Auswahl in der Runde;
- eventuell Rückfragen und Ergänzungen aus der Runde;
- Auswertung der Übung, Konsequenzen für die gemeinsame Arbeit im Fach Religion.

Erfahrungen

- Die Fotos motivieren, fordern dann angesichts des unerwarteten Auswahlkriteriums heraus; sie fördern die Bereitschaft, sich vor der Gruppe zu äußern (auffällig dabei immer wieder die oft ausgesprochen engagierte und den Mitstudierenden zugewandte Art des Vortrags).
- Die Bilder wecken Neugier auf die Auswahl der Mitstudierenden und ihre Gründe und motivieren zum Vergleich, lenken so den Blick auf den anderen mit seinen Ansichten, seinem Standpunkt.
- Der Austausch erfordert keinerlei Bekenntnisse, gibt jedoch Raum für individuelle Äußerungen, deren Intimitätsgrad jeder selbst in der Hand hat – eine Möglichkeit, die zum Teil mit erstaunlicher Intensität genutzt wird.
- Es wird für alle augenfällig: Beim Thema »Religion« fängt keiner bei Null an.
- Studierende (und Lehrerin!) erleben im Austausch die Pluralität der Auffassungen oder neue Akzentuierungen vertrauter Gedanken, andererseits aber oft auch überraschende Übereinstimmungen.
- Viele Studierende machen in dieser Gruppe ihre erste Erfahrung mit einem ernsthaften Austausch über Sinn- und Glaubensfragen. Sie erleben dabei Offenheit und Aufmerksamkeit von Mitstudierenden und der Lehrerin und können sich mit ihren Äußerungen ernst genommen fühlen.
- Sie erfahren Darstellungsbereitschaft und Offenheit untereinander als Gewinn und oft auch als Impuls zur Differenzierung im Dialog.
- Als Lehrerin bekomme ich einen ersten Einblick in das, was die Studierenden mitbringen an Erfahrungen, Einstellungen, Reflexionsbereitschaft und -vermögen.

- Ich vermeide von vorneherein, in der Rolle der Allwissenden, Fordernden, Beurteilenden aufzutreten, und kann so Interesse, Aufmerksamkeit und Achtung gegenüber den Studierenden und ihren Standpunkten glaubwürdig realisieren und vorleben, statt sie nur zu behaupten oder zu fordern.
- Als Teilnehmerin der Runde entgehe ich dem Verdacht, in erster Linie bewertend wahrzunehmen, sondern setze mit meinem eigenen Verhalten Zeichen, dass ein Dialog im Fach Religion jenseits der Kategorien von Wissen und Nichtwissen Sinn macht und dass ich meinerseits bereit bin, mich persönlich zu äußern, mich befragen zu lassen und Anregungen von Studierenden als Bereicherung anzunehmen.

Fazit

Unser Einstieg hat sich in mehrfacher Hinsicht als vorteilhaft erwiesen, weil er erste Schritte im Dialog ermöglicht, Offenheit signalisiert und weckt, einen auch inhaltlich weiten Rahmen steckt und weil auf ihm vieles in der weiteren Arbeit aufbauen kann.

Auf der Basis dieses Einstiegs können dann in einem nächsten Schritt Erwartungen an den Unterricht geklärt werden (Atmosphäre, Arbeitsstil, Inhalte): Wie soll Religionsunterricht in der Fachschule aussehen, damit er für mich persönlich und für meine Arbeit mit Kindern gewinnbringend ist?

Parallel zum Unterricht in anderen Fächern kann dann die Reflexion der eigenen, hier der religiösen Sozialisation erfolgen: Wie und durch wen bin ich mit Religion und Glaube in Berührung gekommen? Welche Erfahrungen haben mich wie geprägt? Welche (vorläufigen) Konsequenzen ziehe ich daraus für meine Arbeit mit Kindern?

Die genannten Erfahrungen beispielsweise mit christlichem Brauchtum und mit Liturgie (mehr oder weniger überzeugend praktiziert, aus Nähe oder Distanz erlebt; Zwang zur Teilnahme oder Engagement; autoritäre oder überzeugende Vermittlungspersonen im privaten oder kirchlichen Bereich und anderes) machen trotz aller Verschiedenheit doch offenbar, wie sehr wir alle im religiösen Sinne Gewordene und noch immer – gleich in welche Richtung – auf dem Weg Befindliche sind.

Dies macht den Studierenden implizit ihre Verantwortung sowohl für die eigene Entwicklung als auch für die von anderen, vor allen Dingen von den ihnen anvertrauten Kindern, bewusst.

Primärerfahrungen ermöglichen

Im Zusammenhang mit der Frage nach weiteren sinnvollen und sogar notwendigen Unterrichtsinhalten und -methoden scheint mir ein Gedanke von grundlegender Bedeutung zu sein: Im Zeitalter überbordender Pluralität und Informationsflut tut in erster Linie nicht die Vermittlung von Wissen not, stattdessen sollten Studierende Intensität und Tiefe authentisch erleben können. Erst dadurch wird eine oberflächliche, unverbindliche Begutachtung von Inhalten vermieden, ein echtes In-Beziehung-Treten erst möglich. Es ist wichtig, »das Rad anzuhalten«, zur Besinnung zu kommen und dem medialen Ex-und-Hopp-Geschäft Ruhe und Innehalten entgegenzusetzen. Das Abarbeiten eines Pflichtkatalogs von Inhalten ist damit nur bedingt in Einklang zu bringen; pädagogische Entscheidungen und Abwägungen sind immer wieder erforderlich. In diesen Zusammenhang gehört nicht nur eine Kultur des verbalen Austauschs (wie oben beschrieben), sondern vor allem die Arbeit mit allen Sinnen, die neue und ungewohnte, von daher auch einladende Möglichkeiten bietet. Zum Beispiel:

- Die Arbeit mit Symbolen als Weg nach innen und zum Verständnis von tieferen Dimensionen;
- symbolhafte Aktionen (beispielsweise in der Gottesdienstgestaltung);
- Übungen mit gestalterischen Methoden (Malen, Legebilder);
- Bibliodramatische Elemente als Annäherung an neutestamentliche Begegnungsgeschichten;
- kreatives Schreiben;
- Achtsamkeitsübungen (das Sehen mit dem »dritten Auge« entdecken und pflegen);
- meditative Übungen.

So werden auch traditionelle christliche Symbole und Symbolhandlungen wieder oder neu zugänglich beziehungsweise noch einmal hinterfragt oder erst im wahrsten Sinne des Wortes frag-würdig, erscheinen biblische Basistexte nicht als Wissensstoff, sondern werden erlebt als Geschichten von Menschen, die in der Begegnung mit Gott, mit Jesus entscheidende Wendepunkte in ihrem Leben erfuhren, werden entdeckt als Geschichten über menschliche, vielleicht auch eigene Grundfragen und -erfahrungen.

Dies ist im besten Sinne »elementar«, nämlich einfach, von Primärerfahrungen ausgehend, in einer einfachen »Sprache« auszudrücken. (Vergleiche dazu die Äußerung eines Studierenden zu Beginn des Schuljahres: »Ich möchte, dass wir in Religion in einer einfachen Sprache sprechen, die es uns auch leichter macht, mit den Kindern zu reden.«)

»Elementar« aber auch im Sinne von »grundlegend«, als Ausgangspunkt einer weiteren, zunächst begleiteten, dann in immer größerem Ausmaß eigenverantworteten Weiterentwicklung.

Ganzheitliche Zugänge ermöglichen zugleich die Erprobung von Methoden und Materialien, wie sie in der Praxis mit Kindern so oder ähnlich eingesetzt werden, und sie schaffen auf der Erfahrungsebene eine Nähe zu spezifisch kindlichen Zugängen, vor allem aber letztlich einen tieferen Zugang des Studierenden zu sich selbst, neue Wege, sich »Gott und der Welt« zu nähern.

In vielfältiger Weise kann eine Verknüpfung der beiden Bereiche »Religionslehre« und »Religionspädagogik« zur gegenseitigen Erhellung, quasi einer »Korrelation«, führen. Die Entwicklung religiöser und religionspädagogischer Kompetenz ist gerade *nicht* additiv zu denken.

Die Entwicklung einer persönlichen Spiritualität fördern

Persönliche Spiritualität gehört zum unverzichtbaren Bestand dessen, was die Ausbildung als »Personalkompetenz« anstrebt. Später wird sie in der beruflichen Tätigkeit auch Teil einer Team-Spiritualität, oft von Eltern beschrieben als der »Geist« des Hauses.

Neben den oben beschriebenen Gestaltungsmöglichkeiten des Unterrichts ist auch in der Schule die gesamte Atmosphäre, die Art und Weise, miteinander zu arbeiten und zu leben, wichtig. Insofern können katholische Ausbildungsstätten ihre besonderen Chancen wahrnehmen, Studierende in der Entwicklung einer eigenen Spiritualität zu ermutigen und zu fördern, etwa

- wenn ein christliches Menschenbild von einem Kollegium als Ganzem nicht nur behauptet oder vertreten, sondern im respektvollen Umgang mit Studierenden praktiziert wird,
- wenn Rituale zum festen Bestand des Lebens in der Schulgemeinschaft gehören,
- wenn die Schule auch ein Ort der Begegnung mit Formen von Gebet und Meditation, Gottesdienst, Festen und Feiern ist und Studierenden den Freiraum anbietet, solche Formen mitzugestalten und so quasi von innen kennenzulernen und sich in der eigenen Gestaltung zu erproben,
- wenn Orientierungstage außerhalb des üblichen Schulrahmens Studierenden die Gelegenheit bieten, ein positives Bild religiöser Gemeinschaft zu erleben.

Modellcharakter des Religionsunterrichts

Religionsunterricht mit seinen oben skizzierten Möglichkeiten kann Modellcharakter für die eigene erzieherische und religionspädagogische Praxis der angehenden Erzieherinnen haben, indem er

- die angehenden Erzieherinnen als junge Menschen auf dem Weg zu einer eigenen Identität, auch in religiöser Hinsicht, versteht;
- die Studierenden mit ihren je persönlichen Erfahrungen, Auffassungen und Wertvorstellungen ernst nimmt und diese Pluralität als Chance versteht;
- das Unterrichtsgeschehen als wesentlich dialogisch begreift;
- Respekt und Sensibilität im Umgang mit sich und den Mitstudierenden fördert;
- den Studierenden wesentliche Primärerfahrungen ermöglicht;
- zu einer wachen Achtsamkeit für die tieferen Dimensionen des (Alltags-) Lebens hinführt und
- zu einer neuen Begegnung und persönlichen Auseinandersetzung mit religiösen Traditionen einlädt.

Dieses Modell hat nicht nur Auswirkungen auf die Arbeit der angehenden Erzieherinnen mit den Kindern, sondern auch auf ihre Art, Eltern, Teamkollegen und Trägervertretern zu begegnen.

Perspektiven

Ausbildung als Beginn eines Weges

Religionsunterricht, der geprägt ist von der oben skizzierten Art des exemplarischen und elementaren Lernens, kann meiner Meinung nach die Voraussetzungen schaffen, damit angehende Erzieherinnen den Mut zu religionspädagogischem Arbeiten haben und sie sich selbstständig weitere Themenbereiche, Methoden usw. erschließen.

Dass er dazu motivieren kann, belegt die Tatsache, dass an unserer Schule sich nun schon seit mehreren Jahren ungefähr jede zweite Oberstufenschülerin als Interessentin für den Kurs »Religionspädagogische Zusatzqualifikation für Berufspraktikanten« meldet. Dieser bietet im ermutigenden Rahmen einer kleinen Arbeitsgruppe den angehenden Erzieherinnen die Möglichkeit, *vor* der Aufnahme einer selbstständigen Arbeit mit Kindern und Jugendlichen

- ihre Kenntnisse aus dem bisherigen Fachunterricht zu erweitern und zu vertiefen,
- Erfahrungen aus der religionspädagogischen Praxis der Kitas auszutauschen und gemeinsam zu reflektieren,
- neue Zugänge und Arbeitsmöglichkeiten zu erproben und
- im vertrauten Rahmen einer kleinen Gruppe die eigene Religiosität und persönliche Spiritualität weiterzuentwickeln.

Nach den schulinternen Vertiefungsmöglichkeiten während der Ausbildung (etwa in AGs, an Seminartagen, in Zusatzkursen) sind andere Möglichkeiten der Weiterqualifizierung zu nutzen: der Austausch mit Teamkollegen, Fortbildung, Fachberatung und – nicht zu unterschätzen – die in der Ausbildung grundgelegte Fähigkeit zur selbstständigen Reflexion der eigenen Erfahrung im Umgang mit den Kindern und deren Eltern.

Wer in der Ausbildung Respekt vor dem eigenen religiösen Standpunkt und dem der Mitstudierenden gelernt hat, wird auch motiviert und eher fähig sein zu einem respektvollen Dialog mit Kindern und Eltern, gleich welcher religiösen Haltung, und wird die Frage der eigenen Identifikation mit dem religionspädagogischen Konzept der Einrichtung ernsthaft prüfen. Studierende, die so gestärkt sind, werden aber auch in einem nach allen Seiten pluralen beruflichen Umfeld eher das Selbstbewusstsein haben, den eigenen Standpunkt engagiert und mit Klarheit zu vertreten und letztlich auf der Grundlage einer immer klareren beruflichen Identität in der Zukunft selbst zur Weiterentwicklung der religionspädagogischen Arbeit in den Einrichtungen beitragen können.

Wachsendes religionspädagogisches Selbst-Bewusstsein in Verbindung mit einem unvoreingenommenen Blick auf andere und deren Standpunkte – das sind auch Basisqualifikationen für die heute immer notwendigere Pluralitätsfähigkeit und interreligiöse Kompetenz.

Mein Selbstverständnis als Lehrkraft

Wenn ich im Religionsunterricht ansetze bei den Fragen und Suchbewegungen der Studierenden, gehe ich aus von ihren Potenzialen, nicht von ihren Defiziten: »Der Wein Gottes ist immer schon im Keller.« (Meister Eckhart) Eine optimistische Haltung, christlich ausgedrückt: eine hoffnungsvolle! Es erfordert Geduld und einen Verzicht auf »schnelle Erfolge«, wenn ich Studierende ermutigen und dabei unterstützen möchte, ihre »Schätze zu heben«. (Die Arbeit von Studierenden mit dem Symbol »Perle« hat mich in dieser Hinsicht mehr als motivieren können: Sie verglichen ihre erzieherische Arbeit mit der eines

Perlentauchers.) Dennoch scheint mir dies ein sinnvoller Weg zu mehr Selbst-, Welt- und Gottvertrauen, denn nur so entsteht Offenheit und Aufgeschlossenheit für Impulse und Orientierung aus der christlichen Tradition (vgl. den Titel eines Münsteraner Fortbildungsverzeichnisses: »Den Himmel offen halten«). Es bedeutet für mich auch die Annahme von Akzentverschiebungen in meiner Rolle: von der »Vermittlerin« hin zur »Begleiterin«, zur »Hebamme«, zur Gesprächspartnerin, Mitsuchenden, aber auch Konfrontiererin, Impulsgeberin und Nachfragerin, die dennoch im besten Sinne »absichtslose« Religionspädagogin bleibt.

Dabei darf ich die Forderung kirchlicher Stellen, sich an den Richtlinien, an einem mehr oder weniger vollständigen Katalog wesentlicher Inhalte, zu orientieren, nicht aus den Augen verlieren. Sonst muss ich mir den Vorwurf gefallen lassen, Wesentliches aufzugeben, den Religionsunterricht der Unverbindlichkeit preiszugeben.

Forderungen

Aus den vorangegangenen Überlegungen ergeben sich für mich drei Forderungen:

1. Religionsunterricht in dem beschriebenen Selbstverständnis, das man vielleicht mit »aufrechter Bescheidenheit« charakterisieren könnte, verlangt eine neue Art von Respekt vor seiner Leistung und eine entsprechend veränderte Erwartungshaltung an sein »Produkt« (zum Beispiel seitens Träger und Leiterinnen).
2. Unter den bestehenden Rahmenbedingungen kann im Religionsunterricht exemplarisches und elementares Arbeiten gelingen, nicht aber die notwendige Nachhaltigkeit. Zumindest für die Träger katholischer Ausbildungsstätten müsste dies die Notwendigkeit struktureller Verbesserungen deutlich machen (etwa: größeres Stundendeputat, besondere Angebote über den Stundenplan hinaus, eventuell Fachtage).
3. Wenn die Ausbildung als Beginn des Weges der religionspädagogischen Qualifizierung von Erzieherinnen gesehen wird, dann müssen alle Beteiligten der »Wegabschnitte« in einen wesentlich intensiveren Dialog miteinander treten (Ausbildung, Leitung, Fortbildung, Fachberatung, Träger).

Religionsunterricht bringt auf den Weg

Religionsunterricht in der oben skizzierten Ausprägung kann unter den heutigen Bedingungen angehende Erzieherinnen religionspädagogisch auf den Weg bringen – nicht mehr, aber auch nicht weniger. Die eigene religiöse und religionspädagogische Kompetenz muss weiterentwickelt werden, um souverän mit der ganzen Bandbreite der in der Praxis begegnenden Pluralität umgehen zu können. Ob im weiteren Berufsleben eine Weiterentwicklung stattfinden kann, hängt nicht nur vom persönlichen Impetus und den Bemühungen der jungen Erzieherinnen ab, sondern auch wesentlich davon, ob sie in Teamkollegen, Trägervertretern und in den für Fachberatung und Fortbildung Verantwortlichen gute Wegbegleiter finden.

Literatur

Rudolf Englert, Gott Raum schaffen. Umrisse einer absichtslosen Religionspädagogik, in: Katechetische Blätter 119 (1994), S. 481–489

Matthias Hugoth, Neue Lust auf Religion? Elemente einer zeitgemäßen Spiritualität von Erzieherinnen, in: Jahrbuch 2000 des Bayerischen Landesverbandes Katholischer Tageseinrichtungen für Kinder, München 2000, S. 160–181

George Reilly, Elementarisierung und Korrelationsdidaktik, in: Katechetische Blätter 126 (2001), S. 90–93

Ralph Sauer, Elementarisierung als religionspädagogische Aufgabe, in: Religionspädagogische Beiträge 47 (2001), S. 11–26

Quergebürstet: Fortbildung in Religionspädagogik

Methoden und Organisationsformen

*Von **Sabine Müller-Langsdorf**, Darmstadt*

> Das Gras wächst nicht schneller, wenn man daran zieht.
> ***Indianisches Sprichwort***

Mit der Fortbildungsarbeit ist es wie mit einer Hautcreme: Sie kann entweder erfrischen und kurzeitig Falten glätten oder aber tiefenwirksam und nachhaltig wirken. Manche nehmen sie aus Gewohnheit in Anspruch, andere brauchen sie nie, einige entwickeln Allergien dagegen und viele probieren gerne einfach etwas Neues aus oder schätzen ihren Wellnesscharakter. Die Inhaltsstoffe einer religionspädagogischen »Creme« klingen unverdächtig: viel Bibel, viele kirchliche Feste, etwas religiöse Sozialisation. Je nach Vorliebe sind auch exotische Düfte aus dem interreligiösen Bereich oder Mixturen im Repertoire, die auf ein geheimes Wissen um Religion als Querschnittsthema hindeuten.

Es gibt hier wie überall billige und teure Angebote, die Verpackungen sind meist schlicht und einen Beipackzettel sucht man meist vergeblich. Manche bekommt man im Laden um die Ecke, andere gibt es nur in speziellen Fachgeschäften oder es kommt eine Beraterin direkt ins Haus. Einige wenige sind sogar online bestellbar ...

Bei aller Vielfalt weht Herstellern wie Verbrauchern zunehmend ein harter Wind ins Gesicht. Sie spüren die leerer werdenden Kassen und die engeren Zeitbudgets. Gute Angebote werden zum Luxusprodukt. Und vielleicht, ja vielleicht wären ja auch eine gesunde Ernährung, regelmäßige frische Luft und klares Wasser ebenso erfolgversprechend wie eine Creme ...

Organisationsformen religionspädagogischer Fortbildungen – eine Bestandsaufnahme

Betrachtet man die bundesdeutsche Landschaft religionspädagogischer Fortbildungsangebote, findet man eine bunte Angebotspalette. Freie Träger und nichtkirchliche Fortbildungsanbieter haben den Bereich Religionspädagogik für Kindertageseinrichtungen so gut wie nicht in ihrem Programm. Religion findet sich dort am ehesten unter den Schwerpunkten »Interkulturelle Erziehung« und »Wertevermittlung«. Mit der Einführung der Bildungspläne in den einzelnen Bundesländern gewinnt das Thema Religionspädagogik unter den genannten Stichworten zum Teil eine neue Relevanz. Bei den Kirchen variiert das Angebot je nach Landeskirche oder Bistum, deren theologischer Grundhaltung, Präferenz und Trägerorientierung (Diakonie/Caritas/Kirchen). In einigen Landeskirchen gehören religionspädagogische Fortbildungen zum verpflichtenden Grundbestand der Fortbildungsarbeit für Erzieherinnen und Erzieher, in anderen sind sie ein frei wählbares Angebot. Zeitlich reichen die Fortbildungen vom halbtägigen Modulsystem über ein- bis dreitägige thematische Angebote bis hin zu Wochenkursen und mehrwöchigen Weiterbildungen, die zu einem zertifizierten Abschluss führen. In jüngster Zeit wird die Religionspädagogik als Wahlmodul auch in Aufbaustudiengänge elementarer Bildung auf Fachhochschulebene eingebunden.

Die Vielfalt der zeitlichen Organisation spiegelt sich in den Finanzierungsmodalitäten wieder. Fortbildungskosten im Bereich Religionspädagogik reichen vom Nulltarif bis in die Tausend-Euro-Zone. Insofern sind die Kosten oft »politische Preise« und belegen Steuerung von Personalentwicklung und Profilbildung eines Trägers. Die Fortbildungen finden in Tagungshäusern statt oder als Teamfortbildungen direkt in einer Kindertageseinrichtung.

Die Durchführung religionspädagogischer Fortbildung obliegt in der Mehrheit *theologisch* qualifiziertem Personal: Pfarrerinnen und Pfarrern, Pastoralreferentinnen und Pastoralreferenten, weniger den Gemeindepädagoginnen, Religionspädagogen oder Diplompädagoginnen oder der Fachberatung – eine Tatsache, die Auswirkungen auf die inhaltliche Gewichtung und praktische Ausgestaltung des Themas hat.

Methoden religionspädagogischer Fortbildungsarbeit

»Lernen bedeutet eine Veränderung des Erlebens und Verhaltens aufgrund von individuellen Erfahrungen in bzw. mit der Umwelt.« So definiert die neuere Kognitionspsychologie Lernen (Ansgar Plassmann und Günter Schmitt haben viele Definitionen über Lernen gesammelt und die zitierte Definition als ihre eigene formuliert. Vgl. www.lern-psychologie.de).

Lernen braucht Zeit, auch in der Fortbildung. Und um Methoden religionspädagogischer Fortbildungsarbeit zu beschreiben, ist es sinnvoll, dies an die Bedingungen für einen vollständigen Lernprozess zu binden. Dieser beinhaltet:

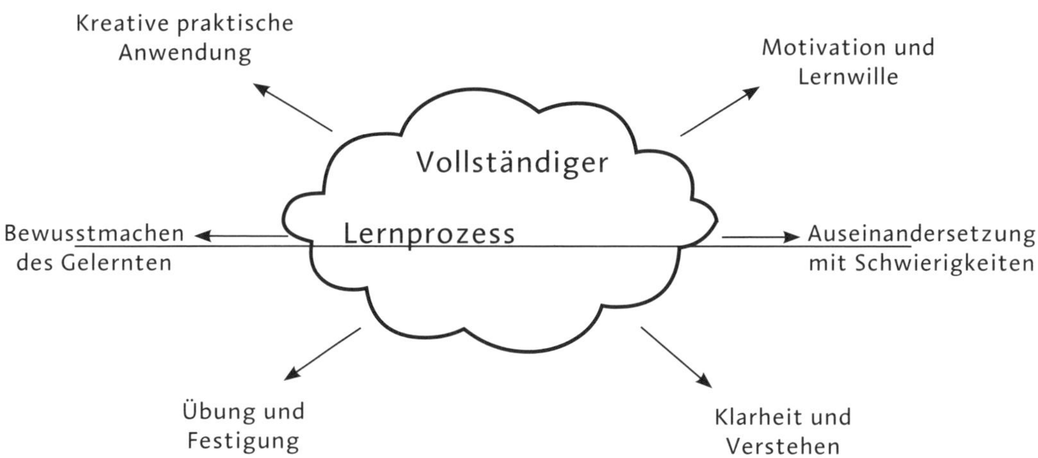

(aus: Ilse Brunner/Julia Born 2006)

Motivation und Lernwille

Wissenschaftliche Umfragen benennen vier Motive, die Erzieherinnen und Erzieher zur Fortbildung bewegen (Ilse Roosen-Nef 2005):

1. Erfahrungsaustausch
2. Anregung und Ideenbörse
3. Herauskommen aus dem Berufsalltag
4. Reflexion der eigenen Arbeit.

Bei der Auswahl der Themen stehen persönliche Interessen und eigene fachliche Stärken weit vorne, weniger die Orientierung an den Bedürfnissen der Einrichtung. Die Umfrageergebnisse decken sich mit eigenen Fortbildungsbeobachtungen im Bereich der Religionspädagogik: Die Gestaltung religiöser Bildungsprozesse spricht Menschen an, die eine positive Beziehung zu religiösen Fragen haben. Sie verbinden in der Fortbildung Fragen der persönlichen religiösen Entwicklung mit fachlicher Kompetenzerweiterung. Wo Erzieherinnen und Erzieher nicht auf eine eigene positive religiöse Sozialisation zurückgreifen können, ist die Motivation oft erst zu wecken oder liegt in der Neugier auf etwas ganz Neues.

Schwierigkeiten begegnen

Menschen lernen unterschiedlich. Sie haben ihre eigenen Rhythmen, ihre eigenen Denkwege und ihre eigenen Formen der Aneignung und Umsetzung des Gelernten (vgl. Ilse Brunner). Dies erfordert eine Vielfalt und Differenzierung in der methodischen und inhaltlichen Gestaltung religionspädagogischer Fortbildungsarbeit. Fortbildung geschieht überwiegend im Rahmen der Berufstätigkeit. Meist gehen Einzelne aus einer Einrichtung zur Fortbildung. Reflexion, Aneignung und Transfer des Gelernten ist individuellen Fähigkeiten unterworfen, wenn sie nicht im Team eingefordert werden. Dem können Teamfortbildungen entgegenwirken. Auch eine Zeitstruktur, die in die Fortbildung praktische Übungsphasen einplant und/oder Reflexionstage und Evaluation anbietet oder Transferprozesse vorwegnimmt, ist dem Lernprozess förderlich.

Verpflichtende religionspädagogische Fortbildungen erwecken bei manchen Teilnehmern und Teilnehmerinnen die Fantasie der Gesinnungsschnüffelei. Religion gilt als Privatangelegenheit. Sie qua Dienstauftrag mit Kindern gestalten zu sollen, kann Widerstände auslösen. Ärger mit dem dienstvorgesetzten Pfarrer bzw. der Pfarrerin, persönliche Enttäuschungen in der Institution Kirche und eigene Glaubensfragen der Teilnehmerinnen und Teilnehmer kommen in religionspädagogischen Fortbildungen oft zusammen und erfordern von einer Fortbildungsleitung neben dem religionspädagogischen Sachwissen supervisorische Sensibilität, gruppendynamisches Know-how, Institutions- und Organisationskenntnis.

Klarheit und Verstehen

Für den Lernprozess sind Klarheit und Verstehen unerlässlich, beides hat etwas mit *Transparenz* und *Erkenntnis* zu tun. Transparenz betrifft die Nachvollziehbarkeit des Lernprozesses und beginnt in einer Fortbildung bei kleinen Dingen: der Vorstellung der Tagesstruktur; einem Abgleich der Erwartungen; übersichtlichen Arbeitsblättern; klaren Arbeitsanweisungen; Absprachen hinsichtlich einzuhaltender Zeiten; Umgangsformen und Verantwortlichkeiten für den Gruppenprozess. Genaues Zuhören, Nachfragen und Intervenieren, die Formulierung von Zielen, beidseitiges Feed-back und Evaluation unterstützen den Lernprozess. Wenn Teilnehmerinnen und Teilnehmer sich ernst genommen fühlen, können sie ihr Potenzial einzeln und als Gruppe leichter entfalten und weiterentwickeln. Gerade in der Religionspädagogik, der aus Schulerinnerungen der Ruf vorauseilt, soft und beliebig zu sein, tut es gut, wenn Menschen zu klaren und nachvollziehbaren Lernschritten angeregt werden und wenn sie konkrete Handlungsziele für die religionspädagogische Arbeit entwickeln.

Das Verstehen bezieht sich auf die Erkenntnis des Gelernten für die einzelne Person, für ihr berufliches Handeln, für ihr Denken und ihre Deutung von Welt. »Was kann ich wissen? Was soll ich tun? Was darf ich hoffen? Was ist der Mensch?« Diese Grundfragen der Erkenntnis von Immanuel Kant bilden einen guten Rahmen für religionspädagogische Fortbildungsarbeit. Fortbildung hat Erzieherinnen und Erziehern Raum für die eigenen religiösen Fragen zu geben.

Was glaube ich? Welche inneren Bilder geben mir Kraft? Worauf hoffe ich? Was ist mir wichtig? Wer zu diesen Fragen Zugang gewinnt, entdeckt die eigene religiöse Kompetenz: die Fähigkeit, sich zurückzubinden (das Wort »Religion« wird von dem lateinischen »religare«, »zurückbinden«, abgeleitet) an jene Kraft, die innewohnt, aus der geschöpft und auf die gehofft werden kann. Die Bibel nennt diese Kraft Gott, und das Christentum sieht sie in der Menschwerdung Jesu Christi.

Das Entdecken der eigenen religiösen Kompetenz fördert die Wahrnehmung der religiösen Kompetenz von Kindern. Was sind deren innere Bilder? Welche Vorstellungen bringen die einzelnen Kinder mit in die Einrichtung? Was glauben sie? Und wie denken sie? Religionspädagogik entfaltet sich in der Orientierung an der Lebenswelt und den Schlüsselsituationen von Kindern (vgl. Zum Selbstverständnis 1989). Die Wahrnehmung des Glaubens, den Kinder mit in eine Einrichtung bringen, ist Maßstab für religionspädagogische Impulse und Interventionen: Wahrnehmen, Entscheiden, Handeln, Reflektieren.

Der methodische Vierschritt des Situationsansatzes öffnet Schlüsselsituationen von Kindern für (religions-)pädagogische Gruppenprozesse. In ihnen erleben und gestalten Kinder Werte, Glaube und Gemeinschaft. Jede Schlüsselsituation birgt religiöse Grundthemen. Erzieherinnen und Erzieher wissen darum und fordern von der Religionspädagogik methodisches Handwerkszeug und Inhalte, die Religion im Alltag der Kinder erlebbar machen.

Religionspädagogische Fortbildung sollte es also Erzieherinnen und Erziehern ermöglichen, Schlüsselsituationen und religiöse Grundthemen in einen gestalteten Gruppenprozess zu bringen. Dazu gehören pädagogische und entwicklungspsychologische Kenntnisse über Religion in der frühen Kindheit ebenso wie theologisches Sachwissen und die Fähigkeit, Kindern spirituelle Erfahrungen zu ermöglichen durch die Gestaltung von Ritualen, Liedern usw. (Zur inhaltlichen Füllung dieses Vierschritts vgl. Frieder Harz 2006.)

Was kann ich wissen?	Wahrnehmen	Religiöse Kompetenzen
Was soll ich tun?	Entscheiden	Schlüsselsituation und religiöse Grundthemen
Was darf ich hoffen?	Handeln	Gestalteter Glaube: Gemeinschaft, Feste, Werte
Was ist der Mensch?	Reflexion	Vielfalt und Eigenheit/ Profil

Übung und Festigung

Übung und Festigung des Erlernten braucht mehrere Dinge: realistische Übungsaufgaben mit Handlungszielen, die erreichbar sind; Zeit zum Üben und die Abfrage des Geübten. Je kürzer Fortbildungen angelegt sind, desto geringer ist die Chance der Nachhaltigkeit. Sie wirken dann tatsächlich wie Antifaltencreme: eben kurzzeitig glättend. Nachhaltigkeit wird erreicht durch klar eingeplante Übungsphasen. Innerhalb der Einrichtungen ist es die Aufgabe der Leitung, von Fortbildungsteilnehmern eine Rückmeldung ins Team einzufordern und in der Dienstplangestaltung laufende Fortbildungsthemen zu berücksichtigen.

Auch wenn die Religionspädagogik wahrlich große Themen behandelt und mit Ewigkeitsdimensionen jongliert – Übung und Festigung des Erlernten geschieht durch kleine klare Schritte. »Smart« sollen sie sein, und das sei am Beispiel der Aufgabenstellung »Was Kinder von Gott wissen« erläutert:

	Definition Handlungsziel	Beispiel »Wie sieht Gott denn aus?«
S	Das Ziel ist *spezifisch*, ein konkretes Teilziel oder Nahziel ist angegeben.	Die Kinder beschäftigt das Thema »Unsichtbar sein«. In diesem Kontext stellen sie die Frage: Und wie sieht Gott eigentlich aus? Konkretes Teilziel des Themas ist eine Aktion: »Was wir Kinder von Gott wissen.«
M	Das Ziel ist *messbar*, der Grad der Zielsetzung kann beobachtet und indirekt gemessen werden.	Kinderzitate, Fotoaktion, Interviews sind messbare Methoden zur Erreichung des Ziels. Die Äußerungen der Kinder sollen gesammelt und dokumentiert werden.
A	Das Ziel ist *akzeptabel*, es gibt einen Minimalkonsens für die Erreichung des Ziels. Es kann nicht verlangt werden, dass alle das Praxisziel gleichermaßen akzeptieren.	Absprachen im Team zum Projekt. Minimalkonsens: Die Zitate und Fotos sind Momentaufnahmen. Sie beschreiben die Perspektive des Kindes und geben Einblick in die religiöse Vorstellungswelt von Kindern.
R	Das Ziel ist *realistisch*, es ist unter den gegebenen finanziellen, personellen und politischen Rahmenbedingungen erreichbar.	X und Y erstellen ein Plakat mit Kinderzitaten. Interviews sind allen zu aufwändig, Z möchte eine Fotoaktion starten. A und B bleiben beim Oberthema »Unsichtbar«.
T	Das Ziel ist *terminiert*, es gibt einen Zeitpunkt für die Zielerreichung.	Das Projekt läuft acht Wochen und endet mit der Gestaltung eines Plakates, das im Eingangsbereich für Eltern sichtbar aufgehängt wird.

Das Erlernte bewusst machen

»Religion ist nicht messbar«, so lautet ein häufiger Satz, wenn es um religiöse Bildungsprozesse geht. Gleichwohl lassen sich Lerngeschichten dokumentieren. Und das gilt für Erzieherinnen und Erzieher in religionspädagogischen Fortbildungen ebenso wie für Kinder in ihrer religiösen Entwicklung. Die persönliche Lerngeschichte in der Fortbildung kann in einem Kurstagebuch oder durch kollegialen Austausch festgehalten werden. Der fachlichen Reflexion dienen Hausaufgaben, Projektarbeit und Kolloquien als Abschluss eines Lernprozesses. Inhalte lassen sich beschreiben, Beobachtungen dokumentieren und Fragen formulieren. Religiöse Bilder laden zu kreativen Gestaltungsformen ein und Werte lassen sich durch eine klare Analyse von Schlüsselsituationen erforschen, gestalten und dokumentieren.

Kreative und praktische Anwendung

Wie Kunst das Unsichtbare sichtbar machen will, so will Religionspädagogik das »ganz Andere«, Unsichtbare, Gott für Kinder erlebbar machen. Dies geschieht dem Alter der Kinder angemessen erfahrungsorientiert, mit allen Sinnen, erzählend, singend, bewegend. Kinder im Alter von drei bis sechs Jahren verfügen über einen unermesslichen Schatz an Fantasie. Sie konstruieren sich ihre Glaubenswelt, springen mühelos zwischen Himmel und Erde. Deshalb sind den kreativen Ausgestaltungen religionspädagogischer Arbeit kaum Grenzen gesetzt. Lieder, Erzählfiguren, Legematerialien, Geschichten, Bewegung, Rollenspiel und Theater ... kaum eine Methode, die nicht möglich wäre. Und es gilt: Die Methode hat dem Inhalt zu dienen! Sie ist nicht Selbstzweck.

Zusammenfassung: Konsequenzen und Ziele

- Religionspädagogische Fortbildungen stellen sich nicht einheitlich dar. Sie spiegeln konfessionelle Eigenheiten, strukturelle Anbindungsformen und theologisch-pädagogische Profile ihrer jeweiligen Träger wider. Dazu kommt eine Ausrichtung an den jeweiligen Bildungsplänen der Bundesländer, die eine ähnlich vielfältige Sprache sprechen.
- Religionspädagogische Arbeit in kirchlichen Kindertageseinrichtungen hat diakonische, sozialraumorientierte, gemeindebildende und eben religionspädagogische Aspekte. Fortbildungsangebote sollten diese Themen und ihre Schnittstellen im Blick haben.
- Die Auswahl von Fortbildungen sollte sich nicht nur an den Vorlieben der einzelnen Teilnehmer und Teilnehmerinnen orientieren, sondern den Entwicklungsmöglichkeiten der gesamten Einrichtung dienen. Auch Trägerinteressen können über gezielte Fortbildungsmaßnahmen initiiert werden und eine aktive Personalentwicklung ist über Fortbildung möglich.
- Religionspädagogische Fortbildungsleitung ist idealerweise von einem pädagogisch-theologischen Tandem besetzt.
- Religionspädagogische Fortbildungskonzepte sollten den Teilnehmern einen vollständigen Lernprozess ermöglichen und die Umsetzung von Fortbildungsinhalten im Fokus haben.
- Religionspädagogische Fortbildungen unterstützen die individuelle religiöse Entwicklung von Erzieherinnen und Erziehern. In diesem Sinne haben sie auch eine seelsorgerliche und pastorale Dimension.

- Religionspädagogische Fortbildung stärkt die Entfaltung religiöser Kompetenzen von Erzieherinnen und Erziehern. Sie stärkt das (Selbst-) Vertrauen, ein schwieriges »unsichtbares« Handlungsfeld pädagogisch durchdacht und situationsorientiert in Gang zu setzen und vor allen Dingen auch zu Ende führen zu können. Dazu bedarf es religionspädagogischer Zielformulierungen, die erreichbar und herausfordernd zugleich sind.
- Menschen, die Zugang zu ihren inneren Quellen haben und zu der Kraft, die sie treibt, brauchen – um an das Ziel vom Anfang anzuknüpfen – weniger »Creme«. Und deshalb sei es erlaubt, an das zu erinnern, was für religiöse Bildungsprozesse Wasser und gute Luft ist: Zeit zur Stille, Gebet, Gemeinschaft und tätige Liebe – eben eine praxis pietatis, die alltäglich und mitten im Leben verwurzelt ist. Christinnen und Christen wird mit dem Wasser der Taufe zugesagt und zugetraut, den Glauben weiterzugeben. Sind sie in Gemeinden eingebunden, in denen sie das auch in der professionellen beruflichen Rolle erleben können, fällt die Zielformulierung religionspädagogischer Fortbildungsarbeit aus dem 1. Petrusbrief leicht: »Seid allezeit bereit Rechenschaft zu geben über die Hoffnung, die in euch ist!« (1 Petr 3,15)

Literatur

Ilse Brunner und Julia Born, 1. Seminarinfo »Lernprozesse anregen und begleiten – Online-Lernwege gestalten«, März 2006, vgl. www.rpi-virtuell.de

Ilse Brunner, Gehirngerechtes Lernen und Lernstile. In: www.rpi-virtuell.de.

Frieder Harz, Kinder & Religion. Was Erwachsene wissen sollten. Seelze-Velber: Kallmeyer Verlag 2006 (Wie Kinder lernen)

Ansgar Plassmann/Günter Schmitt, Definitionen über Lernen gesammelt. Vgl. www.lern-psychologie.de

Ilse Roosen-Nef, Referat zum Thema »Nachhaltigkeit von Fortbildungen«. Kassel 2005

Ilse Roosen-Nefs, Viel dazugelernt – wenig umgesetzt? Zur Wirksamkeit von Fort- und Weiterbildungsmaßnahmen für Erzieherinnen und Erzieher im Vorschulbereich. Berlin 2003 (Diplomarbeit)

Zum Selbstverständnis von Tageseinrichtungen für Kinder in katholischer Trägerschaft. Freiburg: Zentralverband katholischer Kindergärten und Kinderhorte Deutschlands 1989 (heute: Verband Katholischer Tageseinrichtungen für Kinder (KTK)-Bundesverband)

Die Bibel als Buch des Lebens entdecken

Basiswissen Bibel für Erzieherinnen

Von ***Andreas Leinhäupl-Wilke****, Hagen*

> Frage dich nicht wie konnte er bloß
> sondern schmiege dich selig in seinen Schoß
> Wenn du nicht zweifelst an seinem Tun
> kannst du getragen in seinen dich schützenden Händen ruhn.
> ***Nina Gantner***

Was die Bibel für Erzieherinnen und Erzieher interessant macht

Die Bibel – so hört man oft – sei ein unzeitgemäßes Buch, das in verstaubter Sprache über längst vergangene Zeiten berichte und für heutige Augen und Ohren lediglich unpassende Bilder und Motive bereitstelle. Machen wir allerdings die Gegenprobe, so zeigt sich, dass genau das Gegenteil der Fall ist: Biblische Themen haben Hochkonjunktur – in jeder Bahnhofsbuchhandlung finden wir eine Kinderbibel oder irgendeine andere Bibelausgabe in der vordersten Auslage. Bilder und Szenen aus der Bibel sind in allen Bereichen des Lebens präsent.

Und in der Tat: Die Bibel ist ein Buch des Lebens. Die Bücher des Alten und Neuen Testaments erzählen spannende Geschichten von Liebe und Leid, Tod und Leben, Zerstörung und Hoffnung. Die Texte bieten Antworten auf die vielen entscheidenden Fragen, die dem Menschen früher oder später auf der Seele liegen: Wie ist die Welt entstanden? Wo ist eigentlich Gott angesichts des ganzen Leids in der Welt? Was geschieht nach dem Tod? Wo finde ich Schutz und Geborgenheit? Warum soll ich andere Menschen gerecht behandeln? Warum ist das Leben lebenswert?

Diese und ähnliche Fragen machen deutlich, dass biblische Geschichten für die Erzieherinnen und Erzieher und natürlich auch für die Kinder eine nicht zu unterschätzende Bedeutung haben können. Zudem liefern sie naturgemäß das Fundament für das Erziehungskonzept in christlich orientierten Tageseinrichtungen für Kinder. Zugegeben: Was den Zugang zu den biblischen Texten angeht, haben es Kinder etwas einfacher als Erwachsene. Sie sind ohne

Weiteres bereit, Wagnisse einzugehen, sich auf Neues, auch auf Unbekanntes einzulassen. Geschichten, die wir vielleicht auf den ersten Blick nicht sofort »verstehen«, sind deswegen für Kinder nicht gleich ungeeignet. Sie haben die Gabe, durchaus auch fremde Zusammenhänge, die vielleicht unlogisch wirken, unbefangen und offen zu betrachten, das Erzählte in ihrer Fantasie durchzuspielen und für ihre eigene Welt lebendig werden zu lassen. Die Mitarbeiterinnen und Mitarbeiter in Tageseinrichtungen für Kinder haben es hier oftmals viel schwerer: Sie sind aufgrund ihrer Sozialisation vielleicht mit religiösen Inhalten und damit auch mit der Bibel nicht unbedingt vertraut. Ein Zugang muss also vielfach erst (erneut) geschaffen werden. In diesem Sinne ist es ganz entscheidend, einen passenden Einstieg zu finden, der den Erzieherinnen und Erziehern als Ausgangspunkt für die weitere eigenständige Auseinandersetzung mit dem Thema dienen kann.

»Grundkurs Bibel« für Erzieherinnen? Ein Plädoyer für die Verbindung von Theorie und Praxis

Für die religionspädagogische Ausbildung von Erzieherinnen liegen allenthalben Lehrpläne bzw. inhaltlich-theoretische und praxisorientierte Rahmenkonzepte vor. In verschiedenen, aufeinander aufbauenden Phasen der Ausbildung setzen die Lehrplanentwickler darauf, eine Symbiose von religiöser und religionspädagogischer Kompetenz herzustellen, also verantwortetes religiöses Handeln und Denken mit der entsprechenden Fähigkeit für die religionspädagogische Praxis zu verbinden. Welche Ziele werden dabei verfolgt? Wir finden unter anderem folgende Schwerpunkte:

- Die Botschaft Jesu vom Reich Gottes als die Mitte des christlichen Glaubens erkennen und begreifen, um Lebensperspektiven sowie Maßstäbe für den Umgang mit anderen zu schaffen.
- Die Unterscheidung zwischen dem historischen Jesus und dem Christus des Glaubens wahrnehmen.
- Die Evangelien als Glaubenszeugnisse interpretieren.
- Ostern – die Botschaft von der Auferstehung Jesu begreifen.
- Weihnachten – die Kindheitsgeschichten in den Blick nehmen.
- Grundmodelle der Bibeldidaktik kennenlernen.
- Kriterien zur Auswahl biblischer Geschichten erarbeiten.

- Möglichkeiten kreativer Bearbeitung biblischer Geschichten finden.
- Die Welt als Schöpfung Gottes erfahren (biblische Schöpfungstheologie).
- Biblisch-christliche Menschenbilder erarbeiten: Autonomie und Vorherbestimmung – Angst und Vertrauen – Schuld und Vergebung – Leid, Krankheit, Tod – Zukunft, Hoffnung und Erlösung.
- Ethische Entscheidungsmodelle entwickeln – Gewissen, Norm, Gebot: der Dekalog; die Bergpredigt.

Befragt man nun Erzieherinnen und Erzieher im Hinblick auf ein solches Programm, so werden die allerwenigsten auf all die genannten Punkte als Hintergrundwissen für ihre Arbeit zurückgreifen können – und seien wir ehrlich: Es handelt sich ohnehin nur um eine Auswahl ...!

»Nachgeholt« werden die notwendigen Kompetenzen dann in religionspädagogischen Fortbildungen, die sich allerdings (und ihrem Anspruch nach auch zu Recht) im Wesentlichen auf den Bereich der praktischen Umsetzung konzentrieren. Dabei ergibt sich jedoch folgendes Dilemma: Die Mitarbeiterinnen und Mitarbeiter verfügen über »rezeptartige« Modelle zur Weitergabe biblischer Texte, stoßen selbst aber oft nicht zu den Wurzeln dieser Texte vor – und vergeben damit eine ganze Reihe von Möglichkeiten des Transfers.

Was ist also zu tun? Aus meiner Sicht benötigen Erzieherinnen und Erzieher in christlichen Tageseinrichtungen für Kinder ein kompaktes Grundwissen im Blick auf die Bibel. Dazu gehört zunächst ein elementarer Einblick in die im Hintergrund stehenden Überlegungen: Welche Beziehungen bestehen zwischen Altem und Neuem Testament? Was verbirgt sich hinter dem Verständnis der Bibel als »heiligem Buch«? Ist das alles »wahr«, was in der Bibel steht? Wie ist das Land beschaffen, in dem die Geschichten spielen?

Des Weiteren benötigen die Mitarbeiterinnen und Mitarbeiter einen Überblick über den Kanon der Bibel: Neben den gängigen, im Kindergarten immer wieder bearbeiteten Texten sollte man auch von der Existenz und Bedeutung der eher unbekannten Texte des Alten und Neuen Testaments wissen. Gerade die Vielstimmigkeit der Bibel macht doch ihren Reiz und ihre besondere Relevanz für unseren Glauben aus.

Eine Einführung in das Alte und das Neue Testament müsste den Aufbau der Bibel verdeutlichen. Sie müsste Auskunft darüber geben, wie die biblischen Texte entstanden sind, für wen sie ursprünglich geschrieben wurden, welche Rolle die große Zeitdiskrepanz zwischen der Entstehungszeit und uns heutigen Leserinnen und Lesern spielt. Eine solche Einführung müsste weiterhin klären, warum es wichtig war, solche Geschichten schriftlich zu fixieren, und dass sie nicht einfach »vom Himmel gefallen« sind.

Natürlich ist es notwendig, Leitgedanken und Grundthemen der beiden großen Teile unserer Bibel kennenzulernen. Hier ist die Auswahl unendlich groß: Sie reicht von schöpfungstheologischen Fragestellungen zu Beginn des AT bis hin zur endzeitlichen Vision eines neuen Himmels und einer neuen Erde am Ende der Johannesoffenbarung; es geht um Gottesbilder und Menschenbilder, um Gemeinschafts- und Gemeindestrukturen, um Fragen nach Tod und Auferstehung, nach Sünde und Vergebung, nach Liebe und Gerechtigkeit – und vieles mehr.

Die Auflistung der Schwerpunkte weiter oben zeigt sehr deutlich, dass hier in jedem Fall eine Auswahl notwendig ist und dass die Vermittlung dieser theoretischen Kompetenzen behutsam erfolgen muss, schließlich handelt es sich ja nicht um ein Theologiestudium. Es kommt eben darauf an, den Erzieherinnen und Erziehern eine Reihe elementarer Eckpunkte anzubieten, über die sie ein Grundraster biblischer Zentralaussagen zur Verfügung haben. Mit diesem Fundus können sie an die praktische Umsetzung gehen.

Dies ist dann der zweite Schritt, bei dem es darum geht, das Fachwissen für die Arbeit mit den Kindern fruchtbar zu machen und unterschiedliche methodische Möglichkeiten kennenzulernen, um die biblischen Texte in kindgerechter Form weiterzugeben.

Erstrebenswert ist ein Konzept, bei dem Aus- und Fortbildung Hand in Hand gehen, sodass eine wirkliche Symbiose zwischen theoretischem Hintergrundwissen und praktischen Anwendungsformen entsteht. Die Ausbildungsinstitute für Sozialpädagogik werden dabei nicht umhinkommen, neben der Aufarbeitung der religiösen Kompetenz eine fundierte Grundlage für die Arbeit im Handlungsfeld *Tageseinrichtungen für Kinder* zu schaffen – und das bedeutet in unserem Fall die Bereitstellung der wesentlichen Eckdaten im Blick auf die Bibel. Selbst wenn die Fort- und Weiterbildung den Schwerpunkt auf die praxisorientierte Vermittlung legen muss, sollte auch hier ein gewisser Anteil an unumgänglichen Grundlagen nicht fehlen.

Der Umgang mit der Bibel braucht »Rückendeckung«

Die Bibel für sich zu entdecken, sie zu nutzen und von ihr zu sprechen ist die eine Seite. Auf der anderen Seite verlangt die Weitergabe der biblischen Botschaft gerade im Umfeld der Tageseinrichtungen für Kinder eine gemeinsame Basis. Im Kindergartenteam sollte es ein gemeinsames »Votum für die Bibel«

geben. Die Mitarbeiterinnen sollten sich einig darüber sein, dass biblische Texte die elementarste Grundlage aller (religions-)pädagogischen Bemühungen in der Einrichtung darstellen. Hilfreich ist ein gemeinsamer Umgang mit biblischen Texten. Dieser wird beispielsweise ermöglicht durch eine kurze Bibellektüre zu Beginn der Teamsitzungen oder durch gemeinsame Fortbildungen, Teamtage oder ähnliche Veranstaltungen, bei denen die Bibel eine zentrale Rolle spielt.

Neben dem Team gilt es ebenso, bei den Eltern Rückendeckung zu erhalten. Das stellt natürlich eine echte Herausforderung dar, denn auch ein großer Teil der Eltern dürfte schon seit längerer Zeit keinen regelmäßigen Umgang mit biblischen Texten mehr pflegen. Umso wichtiger ist es, das Buch der Bücher als Grundlage der Arbeit auszuweisen, davon zu berichten, welche biblischen Geschichten besprochen werden, die Arbeiten der Kinder zu biblischen Themen auszustellen, die Bibeltexte in Form von Bilderbüchern zur Verfügung zu stellen, eventuell auch Erklärungshilfen für anfallende Nachfragen zu geben – eben einfach Interesse an der Bibel und dem Umgang mit ihr zu wecken.

Schließlich ist die Rückendeckung aus der Pfarrgemeinde notwendig – eigentlich selbstverständlich! Bei den hauptamtlichen und ehrenamtlichen Mitarbeiterinnen und Mitarbeitern (Pfarrteam, Küster, Organist, Büchereimitarbeiter usw.) können die jeweiligen Fähigkeiten und Möglichkeiten für den Umgang mit biblischen Texten abgerufen und zum kooperativen Einsatz gebracht werden. Die Bibel ist eine grundlegende Schnittstelle zwischen Kindergarten und Gemeinde.

Auf die richtige Grundlage kommt es an: kleine Materialkunde

Die erste Frage, die sich beim Umgang mit biblischen Texten meistens stellt, ist die nach der richtigen Ausrüstung für das anstehende Vorhaben, das heißt konkret: Mit welcher Kinderbibel arbeiten wir eigentlich? Und das ist bei der Fülle von Kinderbibeln, die momentan im Buchhandel erhältlich sind, wahrlich keine leichte Entscheidung. Um die Qualität einer Kinderbibel zu beurteilen bzw. um zu entscheiden, welche Kinderbibel für welche Gelegenheit die geeignete ist, können folgende Fragenkomplexe hilfreich sein:

- Welchen Eindruck macht der Text? Orientiert er sich am ursprünglichen Bibeltext? Ist die Sprache kindgerecht? Eignet sich der Text zum Vorlesen oder für Kinder zum Selbstlesen? Bietet der Text vielleicht Verständnishilfen für Kinder?

- Stehen die Bilder in einer sinnvollen Beziehung zum Text? Sind die Bilder kindgerecht? Geben die Bilder ganze Handlungsverläufe wieder oder greifen sie nur einzelne Aspekte heraus? Welche Stimmung wird über die Bilder transportiert?
- Werden Kinder als Empfänger der biblischen Botschaft ernst genommen oder eher bevormundet? Werden Kinder angemessen mit der Welt der Bibel in Kontakt gebracht? Handelt es sich um eine Zusammenstellung von »schönen Geschichten« oder versucht das Exemplar einen Querschnitt der »gesamten« biblischen Botschaft anzubieten? Werden die Lebenssituationen und die entwicklungsbedingten Verstehensvoraussetzungen von Kindern berücksichtigt?
- Schließlich ist auch ganz entscheidend, dass die Erzieherinnen sich mit dieser Kinderbibel »wohlfühlen«. Die Kinderbibel sollte ihrem individuellen Anspruch der Vermittlung von biblischen Texten gerecht werden.

Insgesamt ist zu klären, zu welchem Zweck die Kinderbibel verwendet werden soll, welche Altersgruppe sie ansprechen will, ob die Bibel mehr zum Vorlesen, mehr zum Erzählen oder gar als Anregung für die Kinder gedacht ist, sich selbst die Geschichten zu erschließen. Für die praktische Bibelarbeit gibt es mittlerweile sehr gute Programme (Bibeln, Hilfsmittel, Lexika, Spiele usw.) sowohl für Kinder als auch für Erzieherinnen – und keine Angst: Die Arbeit mit dem Computer steht überhaupt nicht im Widerspruch zum kreativen und ganzheitlichen Umgang mit biblischen Texten, sie ist vielmehr ein unverzichtbarer Bestandteil.

Biblische Texte situationsbezogen weitergeben

In der Elementarpädagogik hat sich seit vielen Jahren der situationsbezogene Ansatz durchgesetzt. Er beinhaltet die Vermittlung und Aufarbeitung von lebenspraktischen Gegebenheiten unter Berücksichtigung der Sinnzusammenhänge, in denen die Kinder, ihre Familien sowie nicht zuletzt auch die Erzieherinnen und Erzieher stehen. Auch und gerade was die Arbeit mit biblischen Texten angeht, ist dieses pädagogische Modell Gold wert: Es gilt, den Bezug zur Lebenswirklichkeit der Kinder herzustellen, das heißt, der Einsatz von

Bibeltexten ist auf die konkrete Praxis und auf aktuelle Situationen des entsprechenden Umfeldes hin abzustimmen. Das bedeutet natürlich, dass ein gewisser Fundus an biblischen Geschichten parat sein muss und dass das entsprechende Hintergrundwissen sowie mögliche methodische Umsetzungsformen griffbereit sind.

Dabei ist der bereits angesprochene Austausch mit den Eltern eine große Hilfe: Über ihre Einbeziehung entsteht für die Kinder die Möglichkeit der Verbindung der beiden Lebenswelten Kindergarten und Familie. Die biblischen Geschichten können auf diese Weise ein Medium darstellen, mit dessen Hilfe die Lebenssituation der Kinder und der Eltern integrierbar wird, und zwar nicht auf einer abstrakten Bildungsebene, sondern als konkrete Aspekte eigener Erfahrung.

Diese Art des Umgangs entspricht übrigens zutiefst dem Grundanliegen der biblischen Botschaft. Die Texte sind ursprünglich immer in eine bestimmte Situation hineingesprochen bzw. -geschrieben. Die Bibel ist eine Sammlung unterschiedlicher situationsbezogener Erfahrungen, Optionen und Alternativprogramme. Wenn wir die Texte also unter heutigen Gegebenheiten lesen, verstehen und weitergeben, kommen wir ihrer originären Bestimmung nach. Dabei sind im Blick auf die Arbeit in den Tageseinrichtungen für Kinder zwei »Etappen« und deren »Verschmelzung« ganz entscheidend: Zum einen müssen die Erzieherinnen und Erzieher die Bibeltexte für sich in ihrer eigenen Erfahrungswelt ansiedeln, sie zu »ihren eigenen« Texten machen, zum anderen ist die biblische Botschaft in die heutige Situation der Kinder zu übersetzen. In der Symbiose dieser beiden Vorgänge besteht die eigentliche Kunst: Im Brennpunkt dieser beiden Kontexterfahrungen beginnt die Bibel zu leben und für alle Beteiligten lebensrelevante Angebote zu machen.

Grenzenlose Möglichkeiten: praktische Bausteine

Die kindgerechte Vermittlung von biblischen Texten will gut vorbereitet sein. Dazu stehen eine Vielzahl von grundsätzlichen Ideen und Anregungen zur Verfügung. Wir wollen an dieser Stelle nur auf einige wenige Punkte stichwortartig hinweisen:

Lieber erzählen als vorlesen

Um die biblischen Geschichten aufzunehmen und sich mit ihnen zu beschäftigen, müssen Kinder sie zuerst einmal hören. Dabei stellt sich die Frage, ob man die Texte vorliest, sie mithilfe der Bilder erarbeitet oder sie gar frei erzählt. Hier ist sicherlich jede Form legitim und eine Entscheidung in der jeweiligen Situation zu treffen. Das Erzählen biblischer Geschichten ist nicht nur die Urform der Weitergabe der biblischen Botschaft und damit ein Kommunikationsmittel, das uns mit vielen Generationen vor uns verbindet, es bietet dem »Forscherteam« darüber hinaus in besonderem Maße die Möglichkeit, biblische Geschichten lebendig werden zu lassen. Voraussetzung dazu ist natürlich, dass der Erzähler oder die Erzählerin die entsprechende Geschichte ganz genau kennt, sich mit ihr auseinandergesetzt und sie zur »eigenen Geschichte« gemacht hat. Wenn Erzähler und Zuhörer gemeinsam in die Geschichten einsteigen, beginnen die Bibelgeschichten zu leben. Und genau das ist das Entscheidende: Die Bibel ist ein Lebensbuch, sie bietet eine unendliche Fülle von lebensrelevanten Geschichten – wie könnte man diese besser weitergeben als im direkten Kontakt und mit den eigenen Worten.

Land und Leute der Bibel kennenlernen

Wenn Erzieherinnen und Erzieher gemeinsam mit Kindern die biblischen Geschichten lesen, werden sich im Blick auf das Land und die Leute viele Fragen ergeben: Wie lebten die Menschen, von denen die Bibel erzählt, welche Kleidung trugen sie, was haben sie gegessen? Es wird die Kinder brennend interessieren, welche Arbeit die Menschen zur Zeit Jesu verrichteten, was die Kinder damals gespielt haben, in welcher Sprache man sich verständigte, ob man auch einfach mit Geld im Laden einkaufen konnte. Darüber hinaus ist interessant, wie das Land beschaffen ist, in dem die Geschichten spielen, ob es dort immer nur heiß ist oder ob es auch mal schneit, ob das Land überwiegend aus Wüste besteht, oder ob es auch Seen und Berge gibt …! Es geht darum, gemeinsam den Unterschied zwischen damals und heute zu entdecken, ein Gespür für eine andere, für uns zunächst fremde Welt, eine andere Kultur und ein anderes Lebensumfeld zu entwickeln.

Biblische Geschichten selbst in Szene setzen …

Viele Geschichten im Alten und im Neuen Testament sind Geschichten, in denen etwas passiert, in denen verschiedene Personen auftreten und spannende Ereignisse erzählt werden. Solche Geschichten bieten sich geradezu dazu an, sich in sie hineinzufinden, sie erlebbar zu machen, sie darzustellen. Um eine biblische Geschichte inszenieren zu können, muss sie zuerst erzählt und besprochen werden. Es gilt zu klären, wie die Geschichte verläuft, welche Figuren mitspielen, welche Kernaussagen getroffen werden, welche Requisiten hilfreich wären usw.! Die Geschichten können dann in unterschiedlichen Formen bearbeitet werden. Das reicht vom Nachstellen (»Lebendige Bilder«) bis hin zur Inszenierung, bei der Kinder und Erwachsene die Rollen übernehmen und Texte selber sprechen können. Durch direkte Beteiligung kann man in die Geschichte einsteigen, sich an die Figuren und die Handlungszüge herantasten und die biblischen Geschichten auf diese Weise (er)lebbar machen. Eine Zugangsmöglichkeit, die sich sowohl für Erzieherinnen und Erzieher untereinander eignet als auch für die Vermittlung an die Kinder.

... oder mithilfe von Figuren zum Leben erwecken

Eine etwas andere Form des In-Szene-Setzens ermöglicht die Arbeit mit biblischen Erzählfiguren. Mit solchen Figuren werden biblische Texte ebenfalls zu bewegten Geschichten. Die Menschen, die mit solchen Figuren arbeiten, entwickeln eine enge Beziehung zu ihnen und entdecken mit ihnen gemeinsam die biblische Botschaft. Auch hier ist wiederum das »Forschungsteam« gefragt: Biblische Erzählfiguren (speziell die sogenannten Egli-Figuren) kann man nicht im Laden kaufen, sondern man stellt sie in Werkkursen unter Anleitung von fachkundigem Personal her und übt auch gleichzeitig die konkrete Umsetzung biblischer Geschichten mithilfe dieser Figuren. Im Elementarbereich hat sich diese Methode in den letzten Jahren sehr stark durchgesetzt und sie bietet in der Tat eine hervorragende Basis, um in die Bibelarbeit einzusteigen.

Biblische Geschichten kreativ gestalten ...

Darüber hinaus stehen viele weitere kreative Methoden, Ansätze und Materialien zur Verfügung, biblische Geschichten zu erforschen. Aus dieser Vielzahl seien nur drei Bereiche beispielhaft hervorgehoben:

- So spielt in Kindertageseinrichtungen die *Religionspädagogische Praxis* (in Fachkreisen auch als »Kett-Methode« bekannt) eine besondere Rolle. Hier werden mithilfe von verschiedenfarbigen Tüchern und weiteren Legematerialien die biblischen Geschichten sinnorientiert dargestellt. Es geht darum, zu sich selbst zu kommen, das Selbstwertgefühl des Einzelnen zu stärken, aber auch darum, Erfahrung von Gemeinschaft zu machen. Die Religionspädagogische Praxis bietet einen möglichen Zugang, die unmittelbare Lebensrelevanz der biblischen Botschaft zu transportieren.

- Zu nennen ist auch der große Bereich des Malens, Zeichnens, Bastelns, der Farben usw. Gerade mithilfe von Farben werden viele biblische Geschichten, Motive und Zusammenhänge verstehbar. Farben sind in den biblischen Texten selbst Zeichen für die Gottesbeziehung und sie bieten bei der Erarbeitung dieser Geschichten eine erlebnisorientierte Möglichkeit, sich selbst mit ihnen in Verbindung zu bringen.
- Auch das »Hören« ist ein geeigneter Vorgang zur Erforschung biblischer Texte. Musikalische Formen sind zum Beispiel: Bibeltexte zu meditativer Musik erzählen; Bibeltexte zu meditativer Musik pantomimisch darstellen; Textausschnitte mithilfe von Instrumenten vertonen; passende Lieder singen; Singspiele anhören bzw. mit den Kindern gemeinsam erarbeiten. Einen eher meditativen Zugang zu den Geschichten bieten Klangschalen: Mit ihnen lassen sich biblische Geschichten in der Tat zum Schwingen bringen. Verschiedene Töne symbolisieren einzelne Handlungselemente oder deuten auf das Auftreten unterschiedlicher Figuren hin.

... und auf jeden Fall: die Bibel ins Spiel bringen

Für Erzieherinnen und Erzieher sowie für die Kinder sollte die Bibel für die gemeinsame Zeit in der Tageseinrichtung zum »alltäglichen Geschäft« werden. Die biblischen Texte fordern geradezu dazu auf, durch Aktion, Spiel und Abenteuer erforscht, erzählt und erlebbar gemacht zu werden. Die Geschichten selbst sind spannend, bewegend, sie gehen uns direkt an. Wenn die Bibel »ins Spiel kommt«, ergeben sich zahlreiche Möglichkeiten, sich mit den unterschiedlichsten Fragen des Lebens auseinanderzusetzen. Wie immer man dabei methodisch vorgeht, letztlich ist entscheidend, dass die Mitarbeiterinnen und Mitarbeiter mit den Methoden theoretisch vertraut sind, dass sie sich diese Transfermöglichkeiten gut angeeignet und bestenfalls auch selbst getestet haben, dass sie angemessen vorbereitet sind – und nicht zuletzt, dass sie von der lebensstärkenden Kraft der biblischen Texte überzeugt sind.

Erzieherinnen und Erzieher als Übersetzer der biblischen Botschaft

Wenn wir die vorangehenden Überlegungen zusammenfassen, kommen wir zu folgendem Fazit: Erzieherinnen und Erzieher sind »Übersetzer« des Evangeliums. Mit ihren fachlichen, persönlichen und spirituellen Kompetenzen können sie Kinder bei ihrer Suche begleiten, sich ihren Fragen öffnen und positive Beziehungserfahrungen ermöglichen. Für all diese Prozesse bilden die biblischen Geschichten das Fundament. Sie können Kindern in unterschiedlichen Entwicklungsstadien helfen, manches besser zu verstehen, sie fungieren als Interpretationsfolien, mit deren Hilfe anstehende Aufgaben bewältigt werden können und konkrete Handlungsmöglichkeiten zu entdecken sind.

Die Aufgabe der Erzieherinnen und Erzieher besteht darin, die biblische Überlieferung und die aktuelle Situation der Kinder und ihrer Familien angemessen miteinander zu verbinden. Auf diese Weise wird Gott erfahrbar – in der Bibel wie im konkreten Leben. Biblische Geschichten bieten diesbezüglich ein Universum von Bildern und Symbolen, in denen sich vielfältige und aktuelle Lebenssituationen spiegeln und immer wieder dazu anhalten, neben den konventionellen Angeboten auch über alternative Lösungsstrategien nachzudenken.

In diesem Sinne gibt die Bibel im Gepäck Sicherheit und Fundament für die alltägliche Arbeit in der Tageseinrichtung für Kinder. Erzieherinnen und Erzieher, die die Bibel zur Hand nehmen, sie für sich selbst entdecken und kindgerecht weitergeben, greifen keineswegs auf verstaubtes und unzeitgemäßes Material zurück – ganz im Gegenteil: Sie agieren damit als religionspädagogische Fachleute am Puls der Zeit.

In guter Gesellschaft
Pastorale Begleitung und Unterstützung von Erzieherinnen

*Von **Werner Gatzweiler**, Leonberg*

> Wohin du auch gehst
> – geh mit deinem ganzen Herzen.
> ***Konfuzius***

Einleitung

In einem viel beachteten Vortrag hat Kardinal Lehmann eine Kindertageseinrichtung als Brücke zwischen Gesellschaft und Kirche bezeichnet. Auf der einen Seite des Tales wäre also die Kirche, auf der anderen Seite die Gesellschaft, und eine Kita stellt die Verbindung zwischen beiden her. Eine solche Brücke muss statisch richtig ausgelegt und die Übergänge zwischen Brücke und Talseiten müssen sorgfältig verarbeitet sein.

Ist eine Kita mit dem Anspruch, der hinter diesem Vergleich steckt, nicht überfordert? Sowohl die Gesellschaft als auch die Kirche haben eine eigene Dynamik und entwickeln sich eher auseinander als aufeinander zu. Entsprechend anpassungsfähig muss eine Kita sein. Dies gilt insbesondere für die Übergänge zwischen Kita und Kirche einerseits und Gesellschaft und Kita andererseits. Viele Teams und Erzieherinnen geben ihre ganze Kraft, um den neuen Herausforderungen gerecht zu werden. Als Beispiele seien die Bildungspläne, das Qualitätsmanagement, die Aufnahme von Kindern unter drei Jahren oder die Suche nach dem christlichen oder ihrem humanistischen Profil genannt. In Gesprächen wird die Überforderung beschrieben und darüber geklagt.

Im Folgenden werden einige Erfahrungen aus der Begleitung von Kitateams aus der Sicht eines Ständigen Diakons reflektiert. Eine Pfarrgemeinde als Träger einer Einrichtung kann nicht nur Anforderungen stellen, sondern muss entsprechende Rahmenbedingungen schaffen und personelle Unterstützung leisten. Der Beitrag ersetzt nicht das eigene Suchen vor Ort, sondern kann nur einige Wegmarken für den Suchprozess liefern. Er richtet sich sowohl an pädagogische als auch pastorale Mitarbeiterinnen und Mitarbeiter. Und er beschäftigt sich vornehmlich mit dem Übergang Pfarrgemeinde – Kita.

Wenn man versucht, diesen Übergang zu gestalten, stellt man schnell fest, dass die Sprache von Erzieherinnen eine pädagogische und die von pastoralen Mitarbeitern eine theologische ist. Auf beide Sprachen kann nicht verzichtet werden, man muss nach Übersetzungs- und Anschlussmöglichkeiten suchen. Diese Suche erfolgt nicht in der Art, dass eine Sprache höher bewertet wird als die andere. Das gilt für den Begleitungsprozess insgesamt. Der pastorale Mitarbeiter steht nicht »oben« und gibt sein Wissen an die »unten« ab, es findet dagegen eine Begegnung auf gleicher Augenhöhe statt.

Wie können Veränderungen erfolgreich gestaltet werden?

Die Organisationsberatung lehrt, dass Veränderungen nur zu bewerkstelligen sind, wenn bestimmte Voraussetzungen erfüllt werden. Eine davon ist, dass die betroffenen Menschen den Veränderungen einen Sinn geben können, das heißt Zusammenhänge sehen. Motivation entsteht, wenn das Ziel der Entwicklung klar ist, wenn dieses Ziel von allen Beteiligten bejaht wird und der Einzelne weiß, welchen Beitrag er leisten muss, aber auch kann.

Eine solche Zielrichtung – eine Vision – wird im Folgenden in theologischer Sprache entwickelt, um sie danach auf die Praxis anzuwenden. Das Lesen dieses Abschnitts ist für Erzieherinnen vielleicht mit Mühe verbunden, doch es lohnt sich, weil es die Grundlage für die späteren Ausführungen entwickelt.

Die Vision »Um der Menschen willen«

Die Entfaltung der Vision

Während des letzten Konzils, einer Versammlung der katholischen Bischöfe aus aller Welt von 1962 bis 1965, suchte die katholische Kirche nach einem neuen Verhältnis zur Welt und zu allen Menschen. Das Wirken der Kirche wird als ein Dienst »um der Menschen willen« beschrieben und mit dem Begriff »Pastoral« bezeichnet.

Das »Um der Menschen willen« hat dabei immer zwei Zielrichtungen, die jedes Handeln der Kirche kennzeichnen, die aber unterschiedlich stark ausgeprägt sein können. Das ist zum einen, »die Liebe Gottes durch die Tat« zu verkünden, und zum anderen, von der Liebe Gottes durch eigene Worte, Geschichten oder biblische Erzählungen Zeugnis zu geben. Wenn beide Dimensionen zu jedem Handeln der Kirche gehören, gilt dies auch für eine Kita in kirchlicher Trägerschaft (vgl. Herbert Haslinger 2005). Der Schwerpunkt ihrer Arbeit liegt, theologisch betrachtet, im Bereich der Diakonie. Aus diesem Grund wird das »Um der Menschen willen« für die Diakonie buchstabiert.

Die Kita als vornehmlicher Ort der Diakonie

Der Stellenwert der Diakonie ist abhängig vom vorherrschenden Gemeindebild. Vereinfachend lassen sich zwei Modelle unterscheiden – ein Bild von konzentrischen Kreisen beziehungsweise ein Netzwerkmodell.

Im ersten Bild sind der Altar und die Eucharistiefeier die Mitte, und weil die Diakonie auf einem äußeren Kreis angesiedelt wird, spricht man von »Vorfeldarbeit«.

In dem anderen Bild wird berücksichtigt, dass im Leben Jesu die Zuwendung zum Menschen einen zentralen Stellenwert hatte. So gibt es im Johannesevangelium keinen Bericht vom Letzten Abendmahl mit der Einsetzung der Eucharistie, sondern Jesus wäscht seinen Jüngern die Füße und fordert sie auf, genauso zu handeln. Viele Knoten in dem Netzwerkmodell werden gerade durch das Tun der Liebe hergestellt. Auch Papst Benedikt hat in seiner Enzyklika »Gott ist die Liebe« (Deus caritas est) betont, dass »die Liebe tun« nicht Vorfeldarbeit ist, sondern gerade wenn dies in Absichtslosigkeit geschieht, es die absichtslose Liebe Gottes besonders authentisch verkündigt.

Die Kita als Knotenpunkt im Netzwerkmodell einer Gemeinde

In dem Netzwerkmodell ist eine Kita nicht am Rande angesiedelt, sondern ein wesentlicher Knotenpunkt. Gerade das »Tun der Liebe« bildet eine wichtige Motivation für Erzieherinnen, diesen Beruf zu ergreifen. Theologisch gesprochen handelt es sich um das Charisma vieler Erzieherinnen, also um ihre individuelle Berufung durch Gott. In diesem Modell stellt der Dienst am Menschen eine Verbindung zwischen Pfarrgemeinde und Erzieherinnen her und beschreibt einen Teil des gemeinsamen Selbstverständnisses.

Diese positive, verbindende Erfahrung bietet eine gute Grundlage, damit sich Erzieherinnen auch der Verkündigung im Wort zuwenden. Erzieherinnen schätzen ihre eigenen Kompetenzen dabei oft als gering ein und brauchen deshalb Ermutigung. Der erste Schritt besteht auch nicht im Tun, sondern im Hören auf die Botschaft. Erst dadurch erschließt sich die Botschaft als Ressource, denn Geschichten von Gott können eine heilende Kraft haben. Sie vermitteln eine absolute, weil von ihm herkommende Erlaubnis zum unvollkommenen Menschsein und damit die Priorität des »Sein-Dürfens« vor allem Tun. Und dies gilt auch und gerade für die Erzieherinnen.

Das Tun der Liebe ist immer begrenzt und oft leidet man selbst daran. Unser »Ja« zu dem anderen und übrigens auch zu uns selbst ist eben meist nur ein »Ja, aber«. Menschen sehnen sich jedoch nach unbedingter Annahme. Es ist entlastend, diese Annahme nicht vom eigenen Tun abhängig zu machen, sondern durch erzählte Geschichten von Gott zu erfahren. Biblische Geschichten laden weiterhin dazu ein, die ungeahnten Möglichkeiten Gottes in uns zu begreifen und zu leben.

Sie führen die Menschen auf einen Entwicklungsweg. Damit sich das Verständnis der Gottesgeschichten auch als Ressource erschließt, braucht es Begleitung. Das lässt sich nicht in einem Buch nachlesen, sondern gilt es in einem gemeinsamen Prozess zu erfahren. Dann kann Verkündigung im Alltag einer Einrichtung diese heilende Wirkung entfalten.

Die Vision »Um der Menschen willen« ist wie ein roter Faden in all dem Tun einer Kita, einer Pfarrgemeinde und dem Zusammenspiel beider. Sie stellt die Folie dar, auf der die einzelnen Handlungsfelder betrachtet werden können und durch die ein Zusammenhang und damit Sinn hergestellt werden kann. Wie das möglich ist, soll nun an einigen aktuellen Beispielen aufgezeigt werden.

Christliches Profil einer Kindertageseinrichtung

Die Diskussion um das Profil erleben Erzieherinnen meist als Anspruch vonseiten des Trägers oder der Kirche. Werden dabei eher Defizite aufgezählt als die schon vorhandenen Stärken, wirkt das demotivierend. Dabei bietet die Diskussion auch Chancen. Entwickeln Team und Vertreter der Pfarrgemeinde gemeinsam eine Vision und daraus ein Profil, so wird allen Beteiligten klar, wohin sich die Kita als Teil der Pfarrgemeinde entwickeln könnte. Erst dann kann das Profil auch für Außenstehende sichtbar gelebt werden.

Es gibt noch einen anderen Aspekt, den es zu berücksichtigen gilt. Oft wird in der Kirche unkritisch übernommen, was in der Wirtschaft erfolgreich angewandt wird. In der Wirtschaft geht es immer um Profilierung gegenüber der Konkurrenz. Um sich von anderen Kindertageseinrichtungen abzuheben, wird die »Verkündigung durch das Wort« in Form von religiöser Erziehung in den Mittelpunkt gestellt, dient es als ein eindeutiges Unterscheidungsmerkmal. Diesen Weg halte ich für falsch. Bei der Suche nach dem Profil muss das in den Blick kommen, was Kirche als Kirche Jesu Christi ausmacht, und das ist der Dienst an den Menschen *und* das Zeugnis für Gott. Falls es andere Institutionen in einer Gemeinde gibt, die sich genauso absichtslos (oder genauso »gebrochen absichtslos«) für die Kinder und ihre Familien einsetzen, dann sollten wir uns als Christen freuen. Kirche ist nicht für sich da, sondern die Perspektive ist die Solidarität mit den Menschen und zwar allen Menschen und nicht nur mit denen, die eine Einrichtung in kirchlicher Trägerschaft besuchen.

Das Profil einer Einrichtung kann nicht auf das der Mitarbeiterinnen reduziert werden. Der Träger muss sich vielmehr fragen, wie die Einrichtung gestaltet sein sollte, damit sie auch von den Mitarbeiterinnen als christliche erkannt wird. Fragen, die er beantworten muss, sind beispielsweise: Welche Kultur herrscht in der Einrichtung, wie werden Mitarbeiterinnen behandelt, wie wird mit Anforderungen und Grenzen umgegangen?

Das »Um der Menschen willen« muss also nicht nur auf die Kinder und ihre Familien hin buchstabiert werden, sondern auch auf die Erzieherinnen hin. »Reich Gottes« ereignet sich, wenn Lebensbehinderndes verringert und Lebensförderliches erhöht wird und das gilt auch für die Mitarbeiter und Mitarbeiterinnen.

Arbeiten im »Horizont des Reiches Gottes«

Im Folgenden soll die Frage nach dem christlichen Profil unter dem Gesichtspunkt »Erkennbarkeit für Mitarbeiterinnen« aufgegriffen werden. Arbeiten im »Horizont des Reiches Gottes« bedeutet für mich: »Vom christlichen Glauben her gilt [demnach]: Der Mensch kommt zutiefst nicht zu sich selber durch das, was er tut, sondern durch das, was er empfängt. Er muss auf das Geschenk der Liebe warten, sie sich geben lassen.« (Joseph Ratzinger 1968) Das ist keine übermenschliche Forderung an die Erzieherinnen, sondern zuerst eine Aussage auf Gott hin, der die Liebe ist. Und erst aus der Erfahrung, geliebt zu sein, lässt sich Liebe weiterschenken. Der Vorrang des Empfangens bedeutet eine Relativierung unseres Tuns oder besser gesagt eine Befreiung, denn wenn nicht alles vom eigenen Tun abhängig ist, wirkt das entlastend.

Damit diese Aussagen keine Sonntagsreden bleiben, gilt es sie in die Praxis umzusetzen. Eine Hauptursache für Unglaubwürdigkeit ist das Auseinanderfallen von dem, was verkündigt wird, und dem, was gelebt wird.

Deshalb einige Ansätze, was die Vision »Um der Menschen willen« für die Mitarbeiterinnen bedeuten könnte:

- Umgang mit »hoffnungslosen Fällen«: Immer wieder erleben Erzieherinnen, dass alle Bemühungen um ein Kind scheinbar scheitern. Weil das auch als eigenes Versagen angesehen wird, ist die Gefahr groß, sich von diesem Kind zumindest innerlich abzuwenden. Anton Bucher berichtet im Rahmen eines Vortrages von einer Untersuchung an solchen »hoffnungslosen Fällen«. Ungefähr ein Drittel der Kinder findet seinen Weg trotz widrigster Umstände. Grund hierfür ist zumindest ein Mensch im Leben der Kinder, der an sie »geglaubt« hat. Hier sieht man, welche Ressource im Glauben liegen kann. Das zeigt aber auch, wie notwendig es ist, dass der Träger den Erzieherinnen Möglichkeiten anbietet, sich mit ihrem Glauben auseinandersetzen zu können. Hierauf wird später noch näher eingegangen.
- Umgang mit Fehlern: Hier hilft eine Verhaltensweise nach dem Motto: »Wir suchen nicht nach Schuldigen, sondern nach Lösungen.« Oft wird Versagen personalisiert, obwohl es am Zusammenspiel in einem Team oder auch an Randbedingungen liegt. Besser ist es, nicht eine Person zu suchen, die den Fehler gemacht hat, sondern sich zu überlegen, was getan werden muss, um in Zukunft zu verhindern, dass er wieder auftritt. Wenn aber jemand persönlich die Schuld bei sich sieht, kann das auch benannt und sollte als Zeichen der Stärke gewertet werden. Es gilt zu überlegen, wie derjenige unterstützt werden kann, damit in Zukunft dieser Fehler vermieden wird.
- Der Dreischritt »sehen – urteilen – handeln« wird ergänzt durch »feiern«. Es ist gut, nach einer Auswertung auch das zu feiern, was gut gelungen ist, und vielleicht darüber zu klagen, was misslungen ist. Beides schließt sich in unserem Glauben nicht aus. Hier kann in elementarer Weise ein Bezug zu Ritualen und ihrer heilenden Kraft gewonnen werden.

Bei der Umsetzung »Um der Menschen willen« sind zwei unterschiedliche Formen der Begleitung sinnvoll, die sich ergänzen. Zum einen ist es hilfreich, wenn sich Teams einmal pro Halbjahr mit einem pastoralen Mitarbeiter/einer pastoralen Mitarbeiterin zu einem Besinnungstag zurückziehen, um sich mit ihrer Vision auseinanderzusetzen. Zum anderen ist auch eine pastorale Begleitung im Alltag nötig, die die pädagogische Fachberatung ergänzt, wenn es darum geht, immer wieder darum zu ringen, wie bestimmte theologische Aussagen operationalisiert werden können.

Bildung und Religionspädagogik

Das heutige Bildungsverständnis greift das Prinzip »Um der Menschen willen« aus Sicht des Kindes auf. Bildung wird als etwas verstanden, was der ganzen Person des Kindes dienen soll. Und dies ist gut und gilt es anzuerkennen. Bedauerlich ist, dass Bildung in der Pädagogik meist verkürzt wird, weil der Bereich Religion und Glaube nicht berücksichtigt wird. Auf diesen Aspekt wird an anderer Stelle in diesem Buch intensiv eingegangen.

Mit einem Wortspiel möchte ich zeigen, worin ein Mehrwert von Glauben liegt. Gerade für Kinder bedeutet Bildung oft im wahrsten Sinne des Wortes »Begreifen«. »Zum Glauben kommen« hat sicher auch eine Komponente des »Begreifens«, lebt aber von der Erfahrung des »Umgriffenseins« von Gott. Das ist natürlich nicht machbar, sondern bleibt Geschenk. Eine große Hilfe zum eigenen Glauben zu kommen, ist die Erfahrung, dass andere »ergriffen« sind. Von solchen Menschen geht eine Ausstrahlung aus, die anziehend wirkt.

Erzieherinnen brauchen einen Rahmen, der es ihnen erlaubt, sich existenziell mit ihrem Leben und Glauben auseinanderzusetzen. Hier kann es durchaus hilfreich sein, dass die Begleitung nicht durch pastorale Mitarbeiter angeboten wird, die auch Personalverantwortung haben. Das erhöht die Chance auf eine größere Offenheit. Die Begleitung eines Teams im vorher genannten Sinn ist eine anspruchsvolle Aufgabe und braucht eine geerdete Spiritualität. Damit ist gemeint, dass der Begleiter Erfahrung damit hat, im Geheimnis seines eigenen Lebens Gott zu entdecken, und die Fähigkeit, bei dieser Entdeckungsreise andere zu begleiten. Bei dieser Entdeckungsreise handelt es sich um ein Paradox der Seelsorge (Nouwen): den Gott, den man bringen möchte, im Leben der Menschen zu finden, denen man ihn bringen möchte. Gott ist immer schon da, und keine Erzieherin und kein pastoraler Mitarbeiter muss ihn zu den Menschen bringen. Die Aufgabe besteht eher darin, für seine Anwesenheit zu sensibilisieren. Und dabei hilft eine Aussage des verstorbenen Bischofs Klaus Hemmerle: »Lass mich dich lernen, dein Denken und Sprechen, dein Fragen und Dasein, damit ich daran die Botschaft neu lernen kann, die ich dir überliefert habe.« Es geht also nicht darum, das Evangelium als etwas Vergangenes, Abgeschlossenes weiterzugeben, sondern es vom Menschen her, denen wir es bringen wollen, neu zu entdecken.

Legt man dieses Verständnis zugrunde und bringt sich in diesem Sinne in die pastorale Begleitung ein, wird einem sofort klar, wie anspruchsvoll »Glaubensweitergabe« ist. Dann hört das Klagen wegen der Kirchenferne der Erzieherinnen schnell auf, weil man selbst auch die eigenen Grenzen hierbei spürt. Gewinnen Erzieherinnen einen existenziellen Zugang zum Glauben, dann fällt es ihnen auch leichter, selbst Zeugnis von Gott zu geben. Leider lässt sich an dieser Stelle nur die Zielperspektive andeuten, ansonsten muss darauf verwiesen werden, sich vor Ort kundig zu machen, wer eine solche Begleitung anbieten könnte.

Qualitätsmanagement

Das Qualitätsmanagement (QM) stammt ursprünglich aus der Industrie und wurde beziehungsweise wird eingeführt, um durch bessere Wirtschaftlichkeit, Erhöhung der Kundenzufriedenheit und des Marktanteils den Gewinn zu steigern. Die Bedeutung von Qualitätsmanagement in den Kindertageseinrichtungen nimmt zu. Deshalb ist es interessant, das »Um der Menschen willen« auch in diesem Tätigkeitsfeld zu diskutieren. Zuerst sollen einige Warnhinweise erfolgen, um dann auch die Chancen aufzuzeigen.

Warnhinweise

1. Eine Gefahr des QM und seiner Werkzeuge liegt darin, dass die Illusion entstehen könnte, alle Ziele, die man sich setzt, seien bei gutem Willen, entsprechenden Rahmenbedingungen und entsprechendem Einsatz auch zu erreichen. Wie zuvor schon ausgeführt, entspricht das nicht dem christlichen Menschenbild. Viele Ziele im Bereich Pädagogik und erst recht in der Religionspädagogik lassen sich zwar formulieren, aber die Erreichung

des Ziels lässt sich nur schwer oder gar nicht überprüfen. Es wäre falsch, solche Handlungsfelder nicht zu beschreiben. Denn dann betrachtet man nur die Bereiche, die sich überprüfen lassen, und verlangt hier entsprechende Dokumentationen. Diese Handlungsfelder erhalten dadurch ein hohes Gewicht, obwohl sie vielleicht nicht so wichtig sind.

2. Wirtschaftlichkeit ist auch in einer Kindertageseinrichtung ein Wert, den es anzustreben gilt. Er steht aber in einem Spannungsverhältnis zu der Menschlichkeit. Dies gilt es vor Ort zu buchstabieren. Wie geht eine Tageseinrichtung zum Beispiel mit einer Familie um, die den Beitrag nicht zahlen kann, der Beitrag aber auch nicht von einer öffentlichen Seite übernommen wird?
3. Auch den Begriff Kundenzufriedenheit gilt es kritisch zu beleuchten. Wer ist mit diesem Kunden gemeint – die Eltern oder das Kind? Wie verhält sich eine Einrichtung bei der Forderung nach immer mehr »Förderung«, um angeblich das Kind besser auf die Schule vorzubereiten? Was steht hier im Mittelpunkt: Die Erhöhung der Elternzufriedenheit oder das Wohl des Kindes?

QM fruchtbar machen

QM stellt auch gute Möglichkeiten zur Verfügung, das »Um der Menschen willen« umzusetzen. Es gibt uns Werkzeuge an die Hand, um eine Vision Wirklichkeit werden zu lassen. Hierfür einige Beispiele:

1. Überprüfbare Ziele formulieren

Meist wird– nicht nur in Teams von Erzieherinnen – zwar nach einer »Aktion« das Ganze miteinander reflektiert, zuvor aber wurden nicht die Ziele festgelegt. Ohne festgelegte Ziele ist eine Reflektion nicht sinnvoll, weil Kriterien fehlen, an denen »Erfolg« gemessen wird. Es ist eine lohnende und spannende Aufgabe, diese Zieldiskussion zu führen. Denn oft wird dadurch klar, worin der Unterschied zwischen einem Ziel und der Maßnahme besteht, um dieses Ziel zu erreichen. So wird zum Beispiel ein Elternabend zum Thema »Sprachförderung« geplant. Es wird viel Zeit in die Auswahl und das Engagement der Referentin investiert. Nach dem Elternabend ist man enttäuscht, weil gerade die Eltern betroffener Kinder das Angebot nicht wahrgenommen haben. Wäre das Ziel »Wir möchten insbesondere eine bestimmte Elterngruppe für den Abend motivieren« klar gewesen, hätte man vielleicht weniger Zeit in die Auswahl der Referentin investiert und mehr in die Motivation der betroffenen Eltern.

2. Struktur- und Prozessqualität

Im QM lassen sich drei Arten von Qualität unterscheiden: Struktur-, Prozess- und Ergebnisqualität. Auch diese Unterscheidung ist hilfreich. Es lässt sich zum Beispiel eine bestimmte Qualität nur verwirklichen, wenn spezifische strukturelle Bedingungen erfüllt sind. Wird dieser Grundsatz nicht beachtet, werden Erzieherinnen überfordert. Hier gilt es genau auszuhandeln, was unter welchen Bedingungen zu leisten ist, und dabei ist der Träger gefragt.

Von den drei genannten Qualitäten spielt die Prozessqualität in einer Kita die größte Rolle, ist aber nur schwierig zu bestimmen. Hier hilft das, was man mit Selbstevaluation bezeichnet. Hierbei handelt es sich um eine Methode, mit deren Hilfe die Erzieherinnen zum Beispiel die Qualität der Beziehung zu einzelnen Kindern selbst untersuchen können. Diese Beziehungsqualität ist eine wichtige Einflussgröße auf das Ergebnis aller pädagogischen Bemühungen.

3. Beschwerdemanagement

Über all den Bemühungen um Qualitätsverbesserung steht der Grundsatz, der zuvor schon einmal erwähnt wurde: Wir suchen nicht nach Schuldigen, sondern nach Lösungen. Und wir gestehen uns zu, dass wir bei all unseren ernsthaften Bemühungen weiterhin unvollkommene, aber liebenswerte Menschen bleiben. Mit dieser Haltung, so meine Erfahrung, ist es auch möglich, ein Beschwerdemanagement in einer Kita aufzubauen, das alle nutzen dürfen – also Kinder und Eltern, aber auch die Mitarbeiterinnen oder die Leitung.

4. Beobachtung der Kinder

Sie spielt in der aktuellen Diskussion bei der Umsetzung der Bildungspläne eine herausgehobene Rolle. »Um der Kinder willen« widerspricht einer Form von Beobachtung, die das Kind auf seine Defizite festlegt, und entspricht eher einem Ansatz mit »Lerngeschichten«, in denen die Stärken des Kindes und seine Erfolge herausgestellt werden.

5. Lerngeschichten der Erwachsenen

Die Sicht Jesu von Kindern geht darüber hinaus. Er stellt das Kind als Modell für die Erwachsenen in die Mitte, von dem sie lernen können, wie man ins Reich Gottes gelangen kann. Die Fragen der Kinder, ihr Staunen, ihre lebendige Vorstellungskraft, ihr spielerischer Umgang mit der Wirklichkeit, ihre Offenheit und ihr »Vertrauen-Können« beschreiben eine Weise des Menschseins, die auch wertvoll für den Erwachsenen bleibt. Jesu Sicht folgend handelt es sich nicht nur um Lerngeschichten der Kinder, sondern auch der Erwachsenen.

Zusammenfassung

Erzieherinnen von Kitas in kirchlicher Trägerschaft brauchen pastorale Unterstützung und Begleitung. Hilfreich hierfür ist eine Vision, die beschreibt, wie die Pfarrgemeinde und die Kita zusammenarbeiten können. Diese Vision gilt es dann auf der Handlungsebene umzusetzen und zwar nicht nur in Bezug auf die Kinder und ihre Familien, sondern auch in Bezug auf die Mitarbeiterinnen in den Kitas und den Pfarrgemeinden.

Mit der Vorstellung einer Vision »Um der Menschen willen« hat der Referent seine eigene Position beschrieben. Sie nimmt Maß an dem Handeln Jesu und umfasst zwei unverzichtbare Dimensionen: die Verkündigung der Liebe Gottes in der Tat und im Wort; sie dient allen Beteiligten – den Kindern, Eltern, Erzieherinnen und den pastoralen Mitarbeitern und ihrem Zusammenspiel: Bei dieser Vision steht niemand über dem anderen, sondern sie begründet eine gemeinsame Lerngemeinschaft und bietet viele Anreize, sich mit dem eigenen Charisma einzubringen und an der Umsetzung mitzuarbeiten. Sie bewahrt aber auch vor der Annahme, dass alles vom eigenen Tun abhängig wäre.

Die hier aufgeführten Aspekte sind wie Puzzlesteine, die zusammengesetzt für mich ein christliches Profil ergeben, wie ich es vor meinem eigenen Gewissen verantworten könnte.

Literatur

Herbert Haslinger, Lebensort für alle. Gemeinde neu verstehen. Düsseldorf: Patmos Verlag 2005

Kardinal Karl Lehmann, Weil es um unsere Kinder geht. Warum sich die katholische Kirche Kindertageseinrichtungen leistet. Eröffnungsreferat bei der Bundesfachtagung des Verbandes katholischer Tageseinrichtungen für Kinder am 7. 12. 2004 in Bergisch-Gladbach/Bensberg. Siehe: www.bistummainz.de/bm/dcms/sites/bistum/bistum/kardinal/texte/texte_2004/kinder.html

Joseph Ratzinger, Einführung in das Christentum. Vorlesungen über das Apostolische Glaubensbekenntnis. München: Kösel-Verlag 1968, Neuausgabe 2000

Im falschen Licht betrachtet?
Die Rolle der Erzieherin bei der religiösen Bildungsarbeit ihrer Kindertageseinrichtung aus Sicht eines evangelischen Pfarrers

*Von **Wolfgang Poller**, Idar-Oberstein*

> Wenn du ein Kind siehst, hast du Gott auf frischer Tat ertappt.
> ***Martin Luther***

»Die Erzieherinnen sollen mit den Kindern beten, ihnen biblische Geschichten erzählen und mit ihnen Gottesdienste feiern und vorbereiten. Aber wo sind sie sonntags?«

Diese klischeehafte Erwartung ist gewiss noch in vielen Presbyterien, den Leitungsorganen evangelischer Kirchengemeinden und Trägern von Kindertageseinrichtungen, zu finden. Begrüßt wird, wenn Mitarbeiterinnen in den Presbyterien mitwirken, sofern sie von der Gemeinde gewählt werden. Hintergrund dieser Einstellung – und gewiss ebenfalls Klischee – sind die Erfahrungen von Kindergärten in den 50er-Jahren, als Ordensschwestern und Helferinnen eine große Kinderschar in kirchlichen Gebäuden betreuten.

Erzieherinnen (und Erzieher) heute, Angehörige einer säkularen Gesellschaft, haben jedoch meist einen anderen Hintergrund ihrer religiösen oder kirchlichen Sozialisation und sind häufig mangels Alternative in einer kirchlichen Einrichtung gelandet. Entsprechend oft sind ihr kirchliches und biblisches Hintergrundwissen und ihre Erfahrungen in Dingen des Glaubens recht dürftig.

Man kann dies bedauern, es birgt aber auch eine Chance: Erzieherinnen können Kirche und Gemeinde als Institution und auch Arbeitgeber erfahren, der »anders« ist, weil Kirche von ihrem Anspruch her anders ist (vgl. Beier, 1990).

Ebenso wie Eltern, die durch Geburt und Taufe, durch ihre Kinder und durch den Kindergarten wieder mit den Fragen nach Leben und Lebensperspektiven konfrontiert werden, können auch Erzieherinnen durch die Fragen der Kinder und den Kontakt zur Kirchengemeinde ihren Glauben neu formulieren und diskutieren, um solchermaßen gestärkt, auf die Kinder eingehen zu können.

Als Orte der eigenen Vergewisserung bieten sich an:

1. Regelmäßige Teamsitzungen
2. Elternabende
3. Vorbereitung und Gestaltung von Gottesdiensten
4. Fortbildungen
5. Unplanbare Ereignisse

1. Regelmäßige Teamsitzungen

In vielen Einrichtungen gibt es regelmäßige gemeinsame Teamnachmittage oder -sitzungen. Mindestens einmal im Monat besprechen Teams, möglichst mit Trägervertretern, Dienstpläne, Termine, Themen. Aber auch gemeinsame Beratung über auffällige Kinder, Ereignisse in den Gruppen oder die Planung eines Gottesdienstes gehören (oder sollten gehören) zu den Tagesordnungspunkten dieser möglichst »kinderfreien« Besprechungen.

Der für die Gemeinde oder den Bezirk zuständige Pfarrer (bzw. die Pfarrerin) sollte regelmäßig an diesen Teamsitzungen teilnehmen. Daraus ergeben sich – so die Erfahrung des Verfassers dieses Artikels – nicht selten Gespräche über »Gott und die Welt«, also Gespräche über Themen des Glaubens und der Kirche.

2. Elternabende

Gleiches gilt für Elternabende und ihre Vorbereitung. Ein Beispiel aus der Praxis wäre die Vorbereitung eines »Sankt-Martin-Umzugs«. Machen wir da mit? Gibt es Sankt Martin auch in der Evangelischen Kirche? Aus welchen Traditionen heraus reitet Sankt Martin auf einem Pferd? Warum tragen die Kinder Laternen? Dies und vieles mehr wären Fragen, die Theologen und Theologinnen bei Elternabenden wie Teamsitzungen – entsprechend vorbereitet – besprechen könnten (und müssten).

Wenn Erzieherinnen wie Eltern bei diesen Gelegenheiten ihre Erfahrungen, Befürchtungen, Vorurteile und Glaubensgrundlagen diskutiert haben, dann können sie sie kind- und situationsgerecht weitergeben, respektive auf die Fragen der Kinder kindgerecht antworten.

3. Vorbereitung und Gestaltung von Gottesdiensten

Noch deutlicher kann dies bei der Vorbereitung und Gestaltung eines Gottesdienstes geschehen. »Wie und wo machen Sie den Gottesdienst?« Das war eine ernst gemeinte Frage einer Kindertagesstättenleiterin kurz nach Dienstbeginn des Pfarrers auf einer neuen Stelle. Das sich im Anschluss an diese Frage entwickelnde Gespräch initiierte eine angeregte Diskussion über die bisherigen Erfahrungen mit Gottesdiensten über die Köpfe der Kinder und Erwachsenen hinweg. Die gemeinsame Vorbereitung und Durchführung eines Gottesdienstes war das Ergebnis dieser Diskussion, natürlich mit den Kindern, natürlich mit Bezug auf die Elemente des Kiga-Alltags (Geschichten, auch Fragen der Kinder), natürlich mit den Erzieherinnen. Heute würde keine der Erzieherinnen der Kindertagesstätte mehr sagen, das Gebet sei Aufgabe des Pfarrers.

Begleitung und Beratung waren in diesem Kindergarten selbstverständlich die Aufgaben des Pfarrers, selbstverständlich hat er die Verpflichtung, sich authentisch, mit seinen eigenen Fragen, aber auch seinen Glaubensgewissheiten, einzubringen. Als professioneller Nachbar, auch als Fachmann für schwierige Fragen, zum Beispiel nach einer bestimmten Bibelstelle, vor allem aber als Mensch und gleichfalls Glaubender wie Zweifelnder besteht für den zuständigen Theologen die Verpflichtung zum Besuch im Haus der Kinder und Erwachsenen.

4. Fortbildungen

Hat der zuständige Theologe bzw. die zuständige Theologin in den vorgenannten Bereichen eine gewisse Verpflichtung, die Erzieherinnen in ihren Glaubens- und Zweifelsfragen zu begleiten, so gilt für Fortbildungen eher das Prinzip, in geschützten Räumen religiöse Fragen zu behandeln. Im Bereich der Evangelischen Kirche im Rheinland (Pädagogisch Theologisches Institut in Bonn) werden ausgezeichnete Fortbildungen angeboten. Erzieherinnen haben hier die Möglichkeit, ohne Kontakt oder »Aufsicht« durch ihre Dienstvorgesetzten ihre religiösen Fragen zu stellen. Zudem gibt es eine Reihe von Fortbildungen vor Ort, verantwortet durch die Fachberaterinnen.

Aufgabe des Trägers muss es sein, durch Bereitstellungen von finanziellen Mitteln, aber auch durch eine entsprechende Personalplanung, die Teilnahme an den Fortbildungen zu ermöglichen. Darüber hinaus ist es durchaus Pflicht des Trägers, Mitarbeitende anzuhalten, sich entsprechend fort- und weiterzubilden.

In der Folge können Erzieherinnen den ihnen anvertrauten Kindern auch in religiösen Fragen gerecht werden, sie werden keine Scheu haben, mit den Kindern über deren Welt und Gottesvorstellung zu sprechen.

5. Unplanbare Ereignisse

Unvergessen bleibt dem Autor eine ganz »normale« Teamsitzung. Im Laufe des Gespräches stellte sich heraus, dass der Vater einer Erzieherin im Sterben lag. Daraus ergab sich ein Gespräch über Tod und Sterben, Gott und ewiges Leben, Glauben und Zweifel. Die Atmosphäre und Dichte des Nachmittags kann mit Worten nicht wiedergegeben werden: Hier wurde nicht über Gott und Glauben geredet, hier geschah etwas und stärkte und veränderte alle Beteiligten. Solche Begegnungen sind nicht planbar, wir verdanken sie einem günstigen Augenblick, der sich per Zufall oder Wirken des Geistes ergeben kann. An diesem Nachmittag erfuhren die Erzieherinnen in ihrem Leben, Arbeiten, Glauben und Sein ungeplant Unterstützung.

Bei nachfolgenden Vorkommnissen, wenn zum Beispiel Opa oder Oma eines Kindes gestorben waren, konnten die Erzieherinnen viel angemessener auf die Kinder und ihre Fragen eingehen (und auf die Eltern ebenso).

Der Heilige Geist weht, wo er will – sogar im Kindergarten und der Kirchengemeinde.

Fazit

Damit Erzieherinnen und Erzieher ihrer Aufgabe, der religionspädagogischen Begleitung, Betreuung und Bildung der ihnen anvertrauten Kinder, gerecht werden können, brauchen sie ebenfalls Begleitung und Unterstützung.

Es muss auch Aufgabe von Pfarrerinnen und Pfarrern sein, in diesem Feld als Ansprechpartner zur Verfügung zu stehen. Ein Teil dessen kann und muss geplant und organisiert werden. Daneben ergeben sich im Kontakt mit den Kindern und Erwachsenen unplanbare Situationen. Gott sei Dank (und hoffentlich) stehen evangelische (und gewiss auch katholische) Einrichtungen in Verbindung zu ihren Kirchengemeinden, die nicht allein Träger und Dienstvorgesetzte sein dürfen, sondern auch – dem Auftrag von Kirche entsprechend – den Raum bieten sollen für Seelsorge und Vertrauen, eben für die Fragen nach Gott und der Welt.

Literatur

Peter Beier, Kirche ist anders. Anrede, Aufruf, Zeugnis. Neukirchen: Aussaat 1990

Die Erzieherinnen in ihrer Arbeit persönlich begleiten

Ich atme ein was ich brauche für heute
Geduld mit mir selbst
und Vertrauen in das Leben

Und atme aus
die Müdigkeit des Körpers
die Schmerzen in den Knochen
die Herbstwolken in meinem Gemüt

Ich atme ein was ich brauche
Menschen die mir wohlwollend begegnen
dass allen die ich liebe
Schönheit zuteil werde
und sie behütet bleiben
bis wir uns wieder sehen

Und atme aus
die Enttäuschung über das was ausblieb
mein Versagen
meine Trägheit

Und so
im Einatmen und Ausatmen
Segen diesem Tag!

Brigitte Enzner-Probst

Einführung

Der dritte Teil des vorliegenden Buches befasst sich endlich und ausschließlich mit der Erzieherin. Was braucht sie an Zuspruch, an Kraftquellen, an Möglichkeiten einer ganz eigenen religiösen Beheimatung, damit sie »mit einem guten Gefühl« und in sich stimmig religiöse Erziehung und Bildung in ihrer Einrichtung praktizieren kann?

Das klingt recht fromm und so, als ob sich die folgenden Beiträge ganz auf der religiösen Ebene ansiedeln ließen. In ihrer Sprache aber und in ihren Bildern kommen die folgenden Beiträge in der Regel recht »profan« daher – weil sie die Erzieherin als »Frau von heute« in den Blick nehmen. Das heißt: Es wird der Kontext mit einbezogen, in dem sich Erzieherinnen außerhalb ihres Arbeitsplatzes bewegen, es wird der Zeitgeist, der dieses Leben außerhalb der Einrichtung bestimmt, betrachtet, es werden die zahlreichen, oft diffusen spirituellen Strömungen unserer Zeit bedacht und die Nöte, die viele Erzieherinnen damit haben, sich hier zurechtzufinden und zu erkennen, wo sie für sich und ihre Arbeit mit den Kindern ihre Wurzeln finden können.

Die Themen, mit denen sich die folgenden Beiträge beschäftigen, sind von recht grundlegender Natur, sodass die Erzieherinnen für sich oder im Team für ihre konkreten Fragen Antworten und Schlussfolgerungen ableiten können.

Die Beiträge dieses dritten Teils verstehen sich auch als Auftakt für die Entwicklung einer »Erzieherinnenspiritualität und -pastoral«, die noch aussteht, aber dringend erforderlich ist. In die Entwicklung solcher Konzepte sollten die Erzieherinnen stets eingebunden werden, denn sie taugen nur etwas, wenn sie nicht *für* die Erzieherinnen, sondern *mit* oder besser noch *von* ihnen entwickelt werden .

Jetzt auch noch fromm?*

Zur Spiritualität von Erzieherinnen

*Von **Matthias Hugoth**, Freiburg*

Sehnsucht ist Andacht

Auch wenn ich dich nicht habe
so bist du doch in der Sehnsucht
die mich vorantreibt
und mich nicht ruhen lässt
Sehnsucht ist Andacht
und Träume vom Glück
sind ein Gebet.
Christoph Quarch

Erzieherinnen von heute sind Frauen, die ihre Einrichtungen eher als Dienstleistungsunternehmen denn als Verwahr- und Erziehungsanstalten verstehen und die sich entsprechend ihrem differenzierten, multifunktionalen Arbeitsfeld zu Expertinnen mit vielfältigen Vorzügen etabliert haben: Sie sind Bildungsexpertinnen, Teamworkerinnen, Netzwerkspezialistinnen, Erziehungspartnerinnen für die Eltern und Lobbyistinnen für Kinder und Familien. Sie kennen sich mit Qualitätsmanagementsystemen aus, verfügen über betriebswirtschaftliche Grundkenntnisse und sind für gewöhnlich in elementarpädagogischen Fragen up to date. Selbstbewusst, souverän, kreativ, aufgeschlossen, flexibel, teamfähig, innovativ, emanzipiert zu sein gehört zum Idealbild einer modernen Erzieherin.

Wie lässt sich mit einer solchen »Frauenpower« so etwas wie Spiritualität vereinbaren? Wie halten's unsere Erzieherinnen mit der Religion? So fragen sich zumindest die Träger konfessioneller Kindertageseinrichtungen – und nicht selten auch die Eltern, denen eine wertorientierte und religiöse Erziehung ihrer Kinder wichtig ist.

---

* Überarbeitete Fassung des Beitrags: »Jetzt auch noch fromm? Zur Spiritualität von Erzieherinnen«, in: *Marina Lewkowicz/Andreas Lob-Hüdepohl (Hrsg.):* Spiritualität und Soziale Arbeit. Freiburg: Lambertus Verlag 2003, S. 229–240

Welche Einstellungen und Mentalitäten bestimmen Erzieherinnen von heute, und gehört dazu tatsächlich auch ein Interesse an Religion? Was ist bei ihnen und in ihren Einrichtungen von den neuen religiösen Aufbrüchen zu spüren, die von vielen Beobachtern der Zeitszene für unsere Gesellschaft konstatiert werden? Und wie wirken sich diese jüngsten religiösen Entwicklungen auf ihre Spiritualität aus?

Die Antworten, die dieser Beitrag zu geben versucht, sind aus Erfahrungen in der Fortbildungsarbeit mit Erzieherinnen entstanden. Sie sind als Anregungen und Gesprächsbeiträge – zugegeben von einem Mann – zu verstehen.

Religion – mal hier, mal da oder öfter als man denkt?

Noch in den 80er-Jahren sagten zahlreiche Soziologen und andere kritische Analytiker des Zeitgeistes und der Denk- und Mentalitätsentwicklungen der westlichen Welt einen radikalen Bedeutungsverlust der Religion und ihr baldiges Aussterben voraus. »Die wirklich moderne Gesellschaft würde ›enttraditionalisiert‹ sein. Moderne und Religion wurden als Antipoden verstanden, wobei der Sieg der Moderne über die Religion als sicher galt.« (Ziebertz 1999, S. 33)

Heute steht aufgrund jüngster soziologischer und religionswissenschaftlicher Befunde fest: Die Rede vom Verfall der Religion trifft nicht zu. Auch wenn das Verhältnis der Menschen von heute zur kirchlich-institutionell vermittelten Religion sich weithin radikal geändert hat, ihre religiöse Empfindsamkeit und ihre Suche nach entsprechenden Erfahrungen, tragenden Botschaften und religiösen Sinnvorgaben sind ungebrochen. »Jedenfalls ist der utopische Gehalt, der sich einstmals mit der Vorstellung und Idee einer religionslosen Zukunft verband, gründlich entzaubert.« (Gabriel 1999, S. 193) Stattdessen gibt es eine »beobachtbare neue Bedarfsanmeldung für Religion« (ebd. S. 212) und gehört »der Zauber des Religiösen zu den Megatrends am Ende des Jahrtausends«. (Friesl/Zulehner 1998, S. 81)

Eine Bearbeitung des aufgezeigten Problemfeldes gehört gewiss nicht zum Aufgabengebiet von Kindertageseinrichtungen und der in ihnen tätigen Erzieherinnen. Doch deren Arbeit und deren persönliche Spiritualität bleiben nicht unberührt von diesen »Großwetterlagen« in Kirche und Gesellschaft.

Für Erzieherinnen trifft heute Folgendes zu:

- Sie haben es im *Umgang mit den Kindern und ihren Familien* zunehmend mit einer größeren Vielfalt religiöser Überzeugungen, Mentalitäten und Lebensstilen zu tun. Dementsprechend werden sie auch mit unterschiedlichen Erwartungen hinsichtlich ihrer wertbezogenen und religionspädagogischen Arbeit konfrontiert.
- Folglich haben sich vielfach auch die *Ansprüche an ihre (religions)pädagogischen Kompetenzen* erweitert: Es reicht nicht mehr aus, mit einem moralisch vorbildlichen Verhalten und mit frommem Herzen ans Werk zu gehen. Mehr als in früheren Zeiten dürfte heute gelten, dass Erzieherinnen bei ihrer Werte- und religiösen Erziehung umso mehr überzeugen, je mehr das, was sie an Werthaltungen und religiösen Auffassungen nach außen darstellen, mit dem übereinstimmt, was sie wirklich für wert und heilig halten. Damit stehen Erzieherinnen auch hinsichtlich ihrer persönlichen Spiritualität, also ihrer religiösen Einstellungen und Lebensstile, zunehmend auf dem Prüfstand. Andererseits erhalten sie dadurch auch die Chance, ihre wertbezogenen Standpunkte und religiösen Überzeugungen stärker einzubringen und damit ihrer pädagogischen Arbeit mit den Kindern und ihren Eltern eine persönliche Note zu geben.
- Unter anderem hat auch die *Entinstitutionalisierung des religiösen Lebens und der Bedeutungsverlust der Kirche* als lange Zeit einzig maßgebender Instanz in Sachen Religion dazu geführt, dass die Begründung für religiöse Erziehung in kirchlichen Kindertageseinrichtungen nicht mehr allein ekklesiologisch erfolgt – in kirchlichen Kindertageseinrichtungen findet religiöse Erziehung statt, weil es dem Auftrag der Kirche entspricht. Eine anthropologische Begründung ist heute mindestens gleichbedeutend geworden – religiöse Erziehung erfolgt deshalb, weil Religion eine wesentliche Dimension des Menschseins ist und Kinder so früh wie möglich einen Zugang dazu erhalten sollen (vgl. Lebensräume erschließen 2005). Die Perspektive des Kindes einzunehmen und seine konkrete Lebenssituation zum Ausgangspunkt religionspädagogischer Arbeit zu machen, entspricht den in den meisten Kindertageseinrichtungen geltenden Prinzipien des Situationsansatzes. Dieser lässt sich in einer religiös offenen, den individuellen Erfahrungen, Fragen und Vorstellungen raumgebenden Atmosphäre bedeutend effektiver umsetzen als dort, wo die Erkenntnisprozesse und Inhalte bereits weitgehend vorgegeben sind.
- Eine *wertorientierte und religiöse Erziehung*, die nicht darauf bedacht ist, vorgegebene Inhalte und Handlungsmuster beizubringen, die sich stattdessen auf Erfahrungs-, Erkundungs- und Erkenntnisprozesse einlässt und Kindern dazu verhilft, eigene Anschauungen und Haltungen zu entwickeln,

erfordert von den Erziehenden eine bestimmte Einstellung. Diese kann mit Begriffen wie »Begleiter sein«, »Weggenossenschaft anbieten«, »als Mitschöpferinnen bei der Errichtung einer religiös-spirituellen Welt agieren« umschrieben werden. Für eine solche Haltung ist eine »Spiritualität der Hebammenkunst« (Fuchs 2000, S. 56) erforderlich, die dazu führt, die »Arsenale von Fertigkeiten und Antworten [einer institutionell und traditionell vermittelten Religion, M. H.] einer Revision zu unterziehen«. (ebd.)

- Auch Erzieherinnen sind *eingebunden in den allgemeinen Trend zur Individualisierung.* Was ihre Werthaltungen und religiösen Überzeugungen betrifft, so richten sie ebenfalls kritische Fragen an die von den Institutionen Staat und Kirche tradierten Werte- bzw. Glaubensauffassungen. Sie machen sich in der Regel ihren eigenen Reim auf das, was bisher als wahr und verbindlich von diesen Instanzen vertreten wurde. Sie entwickeln durchaus Affinitäten zu dem oben beschriebenen Trend, eine eigene Gewichtung dessen vorzunehmen, was als elementar bedeutsam gelten soll, Glaubensmomente aus anderen Religionen und Weltanschauungen mit den christlich tradierten zu verbinden, Symbole, Bilder, Vorstellungen und Rituale entsprechend ihrem persönlichen Bedürfnis und ihrer individuellen Lebenslage zu verwenden.
- Geben sie diesem *Trend zur Individualisierung des religiösen Lebens* nach, indem sie eigene Glaubensüberzeugungen und -haltungen entwickeln und vertreten, können sie – zumindest in konfessionell gebundenen Einrichtungen – mit dem Träger in Konflikt geraten. Solche Auseinandersetzungen belasten häufig die Arbeit, sie können aber auch Chancen eröffnen, sich über die Werte, religiösen Inhalte und Stile, die der Arbeit der Tageseinrichtung zugrunde liegen sollen, zu verständigen und mitzubestimmen, welcher Geist in der Einrichtung herrschen soll.
- Indem das *in der Regel aus Frauen bestehende Team* einer Kindertageseinrichtung eine *gemeinschaftliche Spiritualität* entwickelt, also eine kollektive Geisteshaltung, die aus religiösen und ethischen Überzeugungen erwächst (was noch ausführlicher erörtert wird), eröffnen sich ihm Möglichkeiten, spezifische Momente einer weiblichen Spiritualität zu kultivieren. Geschieht dies schließlich über die Grenzen der Einrichtung hinaus in Verbindung mit weiteren von Frauen getragenen Diensten und Organisationen der Kirchengemeinde, dann erfahren deren spirituelle Standards eine Differenzierung und Bereicherung (Hugoth 1998).

Konturen einer zeitgemäßen Spiritualität

Bei der Frage nach der Spiritualität von Erzieherinnen geht es also nicht nur um persönliche und damit vereinzelte religiöse Einstellungen und Lebensstile. Das Thema Spiritualität interessiert, weil es zu einem öffentlichen Thema geworden ist und weil heute alle – von Wirtschaftsunternehmen und Produktionsbetrieben über soziale Dienste und Einrichtungen bis hin zu Vereinen und Verbänden – den Geist hervorheben, von dem sie inspiriert sind und der ihrer geschäftlichen Praxis, ihren Dienstleistungen, ihrer Arbeit zugrunde liegt.

Spiritualität bezeichnet ein Leben aus einem bestimmten Geist heraus. Dabei sind alle Bereiche des Lebens gemeint, und gerade nicht eine Lebensführung, die sich völlig aus den »Geschäften der Welt« heraushält und in Gebet, Meditation, Nachsinnen und Versenkung den Geheimnissen des Daseins und religiösen Wahrheiten auf die Spur zu kommen sucht (auch wenn spirituell gesinnte Menschen nach landläufigen Klischees häufig als in sich gekehrt, abgehoben und weltfremd beschrieben werden). Ein spiritueller Mensch besitzt eine »Lebens- und Bewusstseinshaltung, die ›inspiriert‹ ist oder – in die theologische Rede übersetzt – mit Geist gefüllt ist«. (Meyer-Wilmes 1999, S. 319)

Christliche Spiritualität ist ein Leben aus dem Geist Gottes, wie er sich in der Geschichte Gottes mit seinem Volk Israel und dann vor allem in den Worten und Taten des Jesus von Nazaret manifestiert hat. Dieses Zeugnis Jesu erfolgte stets in konkreten Lebenskontexten und in der unmittelbaren Beziehung zu den Menschen um ihn her. So hat die christliche Spiritualität schon immer »Lebenspraxis und religiöse Erkenntnis vereint«. (ebd.)

Diese beiden Perspektiven wurden in der Tradition der christlichen Spiritualität oftmals gegeneinander abgewogen, und dabei kam die Weltzugewandtheit meist schlechter weg. Denn die Welt galt als sündhaft, verführerisch, hinfällig, erlösungsbedürftig und vorläufig. Eine weltoffene Spiritualität war eher suspekt. Der Umgang mit den Dingen der Welt und des alltäglich Notwendigen regelte sich nach den Maßgaben der christlichen Moral. Spiritualität hatte in erster Linie etwas zu tun mit der Hinwendung des Menschen auf Gott, und dabei waren die Geschäfte der Welt eher störend und führten, wenn man nicht achtgab, dazu, dass man sich in ihnen verlor.

Eine solche sich von der Welt und den Menschen distanzierende Spiritualität – sie wird in der aktuellen Spiritualitätsliteratur häufig auch als »Spiritualität von oben« bezeichnet (Grün 1996) – hat für viele religiös offene Zeitgenossen einen ausgesprochen elitären Charakter und wird deshalb meist abgelehnt.

Gesucht wird vielmehr eine *Spiritualität von unten*, die alles, was zum Menschsein gehört, gelten lässt und den Menschen bei den »Geschäften dieser Welt« trägt.

Was gemeint ist, zeigt eine Geschichte, die bereits im 4. Jahrhundert verbreitet war: In ihr wird erzählt, »wie ein berühmter Theologe von weit her in die ägyptische Wüste kommt, um mit dem Altvater Poimen über das geistliche Leben zu sprechen. Der Theologe fängt an, über das Leben im Himmel und über die Ziele unseres spirituellen Strebens zu sprechen. Poimen sitzt schweigend dabei und sagt kein Wort dazu. Der Theologe wird ärgerlich, steht auf und geht weg. Ein Schüler macht Poimen heftige Vorwürfe, dass er diesen berühmten Theologen so ungastlich behandelt habe. Poimen antwortet: Dieser Theologe ist von oben, Poimen von unten. Wenn er von den Leidenschaften der Seele geredet hätte, dann hätte ich mitreden können. Der Schüler läuft dem Theologen nach und berichtet ihm, was Poimen gesagt hat. Er kehrt zurück, und sie unterhalten sich angeregt über die Leidenschaften der Seele. Jetzt reden sie ehrlich über sich, und gerade so berühren sie Gott, das Ziel ihres Suchens«. (Grün 1996, S. 151)

Die beschriebene Dynamik in der Wechselbeziehung zwischen »Welt« und »Glaube« ist ein konstitutives Element einer »diakonischen Spiritualität«. Als eine solche lässt sich auch die Spiritualität von Erzieherinnen charakterisieren. Die Leitbegriffe, die in Ausführungen zu einer diakonischen Spiritualität benutzt werden – »Lebenswelt, gelebte Religion, Alltagswelt, der Alltag, die Biografie, das Individuum, das Subjekt« (Althans 2000) –, zeigen an, wo sich eine solche Spiritualität auch für Erzieherinnen verorten lässt: Sie erwächst aus der Begegnung mit den Kindern und ihren Familien, mit den Kolleginnen und Kollegen, aus der Beziehung zur Kirchengemeinde, aus dem alltäglichen Geschäft der politischen Anwaltschaft, aus der Erfahrung in Fortbildungen – also aus unmittelbaren Lebens- und Beziehungskontexten, aus denen heraus die Erzieherinnen Bezüge zu ihren religiösen Überzeugungen und ihrer Werterhaltung herstellen. Und umgekehrt: Diese Überzeugungen bestimmen mit, wie sie ihre Lebens- und Arbeitswelt und den Umgang miteinander gestalten. Diakonische Spiritualität entfaltet sich in der Wechselbeziehung zwischen religiösen Überzeugungen und Haltungen und den Begebenheiten und Erfahrungen der Alltagswelt.

In einer Fortbildung für Erzieherinnen zum Thema »Wie machen's die anderen? Wie man in den unterschiedlichen Kulturen Kinder erzieht« stand natürlich bald der Islam im Mittelpunkt – schließlich haben die meisten Einrichtungen einschlägige Erfahrungen mit muslimischen Kindern gemacht. Vor allem die Frage, welche Rolle Frauen in der muslimischen Familie und Gesellschaft haben und wie es ihnen mit ihren »weiblichen« Sehnsüchten und Wünschen und ihren Erwartungen an das Leben geht, interessierte die überwiegend jungen Teilnehmerinnen sehr. Sie waren beeindruckt von den Berichten einiger muslimischer Frauen, denen es offensichtlich gelang, eine Balance zwischen den traditionellen, vom patriarchalischen Denken bestimmten Rollenzuschreibungen und Ansprüchen ihres Umfeldes und ihren eigenen Vorstellungen, Wünschen und Zielen zu finden. Erstaunlich war für die Zuhörerinnen vor allem, dass es eine muslimische Frauenspiritualität gibt, die offensichtlich eine enorme integrierende Kraft hat. Und einige Teilnehmerinnen des Kurses fragten sich, warum »bei uns« ständig die Dinge unterschieden, voneinander abgesetzt, verglichen und bewertet werden und welche Spiritualität in unserer Kultur zu finden ist, die man mit der jener muslimischen Frauen vergleichen kann.

Wie immer sich die Wahrnehmungs-, Empfindungs- und Denkart von Frauen und Männern unterscheiden mag – das Ernstnehmen der je eigenen Lebens- und Glaubensgeschichte ist die Voraussetzung für die Entwicklung einer Ich-Identität; werden Leben und Glauben dabei in ihrer wechselseitigen Beziehung gesehen, erwächst daraus eine Form von Spiritualität, die eine identitätsbildende und stabilisierende Kraft haben kann.

Thesen zur Spiritualität von Erzieherinnen

- *Die Spiritualität von Erzieherinnen ist eine Spiritualität von Frauen.*
  Sie ist eingebunden in ihre Lebens- und Glaubensgeschichte, die sie aus der Sichtweise von Frauen deuten. Sie wollen sich in ihr als Subjekte und Regisseurinnen erleben und suchen Grundlagen und Anhaltspunkte für die Gestaltung ihrer Geschichte auch in religiösen Überlieferungen, vor allem in den Erfahrungen, die Frauen gemacht haben. Als Spiritualität von Christinnen erwächst diese vor allem aus ihrer Beziehung zu Gott und zu der Art und Weise, wie sie seine Botschaft des Zuspruchs und des Anspruchs für sich und ihr Leben übersetzen. Sie realisiert sich darin, wie sie sich selbst, die Welt, das Leben, die Menschen und die Umwelt verstehen und wie sie allem begegnen.

Wo erfahre ich mich als Regisseurin meines alltäglichen Lebens, und welche Bedeutung haben dafür meine religiösen Überzeugungen? Wo kommt mein Glaube zur Geltung bei meiner Beziehung zu mir selbst, zu den Menschen um mich her und am Arbeitsplatz, zur Umwelt, zum Leben? Das sind Fragen, die sich ihnen stellen.

- *Die Spiritualität von Erzieherinnen hat nachhaltige Auswirkungen auf ihre Arbeit, wenn sie als diakonische Spiritualität praktiziert wird* (vgl. Weismantel 1997).
  Das Erleben von Kindern kann die elementaren Bedingungen des Menschseins bewusst machen: das Angewiesensein auf andere; die Zukunftsoffenheit des Lebens; die Ambivalenz menschlicher Beziehungen, die aufbauen und bereichern, aber auch gefährden und zerstören kann; die Sehnsucht nach Zuflucht, Heimat und Aufgehobensein; die Unabgeschlossenheit im Fragen, Suchen, Erkunden, Ersehnen, Wissen und Wollen. In allem zeigt sich die Verwiesenheit des Menschen als ein Merkmal seiner Existenz. Der Umgang mit Kindern erinnert immer wieder daran und zwingt dazu, sich darüber Rechenschaft zu geben, worin die eigene Hoffnung gründet, was das Leben lebenswert macht, was trägt und Zuflucht gibt, welche Möglichkeiten sich bewährt haben, sich mit der eigenen Unzulänglichkeit und der seiner Mitmenschen und des Lebens überhaupt zu versöhnen (zahlreiche Ausführungen zur Bedeutung der Hoffnung für das Leben von Christen und der Kirche finden sich in: Fuchs/Widl 1999).
  Wo gelingt es mir, Kindern Hoffnung und Zuversicht zu geben, und woraus schöpfe ich diese für mich selbst? Welche Einstellungen zum Menschen und zum Leben kommen zum Tragen bei meinem Bemühen, Kinder in ihrer Entwicklung zu begleiten und zu fördern? Hat der Glaube eine Bedeutung, wenn ich Erfahrungen menschlicher Unzulänglichkeit, die Erfahrung von Leid, von Ungerechtigkeit, von Angst und Trauer mache, und wirkt sich das auf meine Arbeit aus? Das sind Fragen, mit denen sich Erzieherinnen in der Praxis diakonischer Spiritualität auseinandersetzen.

- *Die Spiritualität von Erzieherinnen ist offen für Veränderungen und Entwicklungen und bezieht die dafür nötige Dynamik auch aus der Begegnung mit den Menschen bei ihrer pädagogischen Arbeit.*
  In den meisten Kindertageseinrichtungen spiegelt sich unsere multikulturelle Gesellschaft wider: Die Kinder kommen aus unterschiedlichen Nationen und Kulturen und gehören verschiedenen Religionen an. In zunehmend mehr Einrichtungen wird deshalb auf eine interkulturelle und interreligiöse

Erziehung Wert gelegt, das heißt die Kinder sollen das, was sie an kulturellem und religiösem »Erbe« mitbringen, praktizieren und weiterentwickeln und zugleich in die Begegnung mit den Kindern und den Erziehenden, die zum Teil aus anderen kulturellen und religiösen Kontexten kommen, einbeziehen können. Das setzt allerdings bei den Erzieherinnen eine grundsätzliche Offenheit und ein Interesse für andere Kulturen und Religionen voraus. Die Beschäftigung mit ihnen kann zu einer Erweiterung des eigenen religiösen und ethischen Horizontes und zu einer weiterführenden Auseinandersetzung mit den eigenen Überzeugungen und Haltungen führen. Erzieherinnen, die sich der multireligiösen Situation unserer Gesellschaft stellen und der Konfrontation mit ihr in ihrem eigenen Arbeitsbereich nicht ausweichen, können erfahren, dass »Vielfalt bereichert« (vgl. Vielfalt bereichert 1999).
Was löst die Begegnung mit Kindern und Eltern aus anderen Ländern und Kulturen bei mir aus? Wie stehe ich zu ihren religiösen Überzeugungen und Praktiken? Was befremdet, was interessiert mich daran? Wo entdecke ich Beziehungen zu meiner eigenen Religion? In welchen Bereichen kann eine Begegnung, kann der Austausch und die gegenseitige Partizipation an spirituellen Vollzügen für mich und für die anderen bereichernd sein? Diese und andere Fragen können in der interkulturellen und interreligiösen Erziehung hilfreich sein.

- *Die Spiritualität von Erzieherinnen erwächst aus der Auseinandersetzung mit den spirituellen Traditionen, in denen sie aufgewachsen sind bzw. denen sie in ihrer Lebens- und Arbeitswelt begegnen.*

Über die Konfrontation mit den unterschiedlich kulturell und religiös geprägten Mentalitäten und Lebensstilen der Kinder und ihrer Familien in ihrem Arbeitsfeld hinaus machen Erzieherinnen auch in anderen Lebens- und Wirkbereichen Erfahrungen mit verschiedenen weltanschaulichen Positionen und Praktiken. Nehmen sie dies bewusst wahr, und setzen sie ihre Beobachtungen und Erlebnisse in Bezug zu ihrer eigenen Biografie, kann das durchaus auch zu einer Erweiterung und Vertiefung ihrer persönlichen Spiritualität führen. Denn die Auseinandersetzung mit unserer pluralistischen Lebenswelt führt zwangsläufig dazu – wenn man sich nicht von den jeweiligen Trends der Zeit einfach treiben lassen will –, die eigenen Überzeugungen und Lebenshaltungen zu überprüfen, ihnen Ausdruck und Profil zu geben und zugleich offen zu bleiben für neue Erfahrungen, Erkenntnisse und Anregungen, die aus der Beschäftigung mit anderen religiösen und ethischen Traditionen und spirituellen Vollzügen gewonnen werden können. Dabei dürfte von besonderem Interesse sein, wie die

Frauen anderer Kulturen und Religionen ihre Identität begründen und ihr Leben gestalten.
Wie bewusst nehme ich wahr, dass es in meiner unmittelbaren Lebenswelt und in unserer Gesellschaft einen Pluralismus von Wertvorstellungen, weltanschaulichen Überzeugungen und religiösen Lebensformen gibt? Wie gelingt es mir, inmitten dieser Vielfalt meine eigenen Überzeugungen zu begründen und zu vertreten? Auf welche Traditionen greife ich dabei zurück? Wer sind meine Gesprächspartner? Kenne ich Vorbilder für die Entwicklung einer Frauenspiritualität? Wer sich mit diesen Fragen beschäftigt, bleibt mit seiner unmittelbaren Lebens- und Arbeitswelt in Kontakt.

- *Viele Erzieherinnen suchen ihre Spiritualität individuell und gemeinschaftlich in der Kirche zu verorten.*
  Die Kirche weist eine lange Tradition spiritueller Erfahrungen und Vollzugsformen auf und bietet zahlreiche Orte und Gelegenheiten, neue Formen zu entwickeln, Symbole und Handlungsweisen zu finden und zu erproben. Zu keiner Zeit der Kirche hatten Frauen so viel Freiraum für die Entfaltung einer weiblichen Spiritualität. Dabei bietet sich ihnen die Möglichkeit, sich sowohl zu Frauengestalten der Bibel und Kirchengeschichte als auch zu zeitgenössischen Denkerinnen, Künstlerinnen und sonstwie spirituell erfahrenen Frauen in Beziehung zu setzen. Die bereits etablierten Ansätze zur Entwicklung einer »Frauenkirche« werden von immer mehr Frauen wahrgenommen, die bewusst im Raum der Kirche leben und arbeiten wollen (vgl. Meyer-Wilmes 1996).
  Ist mir schon mal der Gedanke gekommen, über die kritischen Fragen, die ich an die institutionelle Kirche habe, hinaus nach dem zu suchen, was es in ihr an spirituellen Erfahrungen und Traditionen, an Symbolen, Bildern und Ritualen, an Orten und Personen zu finden gibt, die mich in meiner eigenen Religiosität und bei meiner Suche nach tragenden und lohnenden Werten weiterbringen? Wo entdecke ich Frauen, die ebenfalls einen Ort in der Kirche haben wollen, an dem sie sich mit ihren Erfahrungen, Vorstellungen, Ideen, ihren Bedürfnissen, ihren Begabungen (Charismen) und ihrer Arbeit zu Hause fühlen können? Es lohnt sich, sich mit diesen Fragen zu beschäftigen, wenn wir uns auf die Suche nach unserer spirituellen Verortung in der Kirche machen.

Gelingt es Erzieherinnen, ihre persönliche und ihre berufliche Identität in Einklang zu bringen, dann dürften auch die religiösen und ethischen Überzeugungen und die aus ihnen erwachsende Spiritualität, sofern diese für ihre

Lebensgeschichte bedeutsam sind, zu einem bestimmenden Moment für die Entwicklung ihres beruflichen Selbstverständnisses werden.

Dass für dieses berufliche Selbstverständnis eine irgendwie geartete Spiritualität notwendig sein dürfte, bestätigt ein Grundsatzpapier über die Voraussetzungen für Mitarbeiterinnen und Mitarbeiter in der Sozialen Arbeit von der UNO, von der vielleicht solche Aussagen nicht so ohne Weiteres erwartet würden:

»Es ist erstaunlich, dass das ›Manual für die Ausbildungsstätten für Soziale Arbeit und für die Profession Soziale Arbeit‹ der UNO an mehreren Stellen die grundlegende spirituelle Dimension jeglicher Sozialer Arbeit anmahnt.« (vgl. Lechner 2000, S. 186)

Zu den fünf Kontexten, in denen Soziale Arbeit nach diesem Papier stattfindet, zählt auch ein spiritueller Kontext. Hierzu heißt es wörtlich:

»Keine Gesellschaft, in der Soziale Arbeit praktiziert wird, ist wertfrei. Für die Soziale Arbeit und eine humanere Praxis ist es entscheidend, dass man dem Geist, den Werten, Einstellungen, Moralvorstellungen und auch den Hoffnungen und Idealen der KlientInnen Beachtung schenkt und dass (sich) die SozialarbeiterInnen zugleich ihrer eigenen Wertvorstellungen bewusst sind.« Ein »ernsthaftes Nachdenken darüber, was im Blick auf biologische Faktoren, auf psychische, soziale, kulturelle und spirituelle Bedürfnisse sowie auf Leistungen des Einzelnen im Dienste seiner Mitmenschen als gerechtfertigte oder ungerechtfertigte Gleichheit oder Ungleichheit gelten kann«, müsse ein unverzichtbarer Bestandteil ihrer Ausbildung sein. (Menschenrechte und Soziale Arbeit 1995, S. 88; S. 95)

Literatur

Kathrin Althans, »Zwischen den Hüllen lesen. Sensibilisierung für alltägliche Transzendenzen anhand der Kleidergepflogenheiten auf dem Spielplatz«, in: *Kathrin Althans/ Inken Mädler/Barbara Schoppelreich (Hrsg.)*: Inmitten von Lust und Last. Frauenalltag und Religiosität. München: Don Bosco Verlag 2000, S. 149–166 (Topos plus Bd. 323)

Christian Friesl/Paul M. Zulehner, »Gottlose Respiritualisierung. Querige Anmerkungen zu einem jugendrelevanten Trend«, in: *Hans Amann/Gerhard Kruip/Martin Lechner (Hrsg.)*, Kundschafter des Volkes Gottes. Festschrift

Roman Bleistein. München: Don Bosco Verlag 1998, S. 81–93 (Studien zur Jugendpastoral; Bd. 4)
Gotthard Fuchs, Docta ignorantia. Christlicher Glaube in einer Welt schneller Antworten und gefährlicher Fraglosigkeiten, in: *Udo Zelinka (Hrsg.):* Über-Gänge – Forum Zukunft. Die Kirche im 3. Jahrtausend. Paderborn: Bonifatius Verlag 2000, S. 49–62 (Einblicke – Ergebnisse, Berichte, Reflexionen aus Tagungen der Katholischen Akademie Schwerte; Bd. 4)
Ottmar Fuchs/Maria Widl (Hrsg.), Ein Haus der Hoffnung. Festschrift Rolf Zerfaß. Düsseldorf: Patmos Verlag 1999
Karl Gabriel, Formen heutiger Religiosität im Umbruch der Moderne, in: *Heinrich Schmidinger (Hrsg.),* Religiosität am Rande der Moderne. Krise oder Aufbruch? Innsbruck: Tyrolia Verlag 1999, S. 193–227 (Jahrbuch Salzburger Hochschulwochen)
Anselm Grün, Spiritualität von unten, in: *Walter H. Lechler*, So kann's mit mir nicht weitergehn! Neubeginn durch spirituelle Erfahrungen und Therapie. Stuttgart: Kreuz Verlag 1996, S. 151–167
Richard Hartmann, Liebe als Auftrag. Anstöße für die Spiritualität und seelsorgliche Praxis der Kirche. Würzburg: Echter Verlag 2007
Matthias Hugoth, Die Erzieherin als pastorale Mitarbeiterin? Feministisch-theologische Anhaltspunkte für die berufliche Identität von Erzieherinnen in katholischen Tageseinrichtungen für Kinder, in: Jahrbuch 1998/99 »Qualitätsmanagement« des Bayerischen Landesverbandes katholischer Tageseinrichtungen für Kinder. München 1998, S. 143–157
Lebensräume erschließen. Überlegungen zur religiösen Erziehung im Elementarbereich. Eine Handreichung zur grundlegenden Orientierung. Redaktion: *Matthias Hugoth*. Freiburg: Verband Katholischer Tageseinrichtungen für Kinder (KTK)-Bundesverband, 3. Aufl. 2005
Martin Lechner, Theologie in der Sozialen Arbeit. Begründung und Konzeption einer Theologie an Fachhochschulen für Soziale Arbeit. München: Don Bosco Verlag 2000 (Benediktbeurer Studien; Bd. 8)
Menschenrechte und Soziale Arbeit. Ein Manual für die Ausbildungsstätten für Soziale Arbeit und für die Profession Soziale Arbeit, in: *Wolf Rainer Wendt*, Soziale Arbeit im Wandel ihres Selbstverständnisses. Beruf und Identität. Freiburg: Lambertus Verlag 1995, S. 81–99
Hedwig Meyer-Wilmes, Zwischen lila und lavendel. Schritte feministischer Theologie. Regensburg: F. Pustet Verlag 1996
Hedwig Meyer-Wilmes, Feministische Spiritualität, in: Der Glaube der Christen. Bd. I: Ein ökumenisches Handbuch. Hrsg. von *Eugen Biser/Ferdinand*

Hahn/Michael Langer. München/Stuttgart: Pattloch/Calwer Verlag 1999, S. 319–331
Vielfalt bereichert. Interkulturelles Engagement katholischer Tageseinrichtungen für Kinder. Positionen und Materialien. Redaktion: *Matthias Hugoth/Theresia Wunderlich*. Freiburg: Verband Katholischer Tageseinrichtungen für Kinder (KTK)-Bundesverband 1999
Otto Weismantel, Erwägungen zur Spiritualität des Helfens, in: *Martin Lechner/Anna Zahalka (Hrsg.)*: Hilfen zur Erziehung. Der Dienst der Kirche für beeinträchtigte und gefährdete Kinder und Jugendliche. München: Don Bosco Verlag 1997, S. 58-65 (Benediktbeurer Beiträge zur Jugendpastoral, Bd. 4)
Hans-Georg Ziebertz, Religion, Christentum und Moderne. Veränderte Religionspräsenz als Herausforderung. Stuttgart: Kohlhammer Verlag 1999

Frauen und Kirche – wer muss mit wem zurechtkommen?*

Zum Postulat einer religiös geprägten kirchlichen Identität von Erzieherinnen in Kindertageseinrichtungen mit kirchlicher Trägerschaft

*Von **Agnes Wuckelt**, Paderborn*

Es ist leicht
schwer zu sein
wie die Zunge, nach Genuss von Wein.

Doch schwer ist es
leicht zu sein,
nichts zu wiegen
wie Blätter, die vom Baume fliegen.
Nina Gantner

Machen Frauen andere religiöse Erfahrungen (als Männer) bzw. deuten sie (im Gegensatz zu Männern) andere Erfahrungen des Alltags als »religiöse Erfahrung« oder als »Gotteserfahrung«? »Glauben Frauen anders?« Eindeutig lassen sich diese Fragen nicht beantworten; je nach Standort und Sichtweise ist die jeweilige Antwort unterschiedlich geprägt und begründet.

So haben sicherlich diejenigen grundsätzlich Recht, die darauf hinweisen, dass christliche Frauen wie Männer das gleiche Glaubensbekenntnis zu dem einen Gott, dem Vater, zu Jesus Christus, seinem Sohn, und zum Heiligen Geist sprechen. Richtig ist auch, dass Gott sich jedem einzelnen Menschen auf einmalige Weise zuwendet und daher der Glaubensprozess eines jeden Menschen – unabhängig von seinem Geschlecht – anders und unverwechsel-

* Auszug aus: *Agnes Wuckelt*, Frau sein, Erzieherin sein, religiös sein?, in: Welt des Kindes, Jahrgang 1991, Heft 6, S. 34 ff.

bar ist. Andererseits muss jedoch bedacht werden, dass sich die Lebensbedingungen von Frauen (in Vergangenheit und Gegenwart, in unserer Gesellschaft wie in anderen Kulturen) grundlegend von denen der Männer unterscheidet.

Liegt demnach nicht die Vermutung nahe, dass sich infolgedessen auch die Bedingungen religiösen Lebens wie seine Ausgestaltung für Frauen anders darstellen? Diesem Gedanken soll im Folgenden nachgegangen werden. Weibliche Lebenszusammenhänge und -entwürfe, so bunt und vielgestaltig sie sind: In welcher Beziehung stehen sie zum weiblichen religiösen Selbstverständnis? Vor allem dort, wo Frauen – wie beispielsweise Erzieherinnen – aufgrund ihrer beruflichen Aufgaben in besonderer Weise aufgerufen sind, sich und anderen über die eigene Religiosität Rechenschaft zu geben, ist die Bearbeitung dieser Fragestellung notwendig.

»Ich möchte alles anders machen« – Die Erzieherin als Religionspädagogin

Eine verantwortliche Praxis religiöser Erziehung setzt zunächst eine fundierte religionspädagogische Ausbildung voraus, vor allem jedoch die persönliche Klarheit über eigene religiöse Vor- und Einstellungen. Zwar äußern Erzieherinnen in Aus- und Fortbildung immer wieder den Wunsch nach geeignetem »Handwerkszeug« und Handlungsmodellen religiöser Erziehung; aber nicht weniger deutlich betonen sie auch, dass das Nachdenken über religiöse Inhalte vorrangig für die eigene Entwicklung von Bedeutung ist.

Was steckt hinter diesem immer stärker werdenden Bedürfnis nach persönlicher Auseinandersetzung mit religiösen Fragestellungen? Ein wesentlicher Grund ist sicherlich zunächst in der immer geringer werdenden Bedeutung von Religion und Glaube in unserer Gesellschaft zu finden: »Im Alltag spielt Religion heute kaum noch eine Rolle; da gibt es Wichtigeres«, stellt eine junge Frau fest, die nach ihren Vorstellungen über religiöse Erziehung von Kindern befragt wird. Allerdings möchte sie dennoch daran festhalten, (den eigenen) Kindern »einen Halt mitzugeben«, worunter sie die Vermittlung eines »liebenden Gottes, der überall ist« versteht. Deutlich setzt sie sich damit von der als Kind erfahrenen religiösen Erziehung ab, die gekennzeichnet war vom Zwang, »Gebete herunterzuleiern« und »in die Kirche zu gehen«, sowie vom Bild eines strengen und strafenden Gottes, eines »weißbärtigen Übermannes«, der »gegen all das etwas hatte«, was dem Kind Freude und Vergnügen bereitete.

Gleichfalls motiviert durch die Erfahrungen einer einengenden religiösen Erziehung möchte eine andere Erzieherin keinen »moralischen Zwang ausüben« und »alles anders machen«: »Aber ich weiß nicht, wie ...!« Zu sehr fühlt sie sich noch beeinträchtigt durch die fraglos zu akzeptierenden Vorstellungen derer, die ihre religiöse Sozialisation prägten: der Mutter sowie einer Ordensfrau und des Pfarrers, die den Religionsunterricht erteilten. Eines aber ist beiden Frauen klar: Sie wollen sich nicht länger unterordnen und gehorchen, »dienen« und »sich für andere aufopfern«. Sie lehnen also eine Forderung ab, die auf einseitige und fragwürdige Weise lediglich Mädchen und Frauen dazu verpflichtet, ihrer »Wesensart« entsprechend vor allem und ohne zunächst an sich zu denken »für andere da zu sein«. Die vermittelten religiösen Vorstellungen über Gott und Mensch, vor allem das darin enthaltene Mädchen- und Frauenbild – sind sie nicht endgültig »überholt«?

Jede Erzieherin eine »Maria«?

Wenn Frauen heute nach der Bedeutung von Religion allgemein (verstanden als Sinn- und Wertsystem, dessen Bezugsgröße außerhalb der menschlichen Wirklichkeit liegt) und christlicher Religion (jenem Sinn- und Wertsystem, das seine Orientierung von Jesus aus Nazaret bezieht) im Besonderen suchen, verknüpfen sie dies vermehrt mit der Frage nach dem eigenen Selbstverständnis. Lassen sich wachsendes Selbstbewusstsein, Selbstentfaltung und damit verbundene Lebensentwürfe von Frauen (noch) mit religiösen Vorstellungen verbinden? Oder stehen sie zu sehr im Gegensatz zu dem, was Frauen sich heute für ihr Leben wünschen und was sie zu verwirklichen trachten? Und: Erhalten Frauen (überhaupt) die Möglichkeit. ihre Vorstellungen und Interessen zu formulieren, bzw. wird ihnen aufmerksam zugehört, wenn sie dies tun? Waren doch Frauen zu lange zum Still-sein verurteilt, sodass es auch heute noch (und oft sogar ihnen selbst) unerhört erscheint, wenn sie das Schweigen brechen.

Erfahrungen der Vergeblichkeit lassen daher viele Frauen resignieren; sie verabschieden sich (meist auf die ihnen vertraute stille Weise und oft auch nur innerlich) von Religion und Glaube. Problematisch wird dieser Schritt vor allem dann, wenn er von Frauen vollzogen wird, die (dennoch) die grundsätzliche Entscheidung getroffen haben, sich im religiösen Bereich zu engagieren. So befinden sich Erzieherinnen, die in einer Einrichtung in kirchlicher Trägerschaft tätig sind, in einem besonderen Dilemma: Sowohl beruflich abhängig als auch persönlich gefordert fühlen sie sich verpflichtet, konkreten kirchlichen Erwartungen ebenso gerecht zu werden wie sich selbst treu zu bleiben. Ein wahrlich schwieriges Unterfangen (das manchmal bereits mit dem Bewerbungsgespräch beginnt!).

Die Tragweite dieser Problematik wird dann deutlich, wenn sie auf dem Hintergrund der Diskussion um das Berufsbild der Erzieherin betrachtet wird. Vornehmlich die Beantwortung der Frage nach den Qualifikationen zum Erzieherinnenberuf scheint (immer noch oder wieder?) von der Überzeugung bestimmt zu sein, dass (verallgemeinerte) »Mütterlichkeit« eine unverzichtbare Voraussetzung für Erziehungsarbeit darstelle. Eine nähere Betrachtung dessen, was damit gemeint ist, lässt deutlich werden: Mit dieser Forderung ist die Vorstellung eines Frauenbildes verbunden, dessen Gültigkeit bewusst oder unbewusst mit christlich-religiösen Vorstellungen untermauert wird: stets offen für die Belange der anderen sein, hingabefähig sein, für andere fühlen, denken, handeln, die eigenen Interessen zurückstellen, selbstlos, kurz gesagt »mütterlich« sein ... Typisch weibliche Eigenschaften, die schon in der Schöpfung ihren Niederschlag finden und von Maria, der Mutter Jesu, verkörpert werden.

Die Einforderung dieser Wesensart bei Frauen, die als Erzieherinnen tätig sind, ist in vielerlei Hinsicht fragwürdig. Vor allem jedoch ist die enge Verknüpfung von Frauen- und Berufsbild deshalb höchst problematisch, weil sie der Weiterentwicklung, Selbst-Entfaltung und damit der Identitätsfindung von Frauen von vornherein keine Chance gibt. Ebenso wie die Festschreibung eines auf »Mütterlichkeit« reduzierten Frauenbildes Frauen generell klein hält, sie domestiziert und diszipliniert, verschärft die Umschreibung einer Qualifikation für Erzieherinnen als »Mütterlichkeit« deren ohnehin niederen gesellschaftlichen Status und ihr oft unterentwickeltes Selbstbewusstsein (tun sie doch »nur« das, was frau sowieso zu tun hat). Wenn diese Sichtweise zudem religiös (bzw. theologisch) legitimiert und damit idealisiert wird, ist das besonders fatal!

Der Versuch von Erzieherinnen, sich selbst zum einen als Frau, zum anderen als berufstätige Frau (in der Kirche) auf andere, neue Weise zu definieren und das Leben entsprechend zu planen und zu gestalten, kann daher in einen nahezu unlösbaren Konflikt führen, in dem das »schlechte Gewissen« ein ständiger Begleiter ist.

König, Hirte, Retter, Herr – den Gott der Männer verkünden?

Der Aufbruch von Frauen, verbunden mit der Forderung nach Mitsprache und Mitgestaltungsmöglichkeiten in einem von Männern bestimmten und repräsentierten Raum wie der Kirche, bringt auf vielfältige Weise Bewegung in eine vermeintlich »unveränderliche« Institution. Gerade auch die Inhalte der Verkündigung und ihre Darstellungsweise werden hinterfragt, neu akzentuiert oder korrigiert.

Ein wesentlicher Verkündigungsinhalt ist die Rede von Gott, herkömmlich in der männlichen Sprachform geführt: Er ist Herr, König, Hirte, Retter, Tröster.

Vielfach dienen diese männlichen Gottesbilder zugleich der Legitimation des Herrschaftsgefüges in Kirche (und Gesellschaft) und verstärken damit die Minderwertigkeit von Frauen. Daher kritisieren Frauen solche Gottesbilder in Bibel und Tradition, die männlich geprägt sind und Weiblichkeit allenfalls als in ihnen inbegriffen betrachten. Mit dieser Kritik an der einseitig männlichen Gottesverkündigung verbinden Frauen die Frage nach ihrer Identität, nach ihrem Eigenwert und ihrer Selbstständigkeit.

Ist Weiblichkeit lediglich dadurch zu bestimmen, dass sie dem Männlich-Göttlichen bei- bzw. untergeordnet ist? Ist sie nur eine »Ergänzung« des Göttlichen, das primär durch den Mann repräsentiert wird?

Gerade für religiöse Erziehungsprozesse ist eine Klärung dieser Fragen von elementarer Bedeutung. Ist es der Erzieherin möglich, ihr religiöses Selbstverständnis aus einer Gottesbeziehung zu gewinnen, die sie nicht nur zur »Tochter Gottes« oder »Braut Christi« macht, sondern als autonomen Menschen ernst nimmt? Herkömmliche religiöse Erziehung hat für diese Fragestellung wenig Sensibilität gezeigt – und Mädchen und Frauen als von Grund auf abhängige und fremdbestimmte Wesen betrachtet und entsprechend sozialisiert. Sowohl für die Erzieherin als auch für die ihr anvertrauten Mädchen (und Jungen) sind daher ein Umdenken und eine Neuorientierung der Gottesverkündigung notwendig. Um die in der Vergangenheit gemachten Fehler in der religiösen Erziehung heutiger Mädchen (und Jungen) nicht zu wiederholen, müssen sich auch die zu vermittelnden Inhalte ändern. Doch ist es Frauen möglich, selbstbewusst in ihrer Gottesrede auch bzw. sogar vorrangig weibliche Gottesbilder zu verwenden?

»Aber ich weiß nicht, wie ...«

Einander widerstreitende Gefühle, darunter auch das der Unsicherheit, werden wach, wenn Erzieherinnen ihre eigene religiöse Sozialisation bedenken und erkennen, dass zum einen damit verbundene Defizite aufzuarbeiten und zum anderen für die eigene Arbeit neue Wege zu beschreiten sind. Meist bedarf es hier des Anstoßes und der Hilfe von außen; es braucht Ermutigung und Unterstützung, einen Raum, in dem Gedanken ausgesprochen und ausgetauscht werden können, ohne mit Sanktionen rechnen zu müssen – ganz offensichtlich eine Aufgabe für die Aus- und Fortbildung.

Aber auch die jeweiligen (überwiegend männlichen!) Dienstvorgesetzten müssten sich dieser Fragestellung öffnen: Wie könnte es gelingen, zu einem Miteinander zu finden, das nicht auf falschen Harmonisierungsbestrebungen beruht, sondern primär auf der Voraussetzung aufbaut, alle Mitarbeiterinnen als autonome Menschen zu betrachten? Sicherlich ist damit ein hoher Anspruch verbunden, der Ängste aufkommen und Gefahren (zum Beispiel des Subjektivismus) sehen lässt und ein großes Maß an Vertrauen fordert.

Aber der (manchmal noch zaghafte und unsichere, teilweise mutige und scheinbar radikale) Aufbruch von Frauen ist notwendig:

- für die Frauen selbst, weil sie sich damit aus der Fremdbestimmung lösen und zur Selbstbestimmung gelangen;
- für die ihnen anvertrauten Kinder, weil ihnen dadurch die befreiende Kraft der christlichen Botschaft erfahrbar wird;
- für die Kirche, die dadurch an Glaubwürdigkeit gewinnt und umfassender dem Anspruch Jesu von Nazaret und seiner Gottesbotschaft gerecht wird.

Selbstbewusst und religiös

Resilienz – Empowerment – Spiritualität

***Maja Dorothea Schellhorn**, Freiburg, im Gespräch mit*
***Matthias Hugoth**, Freiburg*

Innehalten

Du liebst die Bilder
um dich zu zeigen
denn Bilder laden ein
vor ihnen zu verweilen
und aus dem Hin und Her
des Alltags auszubrechen
Sie laden ein zum Innehalten
und führen in die Tiefe
dorthin wo du bist.
Christoph Quarch

Vorspann

»Selbstbewusst und religiös – kannst du dir vorstellen, dass es solche Menschen bei uns heute noch gibt?« Auf der Basis dieser Frage, aus der heraus sich ein spannendes Gespräch zwischen den beiden Autoren entwickelte, fußt der folgende Beitrag.

Der Fragestil wurde beibehalten. Auf diese Weise konnte dieser Frage persönlicher und tiefer auf den Grund gegangen werden, als wenn das Thema theoretisch abgehandelt worden wäre.

Das Gespräch

M.H.: »Selbstbewusst und religiös – wie passt das für dich zusammen?«

M.D.S.: »Auf die Frage, wie Religiosität, Selbstbewusstsein und persönliche Stärke zusammenpassen oder zusammengehören, möchte ich mit einer Geschichte antworten:

Unlängst hatte ich das Glück, einen Gesangsworkshop bei dem schwarzen amerikanischen Sänger Bobby McFerrin besuchen zu können. Mit mir nahmen 120 andere an dem Workshop teil und wir verbrachten sechs intensive und begeisternde Tage mit ihm und den zehn Lehrerinnen und Lehrern, die er mitgebracht hatte. Bobby ist weltweit bekannt für die Entwicklung der Improvisation mit Gruppen und Chören, die aus Laien und Profis bestehen.

Bobby ist ein Weltstar, seit Jahrzehnten. Fast jeder kennt sein Lied aus den 80er-Jahren »Don't worry, be happy!«. Er trägt lange Rastalocken und immer Blue Jeans und einfache T-Shirts oder Pullis. Er ist wahrlich »cool« – einer, den man bewundert, weil er seinen eigenen Weg im Leben geht, damit Spaß und dabei Erfolg hat. Alle, alle suchten seine Nähe. Wo immer er war, drängten sich Leute um ihn und baten um ein gemeinsames Foto; viele Mutige wollten mit ihm ein Solo singen, alle wollten ihn etwas fragen, alle wollten von ihm gesehen werden.

Mir fiel auf, was für eine außerordentlich ruhige Ausstrahlung Bobby hatte, die er nie, buchstäblich nie verlor. Während dieser Woche, die von ihm als Lehrer wie als Musiker auf der Bühne Höchstleistungen verlangte und in der in jeder Pause 120 Leute auf die Gelegenheit zu einer persönlichen Begegnung mit ihm lauerten, konnte ich ihm kein einziges Mal irgendeine Regung von Unwilligkeit oder Stress anmerken. Ohne Ausnahme wirkte er wach, konzentriert, leicht und ernsthaft zugleich, souverän und echt interessiert an den Menschen.

Anlässlich einer Fragestunde am Abend wollte eine Teilnehmerin wissen, was Bobby tue, um sich für seine musikalische Arbeit zu sammeln und zu stärken. Bobby antwortete: ›Wenn ich unterwegs bin, täglich eine Stunde Bibel lesen, beten und meditieren. Wenn ich zu Hause bin: täglich zwei Stunden. Okay, nächste Frage?‹

Diese Antwort kam kurz, klar, unverschnörkelt, undramatisch – und völlig unerwartet. Für ein paar Momente war der ganze Saal in Stille gebannt. Man hatte das Gefühl, alle waren aus Verblüffung mit offenem Mund verstummt.

In einem Kontext, in dem es eher zum »normalen« Umgangston gehört, den christlichen Glauben als ein zu belächelndes Phänomen aus der Vergangenheit zu betrachten, traf uns diese knappe Feststellung wie ein Schlag vor den Kopf. Und die Aufforderung, zum nächsten Thema überzugehen, enthielt die deutliche Botschaft: ›Keine weiteren Erläuterungen hierzu; mehr habe ich dazu nicht zu sagen.‹

Mir war in diesem Moment klar, dass ich damit die Erklärung für Bobbys unerschütterliche Ausgeglichenheit und große Ausstrahlung bekommen hatte. Er verfügt mit seiner spirituellen Praxis über eine Kraftquelle, die atemberaubend überzeugend ist. Sein innerer Anker ist die religiöse Praxis, die regelmäßige, tägliche Andacht.«

M.H.: »Ein bis zwei Stunden täglich die Bibel zu lesen und zu beten – das mag sich ein Mensch wie dieser Sänger leisten können, und auch Frauen und Männer, die die Religion zu ihrem Lebensinhalt gemacht haben, also Pfarrerinnen und Pfarrer, Priester oder Ordensleute. Wie soll aber einer und eine beten können, wenn jeder Tag gefüllt ist mit Terminen und tausenderlei Beschäftigungen? Wer ist denn von den »normalen« Menschen in der Lage, so viel Zeit zu erübrigen?

Wo hat Beten eigentlich noch einen Platz im Alltag? Sehr viele Menschen vermissen nichts, wenn sie nicht beten.«

M.D.S.: »Wenn ich diese Begebenheit erzähle, bekomme ich fast immer zu hören: ›Ja, wer so viel Geld verdient wie er, der kann sich das leisten! Aber die allermeisten Menschen haben alle Hände voll zu tun, um ihren Lebensunterhalt zu sichern, und haben deshalb diese Zeit nicht!‹

Mich beeindruckt nicht nur der Zeitumfang, sondern vor allem auch die Konsequenz, die dieser Sänger aufbringt. Es ist ja nicht nur die Zeit, sondern schon unsere Unfähigkeit, konsequent zu etwas zu stehen und danach zu handeln, an der wir so oft scheitern. Ein befreundeter Theologe und sehr erfahrener Berater meint dazu allerdings, dass diese Form von strenger Disziplin möglicherweise eher männlichen Bedürfnissen und Eigenschaften entspricht. Vielleicht beten und meditieren Frauen anders!?

Sicherlich muss jeder Mensch die für ihn eigene stimmige Form von gelebter Religiosität finden. Täglich ein oder zwei Stunden stillzusitzen, das ist gewiss nicht jedermanns Sache. Jedenfalls würde ich mich dabei quälen.

Von Antoine de St.-Exupéry kenne ich einen wunderschönen Vers. Was er darin sagt, das kann man wohl als eine andere Form von religiöser Praxis oder ›Konsequenz‹ ansehen:

Ich kenne nur ein fruchtbares Tun,
und das ist das Gebet.
Zugleich weiß ich aber, dass jedes Tun ein Gebet ist,
wenn du dich ihm hingibst, um zu werden.
Ich kenne nur eine Freiheit,
und das ist die Übung der Seele.

Das ist ein Gedanke, der mich immer begleitet und begeistert: Wie wäre es, wenn alles, was ich tue, ein Gebet wäre? Was würde ich dann anders machen? Wie würde ich tun, was ich tue? Was heißt es, die tägliche Arbeit so zu tun, dass man sich ihr hingibt, um zu werden? Ich denke, es heißt auf jeden Fall, mit einer offenen Haltung ans Werk zu gehen, empfänglich zu bleiben für das, was geschieht, was sich einem zeigen will, und es mit einzubeziehen. Tun und Hingabe nicht voneinander zu (unter-)scheiden, sondern zu verbinden, das finde ich eine sehr schöne, auch sinnliche Vorstellung.

Solche tiefgründigen Texte kann man wunderbar entschlüsseln und für den Alltag übersetzen, wenn man sich regelmäßig mit einem Kreis von anderen Menschen austauscht und sich dann sehr konkret überlegt, was genau das für das jeweils eigene Leben bedeuten könnte. Es gibt kaum bessere ›Weiterbildungen‹ als solche Gesprächskreise.«

M.H.: »Ein zentraler Begriff bei der Beschreibung dessen, was einen Menschen als eine starke Persönlichkeit auszeichnet, ist das Wort »Resilienz«. Resilienz ist die Fähigkeit eines Menschen, in bedrohlichen oder schwierigen Lebenssituationen und Lebenskrisen Kräfte und Ressourcen zu aktivieren, die ihm helfen, diese Situation zu überwinden oder mindestens zu bewältigen. Die beschriebenen Beispiele von Bobby McFerrin und Antoine de St.-Exupéry betreffen ihre Art zu leben, ihren Alltag. Sie haben eine Form gefunden, ihre Resilienz weiterzuentwickeln, ohne dass sie wohl an dieses Wort konkret gedacht haben. Stärke und seelische Widerstandskraft, Resilienz braucht man nicht nur im Alltag, sondern vor allem in Ausnahmesituationen!

Also doch wieder: Religion für diejenigen, die allein nicht mehr fertig werden mit ihren Problemen – oder kann Religion die Resilienz jedes Menschen stärken, der sich auf sie einlässt?«

M.D.S.: »Wenn St.-Exupéry von Freiheit spricht, die nur da zu finden ist, wo jemand ›die Seele übt‹ – und eine Form davon ist das Beten –, dann kommen mir Frauen und Männer in den Sinn, die in höchster Not und Bedrängnis durch ihre Fähigkeit zu beten schier unglaubliche Stärke und innere Freiheit gefunden haben. Das wird zum Beispiel von der Philosophin Edith Stein berichtet, als sie 1942 ins Konzentrationslager gebracht wurde. Und von Dietrich Bonhoeffer: Das sehr berührende Gebet, das er zur Jahreswende 1944/1945 im berüchtigten Gestapo-Kellergefängnis in Berlin geschrieben hat, ist inzwischen ja auch in den katholischen und evangelischen Gesangbüchern aufgenommen worden: ›Von guten Mächten wunderbar geborgen erwarten wir getrost, was kommen mag. Gott ist mit uns am Abend und am Morgen und ganz gewiss an jedem neuen Tag.‹

Das ›Üben‹ erscheint mir dabei wichtig: Gebet als eine ›Übung der Seele‹. Ob man dem Beten viel oder auch nur sehr wenig Zeit widmet – es braucht nach meiner Überzeugung ein regelmäßiges Innehalten, eine bewusste Beschäftigung mit dem Göttlichen. In der Beziehung zur Partnerin bzw. zum Partner genügt es ja auf die Dauer auch nicht zu sagen ›Schatz, ich lieb dich doch!‹ – und dabei weiterzuarbeiten. Man muss sich immer wieder Zeit füreinander nehmen, um sich gegenseitig wahrzunehmen, miteinander auszutauschen und auseinanderzusetzen; dann bleibt die Beziehung lebendig, stark und stärkend. «

M.H.: »Was hat Beten mit meinen Beziehungen zu tun?«

M.D.S.: »Ich verstehe Beten als ›Kommunikation‹ mit Gott, oder ein bisschen salopp gesagt: als Beziehungspflege mit dem Göttlichen. Gott, das Göttliche, die höhere Wirklichkeit – damit meine ich jeweils dasselbe, da es für dieses letztlich nicht zu Definierende ein einzelnes stimmiges Wort nicht gibt.

Diese ›Beziehungspflege‹ zu Gott, zur überirdischen Welt ist in unserer distanziert kühlen Gesellschaft, bei den völlig mit Alltagsgeschäften eingedeckten, weitgehend materialistisch eingestellten Zeitgenossen ja nicht gerade sehr ›in‹. Andere Kulturen, Afrikanerinnen und Afrikaner zum Beispiel, die zwar in vielfacher Hinsicht zu uns aufschauen, zeigen aber kaum verhohlen Unverständnis, fast Verachtung gegenüber unserer Vernachlässigung von Religion im Alltag.

In unserer Zivilisation werden nach meiner Meinung seit mehreren Jahrhunderten auf allen Ebenen die Beziehungen in fatalem Maß vernachlässigt. Autonom und unabhängig zu sein gilt als sinnvoll und als ideal; insbesondere und jedenfalls für Männer. Und darüber wird ausgeblendet, wie vielfach abhängig wir alle sind, ein Leben lang; wie sehr wir darauf angewiesen sind, dass alle diese Bezüge und Netze, in denen wir leben, funktionieren; dass sie uns tragen und nähren und halten; dass wir eben überall nur Teile von größeren Einheiten sind. Das betrifft die Familie oder Wahlfamilie, die Freundschaften,

Nachbarschaften, die Arbeitsbezüge; ganz gewiss auch die Natur, deren Teil wir sind; die Gemeinde, in der wir leben, die Wirtschaft, regional und global, die Staaten untereinander ... und natürlich auch die Beziehung zu Gott.

Ich bin überzeugt, dass eine der wesentlichen Lernaufgaben für die Menschen unserer Zeit in unserer – alles vermarktenden – Zivilisation die ist, Beziehungen wieder zu achten; Verbindungen, Wechselwirkungen, Abhängigkeiten und Zusammenhänge überhaupt wieder wahrzunehmen, zu würdigen, zu stärken und zu pflegen – nicht nur in den Kleinfamilien (in denen vor allem Frauen die Beziehungsarbeit leisten), sondern auf schlichtweg allen Ebenen. Das widerstrebt wohl den in unserer Kultur typischen Sehnsüchten nach Autonomie, aber es ist nach meiner Überzeugung für uns alle überlebensnotwendig. Insofern spricht zum Beispiel die Theologin Ina Praetorius in ihrem wundervollen Buch *Sich in Beziehung setzen* von ›Freiheit in Bezogenheit‹ als dem Kennzeichen menschlicher Existenz. Und was es sozusagen ›bringt‹, diese Verbindung zum Göttlichen zu pflegen, das kann man dem einen oder anderen Menschen wohl abschauen.«

M.H.: »Das klingt so, als ob nur religiöse Menschen – die eine Beziehung zu Gott pflegen – in sich ruhen und stark und glücklich sein können und als ob nur sie Beziehungen auch zu ihren Mitmenschen angemessen gestalten! Es gibt doch auch nicht fromme Menschen, die lebensfroh und kontaktfreudig sein können, die stark und kompetent im Leben stehen!

Worin liegt das ›Plus‹ religiöser Menschen, wenn es um Souveränität, Beziehungsstärke und Glück geht?«

M.D.S.: »Selbstverständlich spreche ich keinem Menschen ab, glücklich, lebenstüchtig und sozial kompetent zu sein, völlig unabhängig davon, ob er oder sie sich als religiös bezeichnet bzw. religiös ist oder nicht. Aber tatsächlich denke ich, Gott lebt in den Beziehungen; Gott ist überall da, wo Beziehungen geachtet werden. Das ist natürlich eine zugespitzte Formulierung, die sagen will: Wo Leben gelingt, ist Gott vielleicht mehr im Spiel, als wir ahnen. Dazu gehören alle möglichen Arten von Beziehungen; auch die gute Beziehung zu sich selbst – ob man sich mag und mit sich einverstanden und im Reinen ist – zwischenmenschliche Beziehungen natürlich, unbedingt auch die Beziehung zur Natur, und die wirtschaftlichen, gesellschaftlichen Beziehungen, im Kleinen wie im Großen; auch die Beziehungen zu unseren Vorfahren wie zu unseren Nachkommen – zu Letzteren vor allem in dem Sinn, dass es nicht unser Recht ist, deren Lebensgrundlagen zu zerstören.«

M.H.: »Und worin besteht dann der Unterschied zwischen gläubigen und nicht gläubigen Menschen?«

M.D.S.: »Darin, dass gläubige Menschen die Beziehung zu Gott bewusst pflegen, und das vor allem in der Gemeinschaft mit anderen Menschen. Und das kann eine Ressource, eine Kraftquelle sein, die im Alltag stärkt und in schwierigen Lebenssituationen zur Verfügung steht.

Ich denke, man stellt sich bei uns einen aktiven Christen erst einmal als jemanden vor, der sich für andere Menschen einsetzt, der sich da engagiert, wo Menschen bedürftig sind, der nicht Reichtum und Ruhm zum zentralen Lebensinhalt hat, sondern etwas Gutes für seine Umwelt, für die Welt tun will. Ins Negative gekehrt sieht man dann allerdings auch Menschen, die sich für andere aufopfern und nicht gut für sich selbst sorgen können. Dieses Dienen als Aufopferung, im Verborgenen und womöglich ohne Lohn, ist eine Bürde, die ja gerade Frauen regelrecht aufgetragen wurde. Der alte Leitspruch in der Diakonie lautete zum Beispiel: ›Mein Lohn ist, dass ich darf.‹ – Gemeint ist hier dienen darf. Das ist ein Ideal, von dem sich Frauen heute zu Recht distanzieren wollen, und ich meine auf jeden Fall: sollen. Frauen sollten mit ihrer Arbeit unbedingt aus dem Verborgenen heraustreten, sich sichtbar machen mit ihrer Leistung und ihren Kompetenzen und sich zu ihrer vollen Größe aufrichten. Vermutlich muss die Mehrzahl der Frauen das auch heute noch immer mal wieder neu üben; aber immerhin ist schon einiges möglich! Die Feministische Theologie hat sehr viel darin geleistet, patriarchal-einseitige Überlieferungen und Auslegungstraditionen aufzuzeigen und solche falschen, insbesondere Frauen klein machenden Normen und ›Gebote‹ zu entlarven. Allerdings macht das nicht das Engagement in der Welt und für die Welt überflüssig – von Frauen wie von Männern – mit aufrechtem Gang und allen zur Verfügung stehenden Kompetenzen und Ressourcen.

Ich denke, es wäre schön, wenn man Christen daran erkennt, wie sie wirken, im doppelten Sinn des Wortes, also zum einen daran, was wir in der Welt bewirken und wie wir das tun – im Sinne der Hingabe, von der St.-Exupéry spricht –, und zum anderen daran, was für einen Eindruck wir machen, was für eine Ausstrahlung wir auf unsere Mitmenschen haben – so wie das zum Beispiel bei Bobby McFerrin augenscheinlich wurde. ›An ihren Früchten sollt ihr sie erkennen‹, heißt es ja in der Bergpredigt (Mt 7,16). Die Früchte ernten wir sicher nur dann, wenn auch die Ausstrahlung stimmt. Ein Umweltschützer überzeugt nicht, wenn er bitter und verhärmt daherkommt. Ein Pfarrer oder Priester überzeugt dann, wenn man ihm abnimmt, dass die frohe Botschaft auch ihn selbst froh macht.

Was uns diese Ausstrahlung geben kann, ist zum Beispiel das: das Wissen, dass wir Teil eines größeren Sinnzusammenhangs sind, den wir zwar letztlich nicht verstehen können, aber eben auch nicht verstehen müssen; der Trost in schwierigen Lebenssituationen, der aus der Gewissheit kommt, dass es einen höheren Sinn gibt; die Entlastung, dass wir nicht alles allein tun können, aber eben auch nicht müssen; die Freiheit von der Bewertung durch andere Menschen, und auch auf höherer Ebene eine Gelassenheit gegenüber der Bedrohung oder Gewalt, die von ihnen ausgehen kann; und nicht zuletzt auch die Begeisterung, Teil eines großen Sinnzusammenhangs zu sein, und die Sehnsucht, diesen zu verstehen und sich mit ihm einvernehmlich zu verbinden. Letzteres ist schließlich das, was herausragende christliche Seher und Seherinnen wie zum Beispiel Teresa von Avila im 16. Jahrhundert und Edith Stein im 20. Jahrhundert ergriffen hat. Diese Begeisterung und Sehnsucht hat viele Frauen und Männer – oft trotz zarter körperlicher Verfassung – zu äußerst mutigem und tatkräftigem Engagement in der Welt motiviert und befähigt (›Mit meinem Gott überspringe ich Mauern‹ – Psalm 18). In der Gegenwart gehört zu ihnen auch die Ordensfrau Lea Ackermann, die kühn, fast frech, humorvoll und streitbar den internationalen Frauenhandel bekämpft und große Hilfsprojekte für Frauen aufgebaut hat. Die christliche Praxis gibt ihr solche Löwenkräfte. Es sind aber nicht nur Ordensleute, die authentisch und glaubwürdig und kraftvoll aus ihrem Glauben leben; jeder kennt Menschen, die an etwas glauben und aus ihren Überzeugungen heraus konsequent handeln.«

M.H.: »Früher hat das Beten für die meisten Menschen zum Alltag gehört: das Tischgebet, das Abendgebet, das Vaterunser. Heute ist den meisten Menschen das Beten so fremd geworden, dass sie gar nicht mehr wissen, wie sie das tun sollten und wie sie eine passende Form des Betens für sich finden könnten. Und viele brauchen es offensichtlich auch gar nicht.

Denkst du wirklich, dass das Beten die Menschen reicher macht?«

M.D.S.: »Ja, ich denke, man muss die für sich selbst stimmige Form suchen, ausprobieren. Sehr einfach und wesentlich sind nach meiner Erfahrung die zwei Elemente ›Danken‹ und ›Wünschen‹. Zum Beispiel als Sammlung und Tagesrückblick am Abend. Wenn es ansteht, auch Klage dazu, so viel wie nötig. Das bewusste Innehalten zum Danken ist sehr wichtig, heilend, stärkend. Ohne dieses bewusste Hinschauen übersieht und vergisst man sehr viel von dem, was gut ist. Denn das Gute kommt ja selten dramatisch daher; meistens geschieht es eher unspektakulär, allmählich, schleichend sozusagen.

Und im nächsten Schritt das Wünschen. Immer wieder bin ich erschüttert, wie viele Menschen auf die Frage nach ihren Wünschen nichts zu sagen wissen! Das Wünschen klärt, macht uns bewusst, wo wir hinwollen, was wir brauchen, belebt und verbindet uns auch mit anderen Menschen, für die wir etwas wünschen. In schwierigen Zeiten, persönlich oder politisch, kann nur im Wünschen ein Bild davon aufrechterhalten werden, wie das Leben oder eine bestimmte Situation gut wäre. Und solange ein inneres Bild davon, wie das Leben ist, wenn es gut ist, noch existiert, können auch die Kräfte wieder geweckt werden, um diese Situation herzustellen. Wünschen ist unbedingt nötig, davon bin ich überzeugt – im Bewusstsein allerdings, dass wir kein ›Recht‹ auf die Erfüllung unserer Wünsche haben!

Die andere Seite des Betens liegt darin, die Botschaften Gottes zu vernehmen. Gott, das Göttliche, das Ewige zeigt sich ja vor allem in der Stille; über die Sinne oder durch inneres Hören oder Sehen. Es braucht dazu das Sich-Öffnen, Offen-Sein, es braucht Langsamkeit, sozusagen Empfangsbereitschaft. Wir müssen deshalb bewusst Stille-Inseln schaffen, heraustreten aus der Hektik, dem ständigen Zeitdruck und der Reizüberflutung, die wir in unserer heutigen Kultur haben, entfliehen.«

M.H.: »Und was ist mit der Vermittlung über Worte, den alten, tradierten Texten der Bibel und den alten Gebeten?

Es gibt ja den Versuch, die Bibel aus der Gedanken- und Gefühlswelt von heute in einer neuen und damit gerechteren Sprache zu formulieren, doch dieser Versuch ist in der Kirche, vor allem unter den Bibelkundigen und -fachleuten heftig umstritten.«

M.D.S.: »Die spezielle Sprache der Theologie und der Kirche kann manchmal auch den Zugang zu christlichem Gedankengut verstellen. Vielfach werden überlieferte und gewohnte Worte, Formeln und Redeweisen gebraucht, deren Inhalte für Laien nicht mehr wirklich greifbar sind, sondern unklar, schwammig, leer oder auch theologisch abstrakt. Mich stört zum Beispiel schon so eine Frage wie: ›Glaubst du?‹ Ich antworte darauf: ›Glaube ich was?‹

Sprache muss immer wieder erneuert werden, denke ich. Die im Jahr 2006 neu erschienene ›Bibel in gerechter Sprache‹ ist ja der Versuch, die alten Texte in eine heute zeitgemäße Sprache zu übersetzen; und das ›gerecht‹ gerade auch im Hinblick auf Frauen, denen die traditionelle Sprache und Berichtweise sehr oft nicht gerecht wurde. Das zu lesen ist sehr spannend, faszinierend und oft sehr erhellend. Wenn um die ›richtigen‹ Übersetzungen der alten Texte in konstruktiver Weise gestritten wird, wird etwas Gutes dabei herauskommen. Klar ist jedenfalls, dass es keine Hobbytheologen, sondern hochkarätige Fachleute, ernsthafte Theologinnen und Theologen waren, die diese neue Übersetzung angefertigt haben.

Nach meiner Erfahrung kann man sich der alten, traditionellen Bibelsprache wieder ganz neu nähern, wenn man erst einmal eine sozusagen neuzeitliche Übersetzungshilfe – wie über die *Bibel in gerechter Sprache* oder durch eine berührende und aufschlussreiche Auslegung – bekommen hat. Das Gleiche gilt ja auch für die alten Bilder, Gleichnisse und Geschichten der Bibel.«

M.H.: »Was soll eine Frau mit dieser Erkenntnis anfangen, wenn sie sich über Texte der Bibel ärgert, in denen offensichtlich die Männer wieder das Geschehen bestimmen und das Sagen haben und die Frauen darin kaum zum Zuge kommen?«

M.D.S.: »Für Frauen ist es natürlich genauso wichtig wie für Männer, Vorbilder zu haben, und mehr noch, sich als Frauen auch auf der symbolischen Ebene wiederzufinden. Bei einem Besuch in Afrika habe ich sehr eindrücklich erfahren, wie unstimmig und irritierend es ist, wenn die Vorbilder und die symbolischen Figuren immer ganz andersartig sind, als man selbst je sein kann: Da sah ich in einzelnen Kirchen Wandgemälde mit Szenen von Heiligen und Engeln, die alle vom Typ weißhäutige Mitteleuropäer und Mitteleuropäerinnen waren. Das muss für schwarze Afrikaner unweigerlich die unterschwellige, tief kränkende Botschaft beinhalten, dass weiße Haut eben höherwertiger als schwarze Haut ist und dass die Schwarzen so, wie sie sind, immer Menschen zweiter Klasse sein werden.

Das biblische Gebot ›Du sollst dir von Gott kein Bildnis machen‹ verstehe ich so: Wir sollen an keinem bestimmten Bild festhalten und es für das ›richtige‹ Bild, das andere Bilder ausschließt, erklären. Die männliche Dreieinigkeit – Vater, Sohn und Heiliger Geist – verstellt oder erschwert sicherlich vielen Frauen den Zugang zum Christentum. Aber wir leben ja in einer Zeit, in der die feministische Theologie auch andere Akzente gesetzt und ergänzt hat. So ist uns inzwischen längst bewusst, dass das hebräische Wort für ›Geist‹, ›ruach‹, ein weibliches Wort ist. Durch die feministisch-theologische Forschung wurden viele wertvolle Erkenntnisse gewonnen: Vergessenes wieder ausgegraben, Verfälschtes oder einseitig Gedeutetes wieder in anderem Licht gezeigt, alte Spuren wiedergefunden, neue Spuren entdeckt. Das kommt Frauen heute sehr zugute. Und wir finden in der Bibel, obwohl sie in allen Phasen – in der Niederschrift der Texte, in den Übersetzungen und in der Auslegungstradition – von zeitbedingter patriarchaler Denkweise dominiert ist, doch auch weibliche Gottesbilder: Jesaja 66,13: ›Ich will euch trösten, wie einen seine Mutter tröstet.‹

– Bei Lukas 15,1 ist von Gott als guter Hausfrau und Verwalterin die Rede und bei Matthäus 13,33 von Gott als Hausfrau, die den Sauerteig zu bereiten versteht.

Selbstverständlich dürfen wir uns in den Gleichnissen und Erzählungen über Männer auch als Frauen mitgemeint fühlen, so wie in unserer Sprache ja auch Frauen bei männlichen Bezeichnungen überwiegend mitgemeint sind (die Schüler, die Lehrer, die Teilnehmer ... immer meinend: die Schülerinnen und Schüler, die Lehrerinnen und Lehrer, die Teilnehmerinnen und Teilnehmer). Aber gelegentlich sind wir eben doch nicht mitgemeint, und jedenfalls sind wir kaum je mitgedacht, wenn wir als Frauen nicht explizit benannt sind. Deshalb sind die Gleichnisse und Bilder mit Frauen in der Bibel besonders wichtig für uns.«

M.H.: »Aber in diesen Gleichnissen und Bildern werden die Frauen zuweilen sehr in die Schranken verwiesen – wie zum Beispiel in dem bekannten Zitat aus dem Paulus-Brief: ›Die Frau soll in der Gemeinde schweigen!‹ (1 Kor 14,34).

M.D.S.: »Viele Bilder und Gleichnisse in der Bibel sind für selbstbewusste Frauen heute nicht oder kaum mehr erträglich; waren es vielleicht nie. Ina Praetorius sagt dazu: Wir müssen uns die Bibel nicht vorstellen als eine einheitliche Lehre und den krampfhaften Versuch unternehmen, Widersprüche geradezubiegen. Wir können sie vielmehr als eine Art Bibliothek verstehen – also viele verschiedene Schriften von verschiedenen Männern geschrieben, zu verschiedenen Zeiten. Und dabei ist immer noch zu bedenken, in welchem Zusammenhang sie entstanden sind. Zum Beispiel ist ein anlassbezogener Brief (wie die meisten Briefe des Paulus) unter anderen Voraussetzungen verfasst worden als ein Lehrtext; er ist an ganz bestimmte Personen in einer ganz bestimmten Situation gerichtet und wäre ziemlich sicher in einem anderen Zusammenhang anders formuliert worden.

Aber es gibt ja enorm stärkende Bilder und Geschichten, auch explizit über Frauen. Mit Erzieherinnen habe ich die Geschichte der Syrophönizierin besprochen (Mk 7,24–30). Es ist die einzige Stelle in der Bibel, sagen mir befreundete Pfarrerinnen, in der Jesus als Lernender geschildert wird: Er ändert seine Meinung und gibt der Frau (!) nach, die ihm unerschrocken widersprochen hat. Sie sucht ihn auf, obwohl er sich, wohl aus Erschöpfung, zurückgezogen hat, und bittet ihn um die Heilung ihrer Tochter. Er weigert sich. Mit einem drastischen Bild, in dem er sie mit einem Hund vergleicht, erklärt er ihr, dass sie als Griechin nicht zu den Menschen gehört, um die er sich kümmern mag und kann. Doch sie bleibt beharrlich und fordert seine Hilfe ein. Sie nimmt unaufgeregt seinen Vergleich mit den Hunden an und spinnt ihn weiter – und überzeugt Jesus von ihrer Sicht. Für Frauen ist das eine sehr wertvolle Geschichte, sehr ermutigend und stärkend: Ich sehe sie unter anderem als eine Einladung, unsere eigenen Sichtweisen als Frauen, unser eigenes Erleben, unsere Meinungen, Erkenntnisse, eigenen Bedürfnisse und Anliegen beharrlich und unerschrocken zu formulieren! Denn wir können nur selbst stimmig sagen, wer wir sind und was wir brauchen und wollen. Und können uns so aus den einseitigen Zuschreibungen, Bewertungen und Abwertungen einer sehr langen patriarchalen Tradition herausschälen.«

M.H.: »Das ist ein treffendes Beispiel für »Empowerment« (deutsch: Ermächtigung): eine Ermutigung und Unterstützung, die eigenen Stärken zu entdecken und zu entwickeln und beharrlich und gelassen für die eigenen Anliegen einzustehen.

Welche anderen Textstellen der Bibel sind in diesem Sinn gerade für Frauen wichtig?«

M.D.S.: »Das Gleichnis von der gekrümmten Frau (Lk 13,10–13): Sie war zusammengekrümmt und konnte den Kopf nicht heben, heißt es in der *Bibel in gerechter Sprache*. Jesus lädt sie ein und hilft ihr, sich wieder aufzurichten. Ihre Verkrümmung heißt es, war durch einen bösen Geist verursacht. Heute würden wir dazu wohl sagen: psychosomatisch bedingt. Eine Knochenkrankheit oder Knochenanomalie hatte sie offenbar nicht. Das Aufrichten zur vollen Größe, so, dass der Blick leicht in alle Richtungen gewendet werden kann, so, dass sie sich in ihrer vollen Größe zeigt und gesehen wird – das ist ein Urbild für Empowerment, Ermächtigung. Das eignet sich übrigens auch gut als körperliche Meditation zur Stärkung von Körper, Seele und Geist, z.B. am Morgen: einen guten Stand suchen, mit lockeren Knien; dann den Kopf nach vorne fallen lassen und vom Halswirbel her beginnend den Rücken Wirbel für Wirbel langsam nach unten abrollen; Kopf aushängen; dann wieder von unten her Wirbel für Wirbel sich nach oben aufrichten; zuletzt den Kopf locker wie eine Krone aufsetzen und den Blick einmal in alle Richtungen wenden. Und dazu kann man dann noch die Worte sprechen, die die Theologin Elisabeth Moltmann-Wendel einmal mit Frauen formuliert hat – drei knappe Sätze, die genau da, wo Frauen (vielleicht auch Männer?) am verwundbarsten sind, heilend und aufbauend wirken: ›Ich bin ganz, ich bin gut, ich bin schön!‹ Oder einen der wunderschönen alten Psalmen meditieren. Zum Beispiel Psalm 23.«

Der Herr ist mein Hirte,
mir wird nichts mangeln.
Er weidet mich auf einer grünen Aue
und führet mich zum frischen Wasser.
Er erquicket meine Seele.
Er führet mich auf rechter Straße um seines Namens willen.
Und ob ich schon wanderte im finstern Tal,
fürchte ich kein Unglück;
denn du bist bei mir,
dein Stecken und Stab trösten mich.
Du bereitest vor mir einen Tisch
im Angesicht meiner Feinde.
Du salbest mein Haupt mit Öl
und schenkest mir voll ein.
Gutes und Barmherzigkeit werden mir folgen mein Leben lang,
und ich werde bleiben im Hause des Herrn immerdar.

Literatur

Ulrike Bail, Frank Crüsemann, Marlene Crüsemann, Bibel in gerechter Sprache. Gütersloh: Gütersloher Verlagshaus, 3. Aufl. 2007

Ina Praetorius, Sich in Beziehung setzen. Zur Weltsicht der Freiheit in Bezogenheit. Königstein: Helmer Verlag 2005

Aus guten Quellen schöpfen

Ansprechpartner und Hilfsangebote für Frauen in Fragen der Religion

*Von **Aya Schneider**, Freiburg*

Sinn

Ein Name von dir
flog mir zu
er lautet »Sinn«
Sinn ist in allem
verborgen doch da
in meinen Sinnen
zeigst du dich
und in der Sinnlichkeit
kommst du mir nah wie nie
Wo ich von Sinnen bin
bin ich von dir entfernt
doch wo ich zur Besinnung komme
erwache ich zu dir.
Christoph Quarch

Kinder in ihren religiösen Bildungsprozessen zu begleiten bedeutet, mich als ganze Person einzubringen, mit den *mir* eigenen Gaben, Fragen, Grenzen, Hoffnungen und Aufbrüchen.

Kinder sehen die Erzieherin nicht in ihrer Funktion und Rolle, sondern als Mensch. Sie lassen sich noch nicht so leicht von Worten beeindrucken, sondern haben noch ein feines Gespür für die Sinnesart, die dahintersteht. Ihre Aussprüche und Fragen sind oft schockierend direkt (»Wann musst du sterben?«) und ihre Bereitschaft zu lieben ist groß. Vielleicht hat Jesus sie uns deshalb in die Mitte gestellt und uns als Vorbild gegeben?

Wir Erzieherinnen richten unsere Aufmerksamkeit auf die Entwicklungsaufgaben der Kinder. Und erkennen darin Themen, die uns selbst in unserer (Glaubens-)Entwicklung ein Leben lang begleiten.

Dazu gehört, sich selbst immer besser kennenzulernen, dem persönlichen Wachstum und Reifen Raum zu geben, Gemeinschaft zu suchen, Quellen zu finden, aus denen man/frau schöpfen kann. Und – auch das können wir wunderbar den Kindern abschauen – Freude am Wachsen haben: dürfen, nicht müssen!

An fünf beispielhaften Aspekten soll nach Quellen gesucht werden, wie wir christlichen Glauben nachfragen, erden und leben können:

- Im Glauben Fragende und auf dem Weg sein.
- Eine eigene Geschichte mit dem Glauben haben.
- Glauben mit Leib und Seele.
- Scheitern annehmen.
- Freude und Dankbarkeit empfinden und ausdrücken.

Dass es sich hier in diesem Rahmen lediglich um Teilaspekte handeln kann, versteht sich von selbst. Aber auch das mag Zeichen sein: Wir werden vieles immer auch nur in Bruchstücken leben können.

Und eins noch vorweg: Es geht in den folgenden Ausführungen um die Erzieherin als Person, weniger um die Pädagogin und ihre notwendigen Kompetenzen. Fachliches Wissen und Können in der religiösen Bildung, Hintergrundwissen zu theologischen Fragestellungen kommen höchstens am Rande vor. Es sei ausdrücklich darauf hingewiesen, dass das eine nicht gegen das andere ausgespielt werden soll. Es ist lediglich nicht Thema dieses Beitrags.

Im Glauben Fragende und auf dem Weg sein

> Ich kann meine Träume nicht entlassen,
> ich schulde ihnen noch mein Leben.
> ***Graffiti***

Im Glauben sind alle immer Anfängerinnen. Wir sind nie »fertig«, unser Leben lang üben wir auf diesem Weg des Gottvertrauens und vieles bleibt uns fragwürdig. »Glauben braucht Bildung, Hirnbildung wie Herzensbildung. Und wie alle Bildung führt auch religiöse Bildung nicht in ein glattes Glauben hinein, sondern mitten in die Widersprüchlichkeit. Wir sind Suchende. Gott macht nicht einfach glücklich. Aber er macht neugierig. Das Unbekannte und das Unerklärliche – und nicht das Bekannte und Erklärte – sind des Lebens Quell. Und der Quell des Glaubens.« (Röser 2005, S. 124)

Sehnsüchte erkennen und befragen

Es bleibt ein Leben lang spannend, sich selbst zu er-gründen: das heißt meinen Sehnsüchten nicht in Süchten oder anderem Ersatz auszuweichen, sondern nach dem zu suchen, was meinem Leben und unserer Welt Sinn gibt. In seinen Sehnsüchten und der Suche danach, welcher Geist mein Leben bestimmt (oder bestimmen soll), können Christen einen Widerhall christlicher Lebens- und Weltdeutung finden. Besonders reizvoll und oft auch ermutigend ist es, nicht einsam meinen Fragen, Visionen und Enttäuschungen nachzuspüren, sondern im Austausch mit anderen. Allerdings ist es in unserer Gesellschaft sehr ungewöhnlich geworden, über Glaubensfragen und -zweifel zu sprechen. »Religiöse Sprachlosigkeit« nennt man das Phänomen, dass wir keine Alltagsworte mehr dafür haben, über Gott und Glauben zu sprechen.

Wenn die Atmosphäre im Kindergartenteam stimmt, lohnt es sich, einen solchen Austausch anzuregen. Und wenn nicht – vielleicht erst recht?! Ein Einstieg ins Gespräch könnten die Geschichten sein, die man sich als lustigen »Kindermund« erzählt. Diese könnten gemeinsam darauf abgeklopft werden, was an (kindlicher) Philosophie und Theologie drinsteckt.

Ein Beispiel aus dem Kindergartenalltag: Florian (drei Jahre alt) schaut ein Feuerwehrbilderbuch an und fragt: »Wenn der nicht mehr seinen Feuerwehranzug anhat, ist der dann kein Feuerwehrmann mehr?«

Florian, fasziniert von Feuer und allem, was damit zusammenhängt, denkt daran, selber Feuerwehrmann zu werden. Aber was ist ein Feuerwehrmann, was macht ihn dazu? Seine Uniform?

Ich bin Erzieherin – bin ich's nur im Kindergarten? Oder auch, wenn ich ein Kindergartenkind auf dem Markt treffe? Wie weit gehört mein Beruf zu meiner Identität? Bin ich, was ich mache und zeige? Oder was macht *mich* aus? Was oder wer macht mich zu dem, was *ich* bin?

Die sein wollen, die ich bin

Erzieherinnen haben meist hohe Ansprüche an ihr Verhalten den Kindern gegenüber. Die Stärken der Kinder zu sehen und nicht Schwächen in den Vordergrund zu stellen, ist in der modernen Kindergartenpädagogik ein wesentlicher Grundsatz. Mit sich selbst gehen Erzieherinnen nicht immer so zugewandt um. Manchmal ist der Blick auf die eigenen Fehler, Unzulänglichkeiten usw. sehr viel ausgeprägter als darauf, was gut ist. Das Liebesgebot der Bibel ermuntert uns: den Nächsten lieben wie *sich selbst*. Mich selbst liebevoll betrachten als nach Gottes Bild geschaffen, kann helfen, die zu werden und sein zu wollen, die ich bin.

In einer Legende (vgl. Ernst/Klimek 2004) wird von einem Mann erzählt, der weit reiste, um in einen Zauberspiegel zu schauen. Dieser soll jeden Menschen so zeigen, wie er wirklich ist. Und nun sah der übertrieben bescheidene, sich selbst immer unterschätzende Mann im Spiegel einen ganz anderen: Er sah einen strahlenden, starken, von Selbstvertrauen strotzenden Mann. Die Unzulänglichkeiten, die er bisher als Einziges gesehen hatte, waren kaum zu bemerken. Und ihm wurde klar, dass *dieser* Mann sein anderes Selbst sein müsse, »das Wesen, als das ihn der Schöpfer geschaffen hatte« (ebd. S. 137). Und jetzt konnte er der werden, der er wirklich war.

Und vor der Gefahr, sich auch in diesem Bild zu überfordern, kann die Geschichte vom Rabbi Sussja helfen, der vor seinem Ende sprach: »In der kommenden Welt wird man nicht fragen: ›Warum bist du nicht Mose gewesen?‹ Man wird mich fragen: ›Warum bist du nicht Sussja gewesen?‹« (aus Buber: Die Erzählungen der Chassidim)

Glauben bedeutet, sich immer wieder auf den Weg zu machen

Das Wort »Religion« kommt vom lateinischen »religio« und bedeutet »sich rückbinden«. Dieses Sich-Festmachen an meinem Glauben ist nichts Statisches, Glauben bedeutet immer auch, unterwegs zu sein: Wie bei Sarah und Abraham gehört das Verlassen der vertrauten Heimat oder vertrauter Meinungen dazu; wie Moses und seine Schwester, die Prophetin Mirjam, und alle Israeliten brauchen wir immer wieder einen Aufbruch aus der Sklaverei bzw. dem, was uns durch unsere Gewohnheiten zu »versklaven« droht.

Anselm Grün schlägt in einem kleinen Büchlein den Weg vor, Glauben als *Umdeuten* zu versuchen (Grün 2002). »Glaube ist eine Weise, die Wirklichkeit zu sehen und sie zu deuten – und zwar von Gott her.« (Ebd. S. 17) Glaube lässt uns alles in einem anderen Licht sehen: uns selbst, unsere Mitmenschen und unsere Situationen. Empfindlichkeiten und Ängste bei mir und anderen zum Beispiel müssen so weder hart bekämpft noch geleugnet werden. Sie können umgedeutet und angenommen werden als Grenzen und Aufgaben. »Das Deutungsmodell des Glaubens führt zum Verhaltensmodell der Liebe.« (Ebd. S. 49)

Sich auf den Weg machen im Glauben weist auch über mein eigenes begrenztes Sein hinaus und führt in die Gemeinschaft der Glaubenden. »Das bedeutet Kirche: mehr sein können als einsames Subjekt: mehr glauben können als man glaubt ... Wenn Authentizität nicht mehr ist als die Übereinstimmung mit sich selber, dann wäre es eine Magermilchredlichkeit, von der keiner leben kann. Ich denke mich als Glaubender in den Glauben meiner Geschwister und in den Glauben meiner Kirche hinein, und so bin ich authentisch, indem ich meine Grenzen sprenge und der bin, der von fremden Broten ernährt wird.« (Steffensky 2002, S. 98)

Anderen Religionen begegnen

Als ich vor vielen Jahren eine Zeit lang in einem muslimischen Land lebte, habe ich das selbstverständliche Vorkommen von Religion und religiösen Vollzügen im Alltag beobachtet. Es wurde kein Glas Wasser getrunken, ohne Gott zu danken, kein Besuch willkommen geheißen, ohne Gott dafür zu preisen; und das alles ohne Zwang und Fanatismus, sondern ganz selbstverständlich und anscheinend aus einem inneren Bedürfnis. Die Frage nach meinem Eigenen stellte sich mir dadurch deutlich.

Fremde Religionen haben manches Befremdliche für uns, oft auch Faszinierendes. Spannend wird es, wenn sich dadurch die Frage nach meiner eigenen Religion und meiner eigenen religiösen Praxis stellt. Im Kindergarten begegnen uns heute viele Religionen. Neben den erforderlichen Informationen *über* Inhalte, religiöse Praktiken und Tabus der anderen Religion sind vor allem Begegnungen und Erlebnisse *mit* den Menschen wesentlich.

Die eigene Religion befragen

Auch unsere eigene christliche Religion ist uns in manchem fremd. Manche Praktiken sind uns fern. Mitunter fällt es uns leichter, fernöstliche Methoden der Spiritualität auszuprobieren, als christliche Frömmigkeitspraktiken zu verstehen. Manche dieser Praktiken passen tatsächlich nicht mehr zu uns, andere könnten wir uns genauer ansehen, um sie zu verstehen und dann vielleicht schätzen zu lernen.

Die Bibel als Lebensbuch entdecken

Kinder lieben biblische Geschichten. Sie sind noch sehr nahe an dieser bildreichen Sprache und lassen sich unmittelbar davon berühren. Für sie ist die Sintflut in der Noah-Geschichte nicht so schwierig: Es ist richtig und notwendig, dass das Böse untergeht und das Gute siegt.

Wir Erwachsenen haben es manchmal schwerer mit diesen Geschichten und können einen Gott nicht so einfach akzeptieren, der Menschen und Tiere grausam ertrinken lässt. Wir sind es gewohnt, auf die Worte zu hören, aber wir haben verlernt, die Sprache zu verstehen. Darum brauchen wir die Auseinandersetzung mit der Bibel. Was sind das für Geschichten, aus welcher Zeit kommen sie, aus welcher Kultur, was soll das heißen, was ist Gottes Wort in diesen Menschenworten? Und vor allem die Frage: Was hat das mit mir zu tun? Es gilt zu entdecken, wie die menschlichen Grunderfahrungen von Glück und Unglück, Angst und Geborgenheit, Streit und Versöhnung von den Menschen der biblischen Geschichten erlebt und gemeistert wurden und wie sie darin Gott begegnet sind. Manchmal erkenne ich, dass ich darin vorkomme, manchmal lassen sich durch sie Gottes Spuren in der eigenen Lebensgeschichte aufschlüsseln, manchmal tauchen neue Lichtblicke auf, manchmal kann man wenigstens mit jemandem mitweinen.

Die Perikope von Marta und Maria war mir so eine Geschichte, mit der ich mich (wie viele Frauen) lange nicht anfreunden konnte. In Lukas 10, 38-42 heißt es:

»Sie zogen zusammen weiter, und er kam in ein Dorf. Eine Frau namens Marta nahm ihn freundlich auf. Sie hatte eine Schwester, die Maria hieß. Maria setzte sich dem Herrn zu Füßen und hörte seinen Worten zu. Marta aber war ganz davon in Anspruch genommen, für ihn zu sorgen. Sie kam zu ihm und sagte: Herr, kümmert es dich nicht, dass meine Schwester die ganze Arbeit mir allein überlässt? Sag ihr doch, sie soll mir helfen! Der Herr antwortete: Marta, Du machst dir viele Sorgen und Mühen. Aber nur eines ist notwendig. Maria hat das Gute gewählt, das soll ihr nicht genommen werden.«

Sieht es doch auf den ersten Blick so aus, als ob hier wieder mal ein Mann die Hausarbeit als »nicht so wichtig« herabsetzen würde. Aber als es mir gelungen war, genauer hinzuschauen und Marta und Maria *in mir* zu entdecken, konnte ich auch kritisch nach dem Platz fragen, den sie in mir einnehmen. Wie viel Platz hat Marta in ihrer Sorge und ihrem Kümmern für die anderen? Bin ich sicher, dass dieses Kümmern gerade notwendig ist? Oder ist gerade etwas anderes angesagt: mich hinzusetzen und auf das und den zu hören, der die Not wirklich wenden kann? Wie bekomme ich heraus, was gerade das Bessere für mich ist? Natürlich brauche ich meine Marta – aber auch meine Maria braucht ihren wichtigen Platz in mir!

Traditionen nachspüren: Kirchenjahr und Liturgie

Wir leben im Laufe der Zeit, ohne wirklich begreifen zu können, was sie sei (Augustinus: »Wenn man mich fragt, was die Zeit ist, weiß ich es, will ich es dem Fragenden erklären, weiß ich es nicht.«). Wir spüren ihren Rhythmus im Tageslauf und im Jahr. Von jeher sind die Menschen diesem Rhythmus nachgegangen und haben besondere Zeiten gemeinsam betont und gefeiert. An

Kindern und ihrer Begeisterung für wiederkehrende und wiedererkennbare Feste und Tageszeitrituale können wir deren Bedeutung ermessen. »Feste gliedern das Jahr, sie vermitteln dadurch ein Gefühl der Sicherheit ... Gelungene Feste, die Gemeinschaft und Freude ermöglichen, sind ein Beitrag zu einer lebensbejahenden Haltung.« (Möller/Tschirch 2002, S. 151) Sie machen uns bewusst, dass wir unser Leben nicht nur uns selbst verdanken.

Deshalb lohnt es sich auch, dem Sinn der Feste ein Leben lang immer wieder neu nachzuspüren. Ich kann Kindern an Ostern Kreuz und Auferstehung nur zumuten, wenn ich für mich die Hoffnung in diesem Fest gefunden habe. Da vielen Erzieherinnen in ihrer Sozialisation dies nicht ermöglicht wurde, brauchen sie nicht Anweisungen, mit den Kindern »richtig« zu feiern, sondern erst einmal Unterstützung in ihren eigenen Fragen.

Auch der Sinn der Liturgiefeiern bleibt oft verborgen. Teilnehmerinnen eines theologischen Kurses berichteten, dass sie, nachdem sie Sinn, Geschichte und Aufbau der Liturgie erfahren hatten, ganz anders mitfeiern konnten. Diese Erfahrung führt zu der berechtigten Frage, wie Liturgie verständlicher gestaltet werden kann. Gerade in Frauengruppen gibt es viele Aufbrüche in lebendige, sinnliche, *berührende* Feiern. Aber nicht nur die Feiern müssen abgestimmt werden, auch wir Feiernde dürfen uns befragen. Liturgie ist weder Event noch Katechese, sie ist Begegnung des Menschen mit Gott. Dieses Geheimnis wird in Symbolen und Zeichen gefeiert. Es kann und muss hier nicht alles einfach durchschaubar sein, aber die, die mitfeiern und dazugehören wollen, brauchen Einweihung, Mystagogie. Wir brauchen aber nicht zu warten, bis endlich mal jemand merkt, was wir brauchen. Jede und jeder von uns kann sich selbst auf den Weg machen und Begleitung suchen. Inzwischen gibt es vielerlei Angebote (neben den Fortbildungsangeboten) von Bildungswerken über geistliche Begleitung bis zur City-Pastoral.

Eine eigene Geschichte mit dem Glauben haben

Die eigene Sozialisation betrachten

Bei Martin Luther kann man nachlesen, was Rabbi Sussja lehrte: »Gott sprach zu Abraham: ›Geh aus deinem Land, aus deinem Geburtsort, aus dem Haus deines Vaters in ein Land, das ich dir zeigen werde.‹ Gott spricht zum Menschen: ›Zuvorderst geh aus deinem Land – aus der Trübung, die du dir selber angetan hast, sodann aus deinem Geburtsort – aus der Trübung, die deine

Mutter dir angetan hat. Danach aus deinem Vaterhaus – aus der Trübung, die dein Vater dir angetan hat. Nun erst vermagst du in das Land zu gehen, das ich dir zeigen werde.‹« (Buber 2006)

Glaubensentwicklung und Gottesbilder sind *auch* abhängig von unterschiedlichen Prägungen in unterschiedlichen Biografien. Ob ich ein strenggläubiges oder atheistisches Elternhaus erlebt habe; ob dort von Gott als »Aufpasser« oder »mütterlicher Vater« gesprochen und an ihn geglaubt wurde; ob diejenigen, die mir vom Glauben erzählten, glaub-würdig lebten oder ob sie ganz anders handelten als sie predigten; all das hat Einfluss auf meinen Glaubensweg. Dies muss aber keineswegs mein Glaubensschicksal bestimmen, jeder Mensch kann und soll erwachsen werden, jeder Glaube kann und muss hinterfragt werden!

Gottesbilder hinterfragen und Steine aus dem Weg räumen

»Du sollst dir kein Bildnis machen!«, steht in der Bibel. Und trotzdem ist auch die Bibel voller Bilder von Gott. Wir brauchen Bilder, denn wie, wenn nicht in Bildern, können wir (an) Gott denken? Sinn des Bilderverbotes ist, die Nicht-Festlegbarkeit und die Unverfügbarkeit Gottes deutlich zu machen. Wir dürfen uns nicht festlegen auf ein Bild. Gott bleibt immer der »ganz Andere«, bleibt Geheimnis. (Und ein Geheimnis ist etwas anderes als ein Rätsel. Rätsel lassen sich lösen, wenn man nur gründlich genug darüber nachdenkt. Ein Geheimnis braucht jemanden, der es lüftet – wir sprechen von Offenbarung.)

Die Gottesbilder wandeln sich im Laufe unseres Lebens – hoffentlich! Und müssen angeschaut und nicht verdrängt werden. Helmut Jaschke warnt: »Unbewusste Gottesbilder sind wirksam in der Lebenseinstellung, dem Lebensgefühl, das sich in der Regel in der eigenen Kindheit gebildet hat: Das Leben – und damit meine eigene Person – ist vertrauenswürdig, eine Aufforderung und Chance, mit dieser Gabe zu wuchern. Oder aber: Das Leben ist schwer, eine Last, die einem *auferlegt* ist. Von wem? Diese Frage muss man sich gar nicht stellen. Entscheidend ist das Gefühl, dass einem dieses Leben von einer unberechenbaren, höheren Macht zugemutet wird. Sie kann es gut mit mir meinen oder eben nicht. Man hat nur die Möglichkeit, sich schlecht und recht durchzuschlagen und froh zu sein, wenn einen nicht nur Unglück trifft.« (Jaschke 2004, S. 22) Besonders wirksam bleiben diese unbesehenen Gottesbilder, weil sie so keine Chance haben, sich zu verändern. Sich nur abzuwenden reicht nicht, die erworbene »Gottesvergiftung« (Tilmann Moser) muss angeschaut und hinterfragt werden. Nur so kann der menschenfreundliche und liebende Gott entdeckt und erfahren werden.

Glauben mit Leib und Seele

> Der Christ der Zukunft wird »Mystiker« sein, einer, der etwas »erfahren« hat, oder er wird nicht mehr sein.
> ***Karl Rahner***

Etwas erfahren sollen wir, uns unmittelbar berühren lassen, nur so können wir Christinnen bleiben in unserer säkularisierten Zeit. Glaube soll *spürbar* sein, innerlich, manchmal auch leiblich. Leib und Seele gehören zusammen, Handlungen und Haltungen haben miteinander zu tun. Deshalb spielt in unseren religiösen Erfahrungen oft auch der Körper eine Rolle, indem er äußerlich ausdrückt, was uns innerlich bewegt. Und umgekehrt, indem eine äußere Haltung der innerlichen Sammlung verhelfen kann.

Religion als Dimension meines Lebens

Religion ist nicht nur was für sonntags. Wenn ich im Glauben »alles in einem anderen Licht« (Grün 2002) sehe, ist mein Alltag tatsächlich durchdrungen und bestimmt davon. Und das spüren auch die anderen (zumindest zuweilen). Ein Beispiel aus einem Kindergarten: Die Erzieherin steht zur Abholzeit am Eingangstor und passt auf, dass kein Kind entwischt. Sie begrüßt alle ankommenden Eltern mit einem freundlichen Gruß. Eine Mutter schlägt ihr scherzend vor: »Ach, stellen Sie doch einfach ein Tonband hin«, dann unterbricht sie sich nachdenklich, schaut die Erzieherin an und sagt: »Nein, Sie meinen wirklich jede Einzelne!«

Wie ich meinen Tag gestalte, wie ich auf andere Menschen zugehe, wie ich in Krisen reagiere, ist begründet in meiner Spiritualität, das heißt aus dem Geist, aus dem ich lebe. Und das sollte kein »heimlicher Lehrplan« sein. Wenn unsere begründete Hoffnung im Reich Gottes liegt, das mit Jesus begonnen hat, brauche ich weder lange zu warten noch weit zu suchen:

»Als er aber von den Pharisäern gefragt wurde, wann das Reich Gottes komme, antwortete er ihnen: ›Das Reich Gottes kommt nicht so, dass man es berechnen könnte, auch wird man nicht sagen: Siehe hier! Oder: Dort! Denn siehe, das Reich Gottes ist mitten unter euch.‹« (Lk 17,20–21)

Orte und Zeiten der Ruhe und der Besinnung finden

Gerda und Rüdiger Maschwitz beklagen, dass ihre Stilleübungen oft missverstanden wurden als schnelle Methode, »auffällige Kinder ruhig zu bekommen«. (Maschwitz 2002, S. 12 f.) Ihnen ging und geht es vielmehr darum, eine Haltung einzuüben: still werden, sich wahrnehmen, sich anfragen. Es geht um persönliches Wachstum, Reifung und Wandlung. Ihre Anregungen gelten nicht nur für Kinder, ausdrücklich betonen sie, dass diejenigen, die andere anleiten wollen, unbedingt selbst Erfahrungen mit ihren »existenziellen Methoden« gemacht haben müssen.

Mit sich alleine in der Stille zu sein kann Herausforderung sein. Aber an Herausforderungen wachsen wir, nur im Schweigen kann ich lernen, auf meine innere Stimme zu hören. Wir brauchen allerdings einen Ort und feste Zeiten dafür, groß ist sonst meist die Versuchung, uns von der Hektik des Alltags überrollen zu lassen. »Gewohnheiten sind erst Spinnfäden, dann Drähte.« (Spanisches Sprichwort) Schön, aber schwierig ist der Rat von Franz von Sales: »Nimm dir täglich eine halbe Stunde Zeit zum Stillwerden. Außer, wenn du sehr viel zu tun hast. Dann nimm dir eine Stunde.«

Singen und Beten

Kinder singen gerne und beten gerne. Es ist eine besondere Chance, Singen und Beten mit Kindern (wieder) zu entdecken und praktizieren zu dürfen. Denn Beten ist uns modernen Menschen schwierig geworden. Wir »erreichen« ja nicht unbedingt etwas Handgreifliches. Weder werden wir in unseren Bittgebeten umgehend erhört noch erfahren wir automatisch dabei Gottes Nähe.

Gebete von Kindern sind (wenn sie es nicht anders beigebracht bekommen) eher Lob- und Dankgebete als Bittgebete (vgl. Röser 2005, S. 66). Vielleicht verstehen sie es noch besser: Beten bedeutet nicht, dass wir Gott zuerst ansprechen, sondern unser Beten ist immer eine Antwort an Gott, der sich uns lange schon zugewandt hat. »Gott ist der erste Beter, weil er das erste Wort der Sehnsucht spricht.« (Steffensky 2002, S. 16)

Eine besonders intensive Form des Betens kann Singen sein: »Singen ist doppeltes Beten.« (Augustinus) Es ist schön, in Zeiten, in denen ich mich eins mit mir, der Welt und meinem Gott fühle, zu singen: »Meine Hoffnung und meine Freude, meine Stärke, mein Licht, Christus, meine Zuversicht, auf dich vertrau ich und fürcht mich nicht.« (Gesang aus Taizé) Besonders eindrücklich erlebe ich es, dieses Lied zu singen, wenn ich weder Hoffnung noch Freude oder Zuversicht in mir spüre. Vor allem wenn in der Methode von Taizé die Lieder meditierend immer wiederholend gesungen werden, kann das, was ich singe, manchmal wieder wahr und spürbar werden.

Dies weist auch darauf hin, dass wir neben den ganz persönlichen, frei formulierten Gebeten auch vorformulierte Gebete brauchen. Einmal, um gemeinsam beten zu können. »Sie geben die rechten Worte und ermöglichen das gemeinsame Sprechen.« (Steinke 2004, S. 102) Der Theologe Steffensky weist noch auf einen anderen Gesichtspunkt hin: »Zu unserer spirituellen Ausstattung sollte eine Reihe von Formeln gehören, die sich auf die Lippen drängeln, wenn man sie braucht. Wenn man die Sprache wirklich braucht, kann man sie nicht erfinden. Sie muss geläufig und auswendig gekonnt sein.« (Steffensky 2002, S. 104)

So liegt das Besondere des Betens vielleicht nicht im Erreichenwollen, sondern im schlichten Tun. Nicht nur ab und zu ein Stoßgebet, sondern regelmäßiges (Aus-)Üben. Mit Leib und Seele: sich Zeit dafür reservieren, möglichst einen ungestörten Ort haben, dann kann die Achtsamkeit wachsen für den, »der da ist« (Ex 3,14).

Scheitern annehmen

Schreibe das Unrecht,
das man dir antut,
in den Sand,
doch schreibe das Gute,
das dir widerfährt,
auf marmorne Tafeln.
Lass alle Gefühle wie Groll und den Wunsch nach Vergeltung fahren,
sie schwächen dich nur,
doch halte fest an Gefühlen wie Dankbarkeit und Freude,
die dich stärken.
(Ratschlag aus der Tradition des arabischen Sufismus)

Glaube sieht die Würde des Menschen als Ebenbild Gottes – aber er verschließt nicht die Augen vor seinen Schwächen und Abgründen. Diese müssen nicht geleugnet und verdrängt werden, sie sollen angeschaut und ausgesprochen werden können. Nur so ist Heilung möglich.

Versöhnen und verzeihen – sich und anderen

Verzeihen bedeutet ent-schuldigen; die zugefügten Verletzungen werden nicht bestritten, aber auch nicht mehr nachgetragen. Versöhnen bedeutet das auszuhalten, was war: Nicht auszuweichen ist wichtig, es muss angeschaut werden, damit ich nicht nur einfach die Augen verschließe, sondern wirklich loslassen kann. Das ist oft sehr schwer, und es ist trostreich zu erfahren, dass Loslassen bedeuten kann, es Gott zu überlassen.

Die Wohltat des Verzeihens gilt für beide Seiten. Verzeihen zu können, sich nicht mehr durch Grübeln über erlittenes Unrecht zu zermürben ist befreiend. Und wenn mir verziehen wurde, ist das auch wichtig – auch wenn es nicht immer einfach ist, mir selbst zu verzeihen. Wenn ich mich von Gott geliebt und angenommen weiß, muss ich keinen Träumen von Vollkommenheit mehr nachhängen, ich kann mich mit aller Fehlerhaftigkeit annehmen. Ich kann – und muss mich nicht selbst erlösen.

Mit einem Augenzwinkern gibt Hildegard von Bingen den guten Rat: »Denke aber daran, dass du ein irdischer Mensch bist, und fürchte dich nicht so sehr, denn Gott sucht nicht immerzu Himmlisches in dir!«

Trauern und Klagen

Mit dem Bild vom immer »lieben Gott« tragen wir manchmal eine ebenso schwere Bürde wie mit dem Bild vom alten Mann mit Rauschebart: Beide tragen nicht auf Dauer. Sie halten nicht stand im täglichen Leben, in besonderen und besonders schwierigen Situationen. Vieles begegnet uns, das wir mit einem lieben Gott nicht vereinbaren können. Vieles erleben und erfahren wir, das wir nicht verstehen können und auch nicht verstehen wollen: Warum muss ein kleines Kind so krank werden und so viel leiden? Warum bebt die Erde und begräbt unschuldige Menschen? Es ist gut, sich mit Leid auseinanderzusetzen. Es ist gut, zu kämpfen, wo es in unserer Möglichkeit steht, und es ist gut, zu trauern und zu klagen, wo nicht. Erst wenn wir trauern und klagen konnten, wird es möglich, das Leid auch anzunehmen und wieder Hoffnung zu finden.

Wüstenzeiten

Glauben ist nicht einfach. Und nicht durch eisernen Willen herbeizuzwingen. Es gibt Wüstenzeiten. Zeiten, in denen wir weder Glaube noch Hoffnung noch Liebe spüren. In diesen Zeiten nicht aufzugeben, sondern festzuhalten an Gebetszeiten, Schriftlektüre u. Ä. kann dem Glauben eine ungeahnte Tiefe geben. »Es macht die Wüste schön, dass sie irgendwo einen Brunnen birgt«, weiß der *Kleine Prinz* in Saint-Exupérys gleichnamigem Buch. Zuweilen ist es wichtig, sich bewusst »der Wüste« auszusetzen. Im Alten wie im Neuen Testament wird von Begebenheiten in der Wüste berichtet. Sie kann dort ein Ort der Versuchung sein, aber auch der Offenbarung und der Gottesbegegnung. Sich von Zeit zu Zeit zurückzuziehen, Abstand zu nehmen von den Dingen, die im Alltag so notwendig scheinen, hilft, sich auf Wesentliches zu konzentrieren. Wüstenzeiten machen darauf aufmerksam, dass wir nichts erzwingen können. Wesentliche Dinge werden geschenkt, auch der Glaube. Von uns wird »nur« erwartet, da zu sein und die *leeren* Hände hinzuhalten.

Freude und Dankbarkeit empfinden und ausdrücken

Überlass dich nicht der Sorge,
schade dir nicht selbst durch dein Grübeln!
Herzensfreude ist Leben für den Menschen,
Frohsinn verlängert ihm die Tage.
Überrede dich selbst und beschwichtige dein Herz,
halte Verdruss von dir fern.
Denn viele tötet die Sorge,
und Verdruss hat keinen Wert.
Neid und Ärger verkürzen das Leben,
Kummer macht vorzeitig alt.
Der Schlaf des Fröhlichen wirkt wie eine Mahlzeit,
das Essen schlägt bei ihm gut an.
(Sir 30, 21–25)

Eigentlich ist diesem Spruch aus den *Weisheitsbüchern der Bibel* nichts hinzuzufügen. Aber der Alltag verstellt uns manchmal den Blick: Hier finden Erzieherinnen viel Frustrierendes an überlastenden Rahmenbedingungen, überzogenen Forderungen an die Einrichtungen und vielem mehr. Manchmal ist die Gefahr groß, an diesen Dingen zu verzweifeln und sich davon lähmen zu lassen.

Aber zum Glück haben wir es im Kindergarten mit Kindern zu tun und die leben sie uns immer wieder vor, die *Herzensfreude* und den *Frohsinn.* (Damit soll kein romantisierendes Bild glücklicher Kindheit gemalt werden. Kinder kennen Kummer und Sorgen sehr wohl. Trotzdem bewundere ich ihre Gabe, diese auch beiseitelegen zu können und sich zu freuen. Die unzureichenden Bedingungen im Arbeitsfeld sollen damit auch nicht geleugnet werden, das Sich-den-Sorgen-Überlassen aber hilft auch hier nicht weiter.)

Sich mit den Kindern zu freuen und über oft Übersehenem wie Sonnenflecken in einer Pfütze oder dem wohligen Gefühl von trockenem Sand, der durch die Hand rieselt, zu staunen, kann manches zurechtrücken helfen. In diesem tiefen Staunen über Kleinigkeiten kann Lebensfreude entstehen.

Und die Freude lässt uns dankbar sein. »Danke sagen zu können, lässt uns zutiefst menschlich werden; so entdecken wir auch andere Werte für unseren Alltag wieder: lachen, staunen, Komplimente machen und annehmen, Echo geben auf all das, was im Hintergrund für uns getan wird, was wir oft so unbekümmert hinnehmen.« (Stutz 2003, S. 102)

Im Evangelium, der »Frohen Botschaft«, ist von der *rechten* Sorge zu lesen. Freude und Dankbarkeit machen nicht blind für Unzulänglichkeiten und Ungerechtigkeiten in unserer Welt, im Gegenteil. Aber sie erst geben Kraft und Zuversicht, sich für notwendige Veränderungen einzusetzen.

Literatur

Martin Buber, Die Erzählungen der Chassidim. München: Manesse-Verlag 2006

Stephan Ernst/Nikolaus Klimek (Hrsg.), Grundkurs christlicher Spiritualität. Werkbuch für Schule, Gemeinde und Erwachsenenbildung. Kevelaer: Butzon & Bercker Verlag 2004

Anselm Grün, Glauben als Umdeuten. Glauben, lieben, loben. Münsterschwarzach: Vier Türme Verlag 7. Aufl. 2002 (Münsterschwarzacher Kleinschriften, Bd. 32)

Helmut Jaschke, »Lange Schatten auf der Kinderseele«, in: Publik-Forum Extra: Gepflanzt an den Wassern des Lebens: Kinder brauchen Religion. Oberursel: Publik-Forum Verlagsgesellschaft 2004, S. 22

Gerda und Rüdiger Maschwitz, Von Phantasiereise bis Körperarbeit. Existenzielle Methoden – gekonnt eingesetzt. München: Kösel-Verlag 2004

Rainer Möller/Reinmar Tschirch (Hrsg.), Arbeitsbuch Religionspädagogik für Erzieherinnen. Stuttgart: Kohlhammer Verlag 2002, S. 151

Johannes Röser, Mut zur Religion. Erziehung, Werte und die neue Frage nach Gott. Freiburg: Herder Verlag 2005 (Herder spektrum, Bd. 5602)

Fulbert Steffensky, Der alltägliche Charme des Glaubens. Würzburg: Echter Verlag 2002

Johannes Maria Steinke, Wie beten geht. Freiburg: Herder Verlag 2004

Pierre Stutz, Alltagsrituale. Wege zur inneren Quelle. Mit Audio-CD. München: Kösel-Verlag 2003

Eine Fundgrube für jede Lebenslage: Die Bibel

Wie wir uns auf eine persönliche Entdeckungsreise begeben können

Von ***Andreas Leinhäupl-Wilke****, Hagen*

Die Bibel – eine Schatzkiste

Wenn Sie mich nach meinem Lieblingstext in der Bibel fragen würden, müsste ich eine eindeutige Antwort schuldig bleiben, denn selbst bei längerem Nachdenken könnte ich mich nicht auf eine bestimmte Geschichte festlegen. Die Bibel ist eine unermessliche Schatztruhe, die für fast alle Belange und Stimmungen des Lebens etwas Passendes bereithält: Freude und Trauer, Lust und Schmerz, Trost und Verzweiflung. Auf diese Weise kommen die entscheidenden Fragen des Lebens zur Sprache: Wer bin ich? Wo komme ich her? Was kann ich? Was will ich? Was ist in meinem Leben wichtig? Wo finde ich Halt und Unterstützung? In diesem Sinne beschäftigen sich biblische Geschichten mit alltäglichen Phänomenen und richten dabei gleichzeitig den Blick auf etwas Größeres, auf etwas Unfassbares. Mit ihnen betreten wir die Schnittstelle zwischen dem Individuell-Biografischen und dem Transzendenten. In der Bibel finden sich Lebensweisheiten, die heute genauso relevant und aktuell sind wie zu der Zeit, in der die Texte entstanden sind. Es mag sein, dass einige Bilder, Motive und Erzählzusammenhänge uns Heutigen auf den ersten Blick etwas ungewohnt, vielleicht sogar anteilig fremd erscheinen. Lesen wir uns jedoch in die Texte ein und lassen sie auf uns wirken, dann beginnen sie zu leben – und dann wird uns schnell bewusst, dass sie für moderne Leserinnen und Leser sehr konkrete Angebote bereithalten.

Für die unermessliche Schatzkiste des Alten und Neuen Testaments möchte ich einen kleinen Übersichtsplan vorstellen – eine Art Schatzkarte – und einige Lesevorschläge machen – freilich nur eine stichwortartige Auswahl, aber eine Zusammenstellung, die vielleicht zum Weiterlesen anregt.

Schätze im Alten Testament

Das Alte Testament ist in vier große Teile untergliedert: (1) die Tora (die fünf Bücher Mose); (2) die Geschichtsbücher; (3) die Weisheitsbücher; (4) die Prophetenbücher. Diese Grundstruktur verweist bereits auf eine lebensrelevante Einteilung: Die Tora bringt die Grundlage des jüdischen Glaubens zum Ausdruck, die Geschichtsbücher erzählen von der Vergangenheit des Volkes Israel, die Weisheitsbücher beschreiben mit ihren lebensrelevanten Aussagen die Gegenwart und die Prophetenbücher blicken gesellschaftskritisch, aber verheißungsvoll in die Zukunft.

Die Tora

Neben den allseits bekannten Texten wie der Schöpfungsgeschichte, der Abrahamerzählung, dem Bericht über den Auszug aus Ägypten oder der Erzählung über die Zehn Gebote ist in diesem großen Textblock vielleicht die Erzählung von Josef und seinen Brüdern (Gen 37–50) besonders lesenswert. Es handelt sich um eine umfangreiche Familiengeschichte, die von den Höhen und Tiefen im Leben Jakobs und seiner Söhne berichtet. Es geht um die Entzweiung und Versöhnung unter Brüdern, um Verrat und Rettung, um den Abstieg und den Aufstieg eines Einzelnen, und bei alledem letztlich um die Frage, wie sich Gott in das vielschichtige Leben der Menschen einmischt, wie seine Fügung und sein Erbarmen den Gang der Dinge (auch auf Umwegen) bestimmt und wie durch sein Eingreifen »alles gut wird«. Diese biblische Erzählung wurde übrigens in der Literatur mehrfach weiterverarbeitet, wobei die bekannteste Version wohl der vierteilige Roman »Joseph und seine Brüder« von Thomas Mann sein dürfte – ein relativ umfangreiches literarisches Unternehmen, aber sehr lesenswert.

Die Geschichtsbücher

Dahinter verbergen sich die Bücher von Josua bis zu den beiden Makkabäerbüchern. Diese Texte erzählen davon, dass und wie sich das Volk Israel mit Gottes Geboten im Gelobten Land niederließ, welche strukturellen Entwicklungen das Volk während dieser Zeit machte, wie sich die Beziehung zwischen Gott und seinem Volk entwickelte. Als zentrale Figur dürfte auf den ersten Blick König David erscheinen, dessen Ausbau des Reiches in großen Teilen der Texte beschrieben wird. Daneben tauchen aber noch viele andere interessante Figuren auf, unter anderem einige für die Geschichte Israels sehr entscheidende Frauengestalten wie Rut und Judit.

Das *Buch Rut* erzählt von der Solidarität zweier Frauen (Rut und ihrer Schwiegermutter Noomi) und davon, dass man trotz Vertreibung in der Fremde das Glück finden kann – und zwar durch erfinderisches Handeln und Vertrauen auf Gott. Noomi wandert während einer Hungersnot ins Moabiterland aus, wo ihre beiden Söhne moabitische Frauen heiraten. Nachdem ihr Mann und auch die beiden Söhne verstorben sind, beschließt sie, in ihre Heimatstadt Betlehem zurückzukehren. Ihre Schwiegertochter Rut begleitet sie dorthin und lernt beim Ährenlesen den Gutsbesitzer Boas kennen, einen Verwandten des verstorbenen Mannes der Noomi. Aus der Schwagerehe zwischen Rut und Boas geht Obed hervor, der als Vorfahre König Davids gilt – die Ausländerin Rut hat auf diese Weise zum Weiterleben des Volkes Israel beigetragen.

In der Form eines Lehrromans stellt das *Buch Judit* das kriegsverachtende Programm des Gottes Israels gegen den Machtanspruch eines vermeintlichen Weltherrschers. Während der Belagerung der eingeschlossenen Israeliten durch Nebukadnezzar und seinen Feldherrn Holofernes macht sich die junge, vermögende und gottesfürchtige Witwe Judit auf in das feindliche Lager, verführt den Herrscher durch ihre Schönheit, macht ihn betrunken und bringt ihn am Ende buchstäblich um den Kopf, indem sie ihn mit seinem eigenen Schwert enthauptet. Die Pointe dieses Buches besteht in der absoluten Ablehnung von Krieg und Gewalt – und zwar mit allen dazu zur Verfügung stehenden Mitteln.

Die Weisheitsbücher

Von Ijob bis Jesus Sirach finden wir im Alten Testament Bücher, die sehr praktische und konkrete Lebensanweisungen geben. Leserinnen und Leser können hier studieren, was es heißt, ein gottgefälliges Leben zu führen – und zwar nach allen Regeln der Kunst ...!

Da ist zum Beispiel *Ijobs Botschaft*: Ijob wird uns vorgestellt als ein Mann, dem alles genommen wird, sein Besitz, seine Kinder, seine Gesundheit und schließlich auch seine Frau. Das gesamte Buch erzählt nun davon, wie man mit dieser Situation umgeht, welche Strategien des Trostes es für eine vermeintlich ausweglose Lage gibt. Zunächst geht Ijob mit sich und seinem Gott ins Gericht und versucht sich aufgrund seiner spirituell-religiösen Motivation selbst Trost zu spenden, was durch das Auftreten der drei berühmten Freunde Ijobs (Eliphas, Bildad und Zophar) unterstützt wird. Ijob lehnt sie als Tröster ab, da sie ihn mit Nichtigem trösten wollen. Gelingender Trost geschieht offensichtlich durch Gott selbst: durch seine Annahme, sein Ernstnehmen, sein

Zuhören. Gott weist Ijobs Anklagen nicht zurück, sondern lässt sie als Sprachformen seines Leidens zu. Gott spendet Trost durch die inhaltliche Zusage, dass er seine Schöpfung trotz der chaotischen Zustände bewahrt. Trost empfangen bedeutet, auf Gottes Schöpfungsplan auch jenseits der Verstehbarkeit zu vertrauen.

Einen wichtigen Bestandteil der Weisheitsbücher bilden die *Psalmen*, jene 150 poetischen, sehr symbolreichen Lieder und Gebete, mit denen die Menschen ihre verschiedenen Stimmungen von Klage bis Jubel vor ihren Gott tragen. Diese Texte trösten, machen Mut, setzen menschliche Gefühle und Sehnsüchte ins Wort, reden Gott direkt an – und haben durch die Jahrhunderte hindurch immer ihren Platz in liturgischen Feiern gefunden.

Wesentlich unbekannter dürfte dagegen das *Buch der Sprichwörter* sein. Hier finden wir praktische Lebenserfahrungen in Merksätzen zusammengestellt, die unterschiedlichste Fragen und Probleme aus dem Alltag aufgreifen und diesbezüglich Ratschläge erteilen: »Hass sucht Streit, Liebe sucht Verständigung« (Spr 10,12), »Lieber wenig, aber ehrlich verdient als ein großer Gewinn aus unlauteren Geschäften« (Spr 16,8), »Bedürftigen helfen heißt, dem Herr etwas leihen, der wird es voll zurückerstatten« (Spr 19,17). Diese und viele weitere weisheitliche Sprüche zeigen, dass es im Leben ganz entscheidend auf das richtige Lebenswissen ankommt. Die Sprüche leiten zu einem glücklichen, gerechten und gottgefälligen Leben in der Gemeinschaft an.

Und noch ein Wort zum *Hohelied*: Viele Menschen greifen im Trauungsgottesdienst auf einen Text aus diesem Buch zurück. Es ist eine Sammlung von Liebesliedern in durch und durch erotisch-poetischer Sprache – Weisheitsliteratur, die die Liebe Gottes zu seinem Volk in das Bild der Liebe zwischen Eheleuten kleidet. Lesen wir als Appetitanreger einen kurzen Dialog zwischen der Braut und dem Bräutigam:

»Er führt mich ins Haus des Weines;/sein Banner über mir ist die Liebe ... Der Gartenquell ist ein Born lebendigen Wassers,/das herabfließt vom Libanon (...) Nordwind, erhebe dich, und Südwind, eile herbei!/Durchwehe meinen Garten, dass seine Düfte strömen! Mein Geliebter möge kommen in seinen Garten/und seine köstlichen Früchte genießen!«

»Meine Schwester Braut, ich komme in meinen Garten,/ich pflücke meine Myrrhe samt meinem Balsam, esse meine Wabe samt meinem Honig,/trinke meinen Wein samt meiner Milch. Esset, ihr Freunde,/trinkt und berauscht euch, Geliebte!«

Die Schriften der Propheten

Die prophetischen Bücher zeichnen sich aus durch eine kritische Zeitanalyse. Ihre provokante Kritik richtet sich gegen den Verfall der Gesellschaft, gegen korrupte Politik und vor allem gegen das Nichtbeachten der Botschaft und der Gesetze Gottes. Bei unserem Streifzug begegnen wir neben den ausführlicheren Prophetenbüchern, wie Jesaja, Jeremia, Ezechiel, Daniel, zwölf »kleinen« Propheten, zu denen u.a. Hosea, Amos und das bekannte Jonabuch gehören. Aus den vielen Prophetenschriften möchte ich zwei Leseproben anbieten.

Zur durchgehenden Lektüre bietet sich beispielsweise das Buch Daniel an. Es handelt sich um ein »apokalyptisches« Buch, das heißt, es geht um den der Geschichte innewohnenden Plan Gottes im Blick auf seine Vollendung in Gericht und Heil. Im Mittelpunkt steht die Kritik an allen menschlichen Herrschaftsverhältnissen. Alle irdischen Reiche stehen auf tönernen Füßen und müssen der Herrschaft Gottes weichen. Als Gewährsmann für diese Gottesherrschaft präsentiert das Danielbuch den »Menschensohn auf den Wolken des Himmels«. Erzählerisch ist das sehr spannend umgesetzt: Wir begegnen Daniel und seinen Freunden am babylonischen Hof und erfahren von Träumen und ihrer Deutung, treffen auf drei Jünglinge im Feuerofen und hören verschiedene Visionen Daniels.

Als Beispiel für die harsche Kritik der zwölf »kleinen« Propheten sei Hosea genannt: Dieses Buch bietet eine radikale System- und Institutionskritik und stellt damit die zentralen Bestandteile des öffentlichen Lebens und der Politik seiner Zeit infrage. Als Bilder werden »Hurerei und Ehebruch« verwendet, die in massivster Weise die Abkehr von Gott zum Ausdruck bringen; Königshof und Priestertum erscheinen dabei als Verführer des Volkes. Hosea setzt gegen diese Gottvergessenheit die Erinnerung Israels an die Erfahrungen mit seinem Gott, wie zum Beispiel an den Auszug aus Ägypten. Das Alternativkonzept kommt zum Ausdruck durch die Metaphern von Gott als dem liebenden Ehemann und der vergebenden und heilenden Mutter. Es entsteht also eine sehr persönliche Beziehung zwischen Israel und seinem Gott.

Ohne Vorurteile lesen ...

In das Alte Testament muss man sich tatsächlich »hineinlesen«. Dabei ist ganz entscheidend, dass man sich nicht von den oftmals forcierten Vorurteilen beeinflussen lässt, wie etwa den immer wiederkehrenden Globalaussagen, das Alte Testament sei geprägt von einem lediglich bösen und rächenden Gott, die alttestamentlichen Geschichten zeigten sich überwiegend blutrünstig und menschenverachtend. Liest man die Bücher, ist man überrascht, denn nichts von dem trifft wirklich zu. Ganz im Gegenteil: Das gesamte Alte Testament ist geprägt von der Liebe Gottes zu seinem Volk und vom unumstößlichen Vorhaben Gottes, seine gute und gelungene Schöpfung langfristig zu erhalten.

Spurensuche im Neuen Testament

Gegenüber dem Alten Testament zeigt sich das Neue Testament mit seinen 27 Schriften vergleichsweise übersichtlich. Wir stoßen im Überblick allerdings auf eine ganz ähnliche Struktur: Die vier Evangelien bilden durch die Beschreibung des Lebens, Sterbens und Auferstehens Jesu so etwas wie das Fundament, die Grundaussage für die christlichen Gemeinden. Die Apostelgeschichte beschreibt im Rückblick die Entstehungsgeschichte und die Entwicklung der frühen Kirche, die vielen Briefe diskutieren (ähnlich wie die Weisheitstexte) aktuelle Lebensfragen, die Johannesoffenbarung blickt mit drastischen Bildern visionär in die Zukunft.

Auf den Spuren Jesu – die Evangelien

Die vier Evangelien fallen innerhalb des Neuen Testaments als besondere Gruppe ins Auge und sie beinhalten natürlich die bekanntesten und sicher auch am meisten weiterverarbeiteten Geschichten. Dabei bilden die ersten drei Evangelien (Matthäus, Markus und Lukas – die sogenannten synoptischen Evangelien) eine größere Einheit. Sie weisen in der Abfolge der einzelnen Geschichten und in der Darstellung einzelner Sachverhalte sehr große Ähnlichkeiten und Abhängigkeiten auf. Das Johannesevangelium bietet dagegen einen ganz anderen und eigenständigeren theologischen und literarischen Ansatz.

Bei unserer Schatzsuche sollten wir uns die einzelnen Evangelien nacheinander vornehmen und beim Lesen auf verschiedene Dinge achten.

Für das Matthäusevangelium schlage ich vor, den großen Spannungsbogen vom Anfang bis zum Ende unter die Lupe zu nehmen. Am Anfang dieses Buches (Mt 1–2) stehen der Plan Gottes, Mensch zu werden, aber auch ganz menschliche, geheime Pläne, tödliche Absichten und die Rettung eines Kindes. Am Schluss des Buches (Mt 28) steht die Botschaft der Engel am leeren Grab und die Zusage der Treue und der Parteinahme Gottes für alle diejenigen, die sich von der Botschaft Jesu ergreifen lassen. Beim Lesen des Buches gilt es nun zu prüfen, ob und in welcher Weise der Verlauf des Evangeliums diese Spannung aufrechterhält und mit welchen literarischen Mitteln er sie umsetzt.

Im Blick auf das Markusevangelium könnten wir uns im Laufe der Lektüre besonders mit den eingesetzten Figuren beschäftigen: Wie wird die Hauptfigur Jesus in Szene gesetzt? Welche Beziehung hat sie zu Gott? Welche Rolle spielt Johannes der Täufer? Und wie verhalten sich die Jünger Jesu: Sie treten in vielen Episoden des Buches als Begleiter Jesu auf, folgen ihm nach, sehen und hören mehr als das übrige Volk und agieren mit einer besonderen Beauftragung. Allerdings zeigen sie sich an anderen Stellen auch als unverständig und unsensibel, sie verleugnen und verraten ihren Meister und treten im entscheidenden Moment die Flucht an. Es stellt sich also die Frage, ob und welches Identifikationsangebot diese Gruppe für Leserinnen und Leser darstellt. Dann wären da noch die Gegenspieler, die dazu eingesetzt werden, die Wege der Hauptfigur zu durchkreuzen mit dem festen Ziel, Jesus und seine Idee zu vernichten. Und schließlich stoßen wir auf die sogenannten »kleinen Charaktere«: Sie treten überwiegend nur einmal auf und setzen theologisch weiterführende Akzente. Zu nennen sind etwa die Frau in Betanien (Mk 14,3–9), die heidnische Syrophönizierin (Mk 7,24–30), der blinde Bartimäus (Mk 10,46–52) oder der heidnische Hauptmann, der unter dem Kreuz seinen Glauben bekennt und den gekreuzigten Jesus als »Sohn Gottes« identifiziert (Mk 15,39). Wenn wir uns in das Spiel der Figuren hineinziehen lassen, sind wir mitten im Geschehen und erleben die neutestamentlichen Geschichten gewissermaßen hautnah mit.

Lesen wir das Lukasevangelium, könnten wir neben den vielen anderen Spezialitäten auf diejenigen Episoden achten, die vom »gemeinsamen Essen« erzählen. Sie bilden einen roten Faden durch das Evangelium. Lukas lässt seinen Jesus an verschiedenen Gastmählern teilnehmen und lässt ihn andere zu einem gemeinsamen Mahl einladen. Es handelt sich um das Gastmahl bei Levi (Lk 5,27–39), das Gastmahl beim Pharisäer Simon (Lk 7,36–50), die Speisung der 5000 (Lk 9,10–17), das Gastmahl bei Marta und Maria (Lk 10,38–42), die Pharisäermähler (Lk 11,37–53 und 14,1–24), die Zachäusgeschichte (Lk 19,1–10), die Beschreibung des Abendmahls (Lk 22,1–38) sowie die Emmausgeschichte (Lk 24,13–35). Die Strategie des Lukas liegt auf der Hand: Die Leserinnen und Leser begleiten Jesus zu den Gastmählern in seiner Umwelt. Gemeinsam arbeitet man sich an den dortigen Gepflogenheiten und Konventionen ab, um dann in der Abendmahlserzählung eine eigene Mahlkonzeption vorzulegen. Das Ganze wird schließlich in der Emmausgeschichte noch einmal unter anderen Voraussetzungen durchgespielt: Es geht darum, wie man gemeinsam isst mit dem Bewusstsein, dass der eigentliche Gastgeber nicht mehr anwesend ist.

Wenn wir schließlich zum Johannesevangelium gelangen, bietet es sich an, die individuellen Geschichten – eben jene, die wir bei den Synoptikern nicht vorfinden – in Augenschein zu nehmen: Neben dem völlig alternativen Einstieg in das Buch durch den Prolog (Joh 1,1–18) sind das zum Beispiel die Hochzeit zu Kana (Joh 2,1–11), die Nikodemusgeschichte (Joh 3,1–21), die Begegnung Jesu mit der Samaritanerin am Jakobsbrunnen (Joh 4,1–42), die Heilung des Blindgeborenen (Joh 9,1–41), die Auferweckung des Lazarus (Joh 11,1–44), die Fußwaschungsepisode (Joh 13,1–38), die sogenannten Abschiedsreden (Joh 14–17) sowie die deutlich anders erzählten Ostergeschichten (Joh 20). Diese Bausteine zeigen den besonderen literarischen und theologischen Charakter des Johannesevangeliums.

Der Urgemeinde auf die Spur kommen – die Apostelgeschichte

Die Apostelgeschichte rückt durch ihre Beschaffenheit als Erzähltext sehr nahe an die Evangelien heran. Sie steht in engem Zusammenhang mit dem Lukasevangelium, mit dem sie das sogenannte »lukanische Doppelwerk« bildet. Es geht um die Weitergabe der Botschaft Jesu durch dessen Zeugen – und zwar an die Juden und an die Heiden bis an die Grenzen der Welt. Hier treffen wir auf verschiedene bekannte Größen des Urchristentums wie etwa Stephanus, Philippus oder Petrus. Der überwiegende Teil dieser Schrift ist allerdings bestimmt von der Geschichte des Paulus und folgt vom erzählerischen Duktus her dem Motto »Reisen und Reden«. Nachdem die Bekehrung vom Saulus zum Paulus bereits in Kapitel 9 beschrieben wurde, lesen wir ab Kapitel 13 von den Missionsreisen des Paulus, seinem Auftritt auf dem Apostelkonzil, seinen mannigfaltigen Reden überall in der heidnischen Welt und nicht zuletzt von seiner letzten Reise nach Rom. Die Apostelgeschichte bietet sich insgesamt als »Lesebuch« an. Hier finden wir unendlich viele literarische Schätze des Urchristentums – und vor allem können wir mit dieser Schrift in Erfahrung bringen, wie sich das Christentum zu Beginn seiner Existenz in Auseinandersetzung und Abgleich mit seiner Umwelt entwickelt hat.

Briefe schreiben – und alltägliche Probleme lösen

Auf unserer Schatzsuche im Neuen Testament treffen wir neben den Erzähltexten im Wesentlichen auf Briefe. Von den 27 Büchern werden 21 der Gattung »Brief« zugerechnet, die untereinander wiederum in drei Gruppen aufgeteilt sind: die »echten Paulusbriefe« (Röm, 1 Kor, 2 Kor, Gal, Phil, 1 Thess, Phlm), die sogenannten »deuteropaulinischen Briefe« (Eph, Kol, 2 Thess, Tit, 1 Tim,

2 Tim, Hebr) und die »katholischen Briefe« (Jak, 1 Petr, 2 Petr, 1 Joh, 2 Joh, 3 Joh, Jud). Dieses Material ist aufgrund seiner literarischen Kompaktheit zugegebenermaßen nicht ganz leicht zugänglich und fordert den Lesenden schon eine ganze Menge ab. Aber auch hier gilt der Wahlspruch: »Wer wagt, gewinnt.« Diese Texte sind für uns von unschätzbarem Wert, denn zur Zeit der ersten Christen war das Briefeschreiben die schnellste und direkteste Form der Kommunikation (fast wie heute, wenn wir einmal davon absehen, dass es damals noch keine E-Mails gab). Mithilfe dieser Briefe wurden Botschaften transportiert, der Kontakt zwischen den Gemeinden hergestellt und aufrechterhalten, Fragen gestellt und beantwortet – christliches Gedankengut über Grenzen hinweg diskutiert.

Wenn wir aus den drei Gruppen jeweils einen Brief auswählen müssten, würde ich für die Einstiegslektüre folgende Texte vorschlagen: (1) Im Galaterbrief lernen wir Paulus als eifrigen Kämpfer für seine Art der Evangelienverkündigung kennen. Gegen die falschen Propheten, die offensichtlich in der Gemeinde Fuß gefasst haben, setzt er seine Biografie und die damit verbundene Autorität der göttlichen Offenbarung ein, um die durch Christus gegebene Freiheit der Menschen langfristig zu etablieren. (2) In den drei sogenannten Pastoralbriefen (Tit, 1 Tim, 2 Tim) geht es um die Konstitution von Rahmenbedingungen für das Gemeindeleben. Leitungsfunktionen, Ämterfragen und interne Strukturelemente werden wiederum im Abgleich und in der Auseinandersetzung mit Irrlehren diskutiert und im Blick auf die christliche Gemeinde bereitgestellt. (3) Der Jakobusbrief ruft zur tatkräftigen Umsetzung des Evangeliums auf. Im Mittelpunkt dieses Konzeptes steht das Verhältnis von Glaube und Werken, wobei im Blick auf den Gegensatz von Armen und Reichen die Umsetzung der Nächstenliebe das zentrale Element darstellt.

Ein neuer Himmel und eine neue Erde – die Johannesoffenbarung

Eine wiederum etwas andere literarische Form bietet uns das letzte Buch der Bibel, die Johannesoffenbarung. In Anlehnung an alttestamentliche Bücher befasst sich dieser Text in der Form einer Apokalypse mit den Fragen nach dem Ende von Not und Verfolgung und der sicher zugesagten Rettung durch Gott. In einem mit Symbolen und Bildern aufgeladenen Buch liest man von sieben Sendschreiben an die sieben Gemeinden, sieben Engeln und sieben Posaunen, vom dramatischen Gericht über die weltlichen Herrscher und der endgültigen Herrschaft Gottes. Wer wissen möchte, wie man sich das neue Jerusalem vorzustellen hat und was passiert, wenn ein neuer Himmel und eine neue Erde installiert werden, der sollte keinesfalls darauf verzichten, Offb 21 und 22 zu lesen – es ist der hoffnungsvolle Abschluss der Bibel, der den Bogen zurück zur Schöpfungsgeschichte am Anfang dieses Buches spannt und damit verdeutlicht, dass sich Altes und Neues Testament zwar als vielstimmiger, aber dennoch als fundamental zusammengehöriger Gesamtentwurf präsentieren.

Eine persönliche Entdeckungsreise

Die vorangehende Zusammenstellung versteht sich als Anregung zur persönlichen Entdeckungsreise durch die Bibel. Es ist und bleibt das Grunddokument unseres Glaubens und kann für diejenigen, die es kennen- und lieben lernen, zu einem Handbuch für das eigene Leben werden. Die einfachste Zugangsweise zur Bibel heißt natürlich: Fangen Sie einfach an ...! Aber oftmals ist der Einstieg doch eher schwer und man greift lieber zu einem Roman oder zu irgendeinem anderen Unterhaltungsmedium. Dabei darf man sich im Blick auf die Lektüre der Bibel getrost auf alles freuen, was das »richtige Leben« so hergibt.

Von einigen hört man, dass sie sich irgendwann einmal vorgenommen haben, die Bibel von vorne bis hinten durchzulesen. Das ist natürlich ein sehr ehrenwertes Vorhaben – doch könnte es passieren, dass man auf diesem Weg aus verschiedenen Gründen von seinem Ziel abgebracht wird und dass man sich selbst um wunderbare Leseerfahrungen bringt.

Welche Strategien bieten sich an? Greifen Sie sich ein alttestamentliches Buch, ein Evangelium oder einen Brief heraus und lesen Sie diesen Text am Stück. Auf diese Weise gewinnt man einen Eindruck von den theologischen, gesellschaftlichen, kulturellen, politischen Ideen, die hinter dem jeweiligen Entwurf stehen. In der Einheitsübersetzung und auch in fast allen anderen Bibelausgaben finden sich Hintergrundinformationen, die die Lektüre unterstützen und auch die eine oder andere Hilfestellung bieten.

Suchen Sie das Gespräch über biblische Texte: in der Familie, bei Freunden, im Bibelkreis, im Kreis der Mitarbeiterinnen in der Einrichtung. Gemeint sind damit keineswegs theologische Fachgespräche; vielmehr sollte es darum gehen, die Bibel ins Gespräch zu bringen, davon zu erzählen, was man gelesen hat, Fragen und Unsicherheiten auszutauschen – die Bibel auf diese Weise tatsächlich zu einem Buch des Lebens zu machen.

Hilfestellungen zum Umgang mit der Bibel gibt es in nächster Nähe: die pastoralen Mitarbeiterinnen und Mitarbeiter kennen sich mit der Materie aus.

In der Pfarrbücherei findet sich sicher jede Menge Material zum Umgang mit der Bibel – seien es Bücher, mit deren Hilfe sich die biblischen Geschichten, die Themen und Motive erschließen lassen, seien es Arbeitshilfen für den konkreten Umgang in Kindergarten und Gemeinde oder seien es Bücher, die einen eher individuellen und spirituellen Zugang zur Bibel vermitteln.

Interessant ist auch die Weiterverarbeitung der biblischen Botschaft in Kunst und Kultur. Wie oben kurz angedeutet, finden sich viele biblische Stoffe in der modernen Literatur wieder. Romane, Kurzgeschichten und Gedichte nehmen die Texte aus dem Alten und Neuen Testament auf, interpretieren sie, erzählen sie weiter und korrelieren sie mit dem jeweiligen Zeitgeist. Das Gleiche geschieht in der Kunst, in der Musik, im Theater oder im Film. In all diesen Medien macht die Bibel nach wie vor eine einzigartige Karriere und wir können daran ablesen, dass die teilweise bis zu dreitausend Jahre alten Texte in einzigartiger Form als Ratgeber für unser alltägliches Leben fungieren können.

Heimat finden*

Sich religiös verorten in einer multireligiösen Gesellschaft

Von ***Matthias Hugoth****, Freiburg*

> Am Abend
>
> Du fährst mit mir am Abend
> wenn die Gespräche ausgesprochen
> und Zorn und Streit zurückgelassen
> hinter den Ampeln und den Lichtern
> der Zufahrtsstraßen, wenn zuletzt
> die Autobahn erreicht ist und sie
> mich zielstrebig nach Hause führt
> Da fährst du mit mir und erzählst
> in dieser Stille mir mein Glück.
> ***Christoph Quarch***

Noch in den 70er- und 80er-Jahren des letzten Jahrhunderts prognostizierten Philosophen, Soziologen und Kulturwissenschaftler das nahe Ende der Religion in Europa. Die christliche Religion war damals schon keine Volksreligion mehr, also nicht mehr die maßgebende Religion für den weitaus größten Teil der Bevölkerung unseres Landes. Die Zahl der Menschen, die sich nicht mehr zur christlichen Religion bekannten bzw. die sie als bedeutungslos für ihr Leben bezeichneten, nahm stetig zu. Der Stellenwert der Religion für das öffentliche Leben, für Politik und Gesellschaft, schwand kontinuierlich. Es sah tatsächlich so aus, als wenn Religion, erst recht die innerhalb der Kirchen verortete Religion, in absehbarer Zeit in die Bedeutungslosigkeit abdriften würde.

---

* In dem folgenden Kapitel handelt es sich um eine überarbeitete Fassung des Beitrags »Religiöser Aufbruch oder Psychoboom? Was vom ›Megatrend Spiritualität‹ zu halten ist und wie man seine eigene spirituelle Heimat finden kann«, in: Spielt Gott wirklich eine Rolle? Lebenswelt- und alltagsorientierte religiöse Erziehung in Kindertageseinrichtungen. Redaktion: *Dagmar Wolf*. Freiburg: Verband Katholischer Tageseinrichtungen für Kinder (KTK)-Bundesverband 2007, S. 67–77 (KTK-Position – Theologie und Religionspädagogik).

Heute sieht die Sache anders aus: Religion im Aufwind – dieser Titel eines jüngst erschienenen Buches (Arntz 2007) markiert einen Trend, der vor zwanzig, dreißig Jahren kaum für möglich gehalten worden ist: Die Prognosen vom schnellen Verschwinden der Religion aus dem Leben der Menschen hat sich nicht bewahrheitet, im Gegenteil: Die Menschen heute sind wieder aufgeschlossener für religiöse Fragen und für die Erfahrung, dass Religion den Menschen viel zu bieten hat, ja auch für die Möglichkeit, dass es einen Gott gibt, an den sich die Menschen wenden können und der ihre Geschicke bestimmt. Dieser neue, bereits länger anhaltende Trend wird unter anderem durch eine Fülle von Publikationen angezeigt, die zum Teil enthusiastisch, zum Teil etwas zurückhaltender belegen, dass die Menschen wieder über religiöse Themen reden, religiöse Bilder, Symbole, Riten benutzen und an spirituellen Praktiken unterschiedlichster Art Interesse haben. Dafür stehen exemplarisch Titel wie der von Regina Polak (Hrsg.): *Megatrend Religion? Neue Religiositäten in Europa,* von Stefan Knobloch: *Mehr Religion als gedacht! Wie die Rede von Säkularisierung in die Irre führt,* von Johann Hinrich Claussen: *Zurück zur Religion. Warum wir vom Christentum nicht loskommen,* von Emmanuel Jungclaussen und Peter Schellenbaum: *Religion hat Zukunft. Für eine Spiritualität, die dem Menschen guttut,* von Gottfried Küenzlen: *Die Wiederkehr der Religion. Lage und Schicksal in der säkularen Moderne,* von Willigis Jäger/Christoph Quarch: *»... denn auch hier sind Götter«. Wellness, Fitness und Spiritualität.*

Zu den Autoren, die das vielfältige Interesse der Menschen an religiösen Themen und den Spiritualitätsboom kritischer einschätzen, zählen unter anderen folgende Titel: Matthias Morgenroth: *Weihnachts-Christentum. Moderner Religiosität auf der Spur,* Ulrich H. J. Körtner: *Wiederkehr der Religion? Das Christentum zwischen neuer Spiritualität und Gottvergessenheit,* Hans-Joachim Höhn: *Postsäkular. Gesellschaft im Umbruch – Religion im Wandel,* Konrad Hilpert (Hrsg.): *Wiederkehr des Religiösen? Metaphysische Sehnsucht, Christentum und Esoterik,* Paul M. Zulehner (Hrsg.): *Spiritualität – mehr als ein Megatrend,* Bernhard Grom: *Hoffnungsträger Esoterik?*

Von den Büchern, die zu einer konstruktiven Auseinandersetzung mit den unterschiedlichen religiösen und spirituellen Strömungen anregen und anleiten, sind exemplarisch zu nennen: Ariane Martin: *Sehnsucht – der Anfang von allem. Dimensionen zeitgenössischer Spiritualität,* Marjorie Thomson: *Christliche Spiritualität entdecken. Einübung in ein bewusstes Leben,* Anselm Grün: *Ein ganzer Mensch sein. Die Kraft eines reifen Glaubens,* Margit Eckholt/Sabine Pemsel-Maier (Hrsg.): *Räume der Gnade. Interkulturelle Perspektiven auf die christliche Erlösungsbotschaft.*

Aus der Vielzahl von Fachzeitschriften, die sich mit den Neuaufbrüchen in den Bereichen Religion und Spiritualität befassen, sind beispielhaft zu nennen: GEO 1/2006: *Warum glaubt der Mensch? Hilft Religion über Vergänglichkeit hinweg? Macht sie gesünder? Und gibt es ein Gottes-Gen?* Ferner: Herder Korrespondenz spezial: *Renaissance der Religion? Mode oder Megathema?*. Freiburg 2006; Christ in der Gegenwart – Das besondere Thema: *Wie fühlt sich der Glaube an? Wellness, Religion, Gott.* Freiburg 2006

Fast alle Wissenschaftler und Zeitgeistanalytiker sind sich einig: Wir leben in einer Zeit der Respiritualisierung; Spiritualität ist zu einem Megatrend geworden. Auch wenn das Verhältnis der Menschen von heute zur kirchlich-institutionell vermittelten Religion sich weithin radikal geändert hat, ihre religiöse Empfindsamkeit und ihre Suche nach entsprechenden Erfahrungen, tragenden Botschaften und religiösen Sinnvorgaben sind ungebrochen. »Jedenfalls ist der utopische Gehalt, der sich einstmals mit der Vorstellung und Idee einer religionslosen Zukunft verband, gründlich entzaubert.« (Gabriel 1999, S. 193) Stattdessen gibt es eine »beobachtbare neue Bedarfsanmeldung für Religion« (ebd. S. 212) und gehört »der Zauber des Religiösen zu den Megatrends am Ende des Jahrtausends«. (Fries/Zulehner 1998, S. 81)

In dem folgenden Beitrag wird dieser »Megatrend Spiritualität« in seinen vielfältigen Facetten beschrieben und das Panaroma der religiösen Richtungen hierzulande skizziert.

Dann wird der Frage nachgegangen, was von den vielfältigen, oft irritierenden religiösen und spirituellen Phänomenen im öffentlichen Leben (Werbung, Titelthemen von Illustrierten, Bekenntnisse von Prominenten aus Politik, Kunst und Showbusiness) zu halten ist: Geht es wirklich um Religion, um Gott, oder nur um spirituelle Erlebnisse, Seelen-Wellness?

Sodann wird der Blick auf die Erzieherinnen in Kindertageseinrichtungen gelenkt und eine Antwort auf die Frage versucht, ob Erzieherinnen für ihre pädagogische Arbeit und ob sie als Frauen unserer Zeit eine Spiritualität brauchen.

Schließlich werden Anregungen und Hilfen dafür angeboten, wie man in unserer multireligiösen und spirituell schillernden Welt eine eigene spirituelle Heimat finden kann.

Spiritualität ist ein Thema!

Jedes Fitness-Studio, das etwas auf sich hält, bietet heute Yoga-Kurse an – und das nicht nur allein der körperlichen Ertüchtigung wegen, sondern um auch »die Seele wieder fit zu machen«. Friseurgeschäfte kennzeichnen ihre Angebote mit »Body, Hair and Soul« und zeigen damit an, dass es nicht nur ums Haareschneiden, sondern auch um das seelische Wohlbefinden ihrer Kundinnen und Kunden geht, und dass man diverse darauf abgestimmte Angebote im Sortiment hat. Die Volkshochschulen, Bildungs- und Exerzitienhäuser weisen ein reichhaltiges Programm an unterschiedlichen Meditations-, Selbsterfahrungs- und Selbstfindungskursen auf, in denen die unterschiedlichsten spirituellen Praktiken – vor allem fernöstlicher Herkunft – angeboten werden. Der Buchmarkt wird überschwemmt von spiritueller und esoterischer Literatur und zahlreiche Firmen versenden Kataloge mit einer Fülle von Utensilien für spirituelle Praktiken aller Art.

Solche Beobachtungen lassen sich noch lange aneinanderreihen. Sie zeigen an, was ernsthafte Untersuchungen bestätigen: Spiritualität wird zunehmend mehr zum Thema der Menschen; dafür geben sie viel Geld auf dem expandierenden Markt aus – vermutlich weil es ihnen etwas wert ist.

Was ist aber von den vielfältigen spirituellen Angeboten zu halten, sind sie wirklich ein Indiz für eine Renaissance der Religion? Wie lässt sich bei der Fülle an Angeboten die Spreu vom Weizen trennen, also Seriöses von Oberflächlichem und von Scharlatanerie unterscheiden?

Zunächst gilt es, sich die religiöse und spirituelle Landschaft einmal anzuschauen – allerdings nicht, indem nun ein bilderreiches Panorama neuer Religiosität und Spiritualität entfaltet wird (vgl. Panorama der neuen Religiosität 2005), sondern indem diese Phänomene sortiert werden nach den Sehnsüchten, Fragen und Bedürfnissen, die sich darin manifestieren, sowie nach Kriterien, die diese Phänomene als typisch religiöse und als rein spirituelle ausweisen.

Was sich hinter den religiösen und spirituellen Aufbrüchen manifestiert

Wenn man die Vielfalt der spirituellen Ansätze und Praktiken sortieren will, muss man Kategorien einführen, denen man die einzelnen Formen zuordnen kann. Diese Zuordnung ist immer auch willkürlich und nicht selten eine Ermessenssache; denn es gilt im Einzelfall zu entscheiden, welche spirituelle Richtung man unter welcher Kategorie fasst, obwohl sie mehreren Kategorien zugeordnet werden könnte.

- *Körperbetonte spirituelle Praktiken*

Zu diesen gehören alle Ansätze, die zunächst dem Körper guttun, die dazu führen sollen, dass der Mensch wieder eine gute Beziehung zu seinem Körper findet, mit ihm in Einklang kommt. Viele besuchen entsprechende Kurse auch ausschließlich um ihrer Gesundheit, um eines guten Körpergefühls willen. Sie machen Yoga, Tantra, Ayurveda, Klangschalentherapien und anderes, oft ohne sich mit den religiösen Wurzeln und Hintergründen dieser Übungen zu beschäftigen.

Zunehmend mehr Anbieter, auch gute Fitnessstudios, bieten allerdings auch die Möglichkeit an, die religiösen Traditionen kennenzulernen, in denen die Körperübungen verankert sind.

Wer körperbetonte Praktiken auch als eine spirituelle Bereicherung erleben will, muss sich eingehend mit der Religion – in den meisten Fällen mit dem Buddhismus – befassen, in dem diese Übungen gründen. Dabei sollte nicht nur ein Wissen erworben werden, sondern auch eine Auseinandersetzung mit dieser Religion stattfinden unter der Fragestellung, inwieweit die Religion für einen eine Geltung haben soll.

- *Naturverbundene spirituelle Praktiken*

Viele Menschen haben die Natur wieder entdeckt – sei es, weil sie sich der Natur entfremdet haben, sei es, weil sie spüren, dass die Natur überall bedroht und vielfach schon verloren gegangen ist. Die Vielfalt der spirituellen Praktiken, die das Naturempfinden intensivieren und eine Einbindung in die Natur mit ihren Rhythmen und Zyklen verstärken sollen, reichen von Erde-, Wasser-, Sonnenübungen, oft in Anlehnung an die Übungen der Kneipp-Kuren, über diverse Zeremonien bei der Nahrungszubereitung und der Nahrungsaufnahme bis zu Praktiken, die aus der Tradition der Naturreligionen stammen wie Sonnwendfeiern, Vollmondzeremonien und Rituale aus dem Schamanentum.

Auch bei naturverbundenen spirituellen Praktiken sollte darauf geachtet werden, inwieweit sie nur eine kompensatorische Funktion gegenüber der sonstigen Lebensführung haben, die von den Geräten im Haushalt über unsere Bewegungs- und Transportmittel bis zum Computer und anderen Geräten am Arbeitsplatz überall von Technik geprägt ist; das betrifft sowohl die alltäglichen Handlungen als auch unser Denken (das sich schnell irritieren lässt, wenn ein solches Gerät einmal ausfällt). Wenn naturverbundene spirituelle Praktiken den Naturreligionen entstammen – wie sie in Afrika und Südamerika heute noch zu finden sind und wie es sie bei den Indianern Nordamerikas, bei den Ureinwohnern Irlands, Schottlands, Englands und Mitteleuropas gab –, dann sollte auch hier gefragt werden, inwieweit die religiöse Auffassung von Göttern, Menschen und Welt eine Bedeutung für die Lebens- und Weltauffassung derer haben soll, die diese Spiritualität praktizieren.

- *Spirituelle Praktiken, die das innere Gleichgewicht stärken*

Hierzu zählen alle spirituellen Übungen, die helfen, körperliche und seelische Entspannung zu finden, die Anforderungen des Lebens in eine Rangordnung ihrer Bedeutung und Dringlichkeit zu bringen, einen persönlichen Zuspruch zu erfahren, der aufbaut und stärkt, sowie solche Übungen, die Energieschübe zum Aufbau des eigenen Ego erzeugen. Hier reicht das Spektrum von Körperübungen und Massagen, über diverse Meditationsformen mit und ohne religiöse Anbindung, Übungen zum Austarieren von Ängsten, Schwächen und Stärken, religiös-liturgische Formen bis hin zu den »klassischen« Gottesdiensten.

Wem es um die Gewinnung eines inneren Gleichgewichts geht, um einen Abstand vom Alltag, damit er sich selbst wieder spüren kann, wem es darum geht, Ordnung in seine Gedanken und Gefühle zu bringen, und wer vor allem etwas zum Aufbau seines Selbstwertgefühls tun will, sollte sich überlegen, ob er dazu Selbsterfahrungs- und -aufbaukurse oder psychotherapeutische Übungen wählen soll, anstatt religiöse Praktiken für die Stärkung seines Ego zu instrumentalisieren und damit auch zu verkürzen.

- *Spirituelle Praktiken, die Gemeinschaft stiften und die kollektive Identität stärken*

Viele Menschen nehmen an spirituellen Kursen und Veranstaltungen auch deshalb teil, weil sie hier andere Menschen kennenlernen, weil sie die Erfahrung von Gemeinschaft »in Geist und Gesinnung« machen wollen, weil sie sich besonders unter Gleichgesinnten aufgehoben fühlen und ihre Identität im Kontext einer Gemeinschaftsidentität gestärkt erfahren. Die entsprechenden spirituellen Formen umfassen wieder ein breites Spektrum – von Gemeinschaftsyoga (beispielsweise in tantrischen Gruppen) über gemeinsamen liturgischen Tanz, das gemeinsame Singen in einer Gruppe oder einem Chor, über gemeinsame Wallfahrten, gemeinsame Feste, gemeinsame Aktionen bis hin zu christlichen Gottesdiensten.

Auch hier gilt, wenn es um wirklich spirituelle Erfahrungen gehen soll, dann muss wieder, wie bei den meisten bereits vorgestellten Richtungen, darauf geachtet werden, ob es in erster Linie um Übungen geht, die der eigenen Psyche guttun und einen Ausgleich zur anders erlebten Alltagswelt schaffen sollen, oder ob es um Spiritualität, also um einen bestimmten Geist, eine Geisteshaltung, eine Verbindung zu einer anderen Dimension des Lebens gehen soll, also eine innere Weite, die das Alltägliche überschreitet. Kurz: Man sollte prüfen, von welchem Glauben die Gemeinschaft bestimmt ist, der man sich anschließt; dabei kann es sich um einen religiösen Glauben oder um den Glauben an ein Ideal, eine Idee, einen Wert oder an die Gemeinschaft, an Freundschaft und an den Menschen an sich handeln.

- *Spirituelle Praktiken, die eine religiös fundierte Lebensplanung mehr oder weniger radikal bestimmen*

Viele suchen für sich und für das Bestehen der Herausforderungen des Lebens eine Verbindung zu einer Religion – in unseren Breiten vorrangig zur christlichen Religion, vielfach allerdings auch bereits zur buddhistischen und islamischen Religion. Spirituelle Übungen – Meditationen, Gottesdienste, Schriftlesungen, das Vollziehen von Ritualen und Bräuchen, das Begehen kirchlicher oder anderer religiöser Feste, religiös motivierte soziale Aktionen – eröffnen Möglichkeiten und Wege, wie diese Menschen einen Zugang zu den Inhalten ihrer Religion finden und ihren Überzeugungen einen Ausdruck geben können. Für sie wird die Wahrheit ihrer Religion in der Spiritualität spürbar; letztlich ist es die Sehnsucht nach Gott selbst, die sich in den spirituellen Vollzugsformen niederschlägt.

Für manche Menschen drückt sich in ihrer Spiritualität aus, dass sie ihren Glauben konsequent als Richtmaß ihres Lebens, als bestimmende Kraft gewählt haben. Diese Menschen leben als Priester, Ordensleute, als durch Gelübde gebundene Einzelpersonen oder in geistlichen Gemeinschaften. Mit diesen radikal alternativem Leben und der spezifischen spirituellen Praxis wollen sie auch ein Zeugnis ablegen, was ihnen ihr Glaube bedeutet und was er anderen bedeuten kann.

Für Menschen, die sich für eine in einer Religion verankerte (traditionelle) Spiritualität entschieden haben, gilt es, darauf zu achten, dass es bei dieser Form immer zuerst darum geht, offen für Gott oder das Göttliche zu sein, und erst an zweiter Stelle um das eigene Wohlbefinden.

Von den bisher vorgestellten Typen der Spiritualität dürfte dieser letztgenannte sich am stärksten von jenen Formen abheben, die eher seelische oder körperliche Wellness anstreben.

Spiritualität als Megatrend?

Die eben vorgenommene Kategorisierung der vielfältigen spirituellen Ansätze und Praktiken lässt sich durchaus noch um einige Kategorien erweitern; die hier genannten sollen genügen, weil sie lediglich deutlich machen sollten:

1. wie diffus die spirituelle Landschaft gegenwärtig hierzulande ist;
2. dass es immer wieder darum geht, eine »Unterscheidung der Geister« vorzunehmen, also zu prüfen, »wes Geistes Kind« eine spirituelle Praxis ist;
3. dass es notwendig ist, die eigenen Motive für die Wahl einer bestimmten spirituellen Praxis zu prüfen, weil diese Motive dem eigentlichen Sinn dieser Praxis, zumal wenn sie aus einer religiösen Tradition stammt, oft nicht entsprechen.

Die eben vorgenommene Kategorisierung hat auch gezeigt, wie groß die Spannbreite von spirituellen Richtungen und Vollzugsweisen ist. Haben wir es heute also tatsächlich mit einem Megatrend zu tun?

Das Wort »Megatrend« trifft wahrscheinlich nicht zu, ist zumindest missverständlich (vgl. Zulehner 2004). »Megatrend« bezeichnet einen Trend, eine Mode, einen Zeitgeist, die von einem großen Teil der Bevölkerung getragen werden, indem sie sie praktizieren und die entsprechenden Angebote zuhauf in Anspruch nehmen. »Megatrend« wird dabei häufig als ein recht unbestimmtes und in der Regel auch nicht empirisch untermauertes Signal- oder Programmwort verwendet – ähnlich dem zurzeit häufig verwendeten Begriff »Deutschland sucht …« (Die Schlagworte »Deutschland sucht den Superstar«, »Deutschland sucht den beliebtesten Postboten«, »Deutschland kommt auf den Geschmack – der neue Zott-Joghurt« basieren natürlich nicht auf einer Volksabstimmung, die repräsentativ für die Bevölkerung Deutschlands stehen könnte. – Als ähnlich großspurig und aussagearm ist der Begriff »Megatrend« einzustufen.)

Der Begriff »Megatrend« in Verbindung mit Spiritualität soll – das zumindest ist als sein eindeutiges Signal zu verstehen – anzeigen, dass die Menschen heute wieder offen sind für spirituelle Dimensionen des Lebens, für spirituelle Praktiken, Literatur, Raumgestaltung, Filme und Musik. Darin finden sie

- eine Gegenwelt gegen die Funktionalität, die Versachlichung, die Eindimensionalität des alltäglichen privaten und besonders des beruflichen Lebens;
- einen inneren Ausgleich durch ganzheitliche Erfahrungen mit ihrem Körper, ihrer Seele/Psyche, ihrem Geist gegenüber der Erfahrung des Aufgeteiltseins, also der Erfahrung, dass sie sonst nur aufgrund ihres beruflichen Status und ihrer beruflichen Funktion, ihres Wissens und Könnens, ihrer Ideen, ihrer Kompetenzen usw. gefragt sind;
- die Möglichkeit der Besinnung auf Wesentliches; auch auf Gott, wozu bei den vielfältigen Anforderungen, die aus der Notwendigkeit der Alltagsorganisation erwachsen, kein Raum bleibt; oft erwächst das Bedürfnis nach einer solchen Besinnung auch aufgrund der Erfahrung, dass sehr vieles im Alltag oberflächlich ist, auswechselbar, nichtssagend, trotz vieler Worte, und erlebnisarm, trotz der vielen action;
- die Erfahrung eines Einklangs mit sich, mit der Natur und den Mitmenschen (vielleicht auch mit Gott) als Gegenmaßnahme gegen die Erfahrung der Entfremdung von sich selbst, der Welt und den Dimensionen des Lebens jenseits des alltäglich Fassbaren. Hier geht es zentral um die Findung einer persönlichen Identität des Menschen mitsamt seinen Bezügen zur Natur, den Menschen und zu Gott, um die Erfahrung von Einklang, Stimmigkeit, um die Erfahrung eines tragenden, überzeitlichen Grundes oder Netzwerkes, von innerer Konsistenz und dem Eingestimmtsein in eine größere Natur- oder Schöpfungsordnung.

Die Bestimmung solcher Motivbereiche muss zwangsläufig immer abstrakt ausfallen, weil diese Bereiche möglichst viele Menschen einbeziehen müssen, die diesen Kategorien annähernd zugeordnet werden können. Im Folgenden werden die bisherigen Gedanken konkretisiert und fortgeführt mit Blick auf die Berufsgruppe der Erzieherinnen in Kindertageseinrichtungen.

Spiritualität – auch für Erzieherinnen?

Bei der Bearbeitung dieser Frage werden die Erzieherinnen in Kindertageseinrichtungen sowohl in ihrer Funktion als pädagogische Fachkräfte als auch als Frauen unserer Zeit in den Blick genommen.

Es dürfte auf der Hand liegen, dass Erzieherinnen ihre pädagogische Arbeit mit den Kindern und auch ihre Zusammenarbeit mit deren Familien nicht verrichten können ohne eine bestimmte Haltung zu diesen Menschen und zu ihrem Beruf. Welche Einstellung sie zu den Menschen haben und welche Ansätze und Methoden und konkreten Beziehungsformen sie für ihre Erziehungs- und Bildungsarbeit für maßgebend halten, ist nicht nur eine Sache der Reflexion und der Fachlichkeit; es ist auch eine Sache, hinter der sie von ihrer Einstellung, ihrer Überzeugung, ihrem Welt- und Menschenbild, ihrer berufsethischen Verantwortung her stehen müssen. Denn die Kinder spüren und die Eltern wollen wissen, »wes Geistes Kind« ihre Erzieherin ist.

Dies trifft besonders auf die Bildungsbereiche zu, die ohne eine persönliche Überzeugung und Einstellung nicht zu praktizieren sind, nämlich die Bildungsbereiche Sinn, Werte, Religion.

Diese Bereiche werden von den Bildungsplänen aller Bundesländer mehr oder weniger dezidiert aufgeführt (der Bereich »Religion« allerdings nicht überall, in einigen Plänen ist er mitgemeint bei »Werte und Ethik«); damit ist die eigene weltanschaulich-spirituelle Verortung für die Erzieherinnen quasi verpflichtend. Die eben begründete Unausweichlichkeit der Frage nach der eigenen Einstellung und Haltung den Menschen, der Arbeit, dem Leben gegenüber wird also durch die Bildungspläne noch unterstrichen.

Diese Notwendigkeit trifft auf jeden Fall auf konfessionelle Kindertageseinrichtungen zu, zu deren Bildungsspektrum wesentlich auch die religiöse Erziehung und Bildung gehören. Wer eine solche praktiziert, muss wissen, wo er selbst glaubensmäßig und spirituell steht. Dies beginnt bei Erzieherinnen schon damit, ob sie der Behauptung zustimmen können: »Religion und Ethik sind auch im Elementarbereich unverzichtbare Dimensionen humaner Bildung« (Religion, Werte und religiöse Bildung im Elementarbereich 2007, S. 3).

Neben dieser von ihrer Arbeit als Erzieherinnen ableitbare Notwendigkeit der religiösen bzw. spirituellen Vergewisserung ergibt sich eine solche für Erzieherinnen auch aufgrund der Tatsache, dass sie Frauen unserer Zeit sind. Und zu deren Signaturen gehören, wie im ersten Teil dieses Beitrags ausführlich dargelegt, eine »Respiritualisierung«, also eine Beschäftigung der Menschen mit ihren Sehnsüchten nach einer weltanschaulich-geistlichen Beheimatung, die über das profane materielle Glück, über käufliche Wellness oder das Aufgehen in zwischenmenschlichen Beziehungen hinausgeht, die nach dem Wesentlichen, Eigentlichen, Tragenden, Verlässlichen, Umfassenden fragt.

Wollen Erzieherinnen zu den wachen Zeitgenossinnen zählen, die beobachten, was in der Welt vor sich geht und was die Menschen beschäftigt, dann werden sie sich zumindest fragen müssen, wo sie stehen gegenüber diesen Suchbewegungen der Menschen und den Erprobungen vielfältiger Formen der Spiritualität. Kurz gesagt: ob auch auf sie die Feststellung zutrifft: »Auch die Menschen von heute sind religiös hungrig und machen Erfahrungen der ›Selbsttranszendenz‹.« (Ebertz/Ullrich 2005, S. 48)

Bevor einige Anhaltspunkte zur Selbstvergewisserung der eigenen spirituellen Gestimmtheit oder gar der spirituellen Beheimatung angeboten werden, ist zunächst die Formulierung eines Begriffs von Spiritualität erforderlich.

Wie lässt sich Spiritualität definieren?

Spiritualität meint das bewusste Leben aus einem bestimmten Geist heraus, der aus Daseinsdeutungen und Sinnerklärungen erwächst, die über den Bereich der innerweltlichen Erklärungen und Kalküle einer lohnenden Lebensgestaltung hinausgehen.

Dieses bewusste Leben bezieht alle elementaren Bereiche des Menschseins ein, den Körper und die Emotionen, den Geist und die Seele/Psyche, das Ich und die anderen, die Welt und die Möglichkeit Gottes.

Dieses bewusste Leben ist bestimmt von der Verantwortung für mich und für die anderen wie auch für die Welt um mich her.

Dieses bewusste Leben weiß um seine Vergangenheit, ist immer wieder ganz und gar im Hier und Jetzt, schaut aber auch nach vorne und sehnt sich über seine Lebenszeit hinaus auf andere Dimensionen, die sich danach vielleicht auftun können.

Dieses bewusste Leben ist bestimmt von Wissen, Glauben, Lieben, Leiden, Sehnen, Hoffen, Handeln und einem konstruktiven Umgang mit den Kräften in mir und um mich, die mir Angst machen und meine Energie rauben, die mich traurig, schwach, böse, egoistisch, hoffnungslos, einsam machen wollen.

Dieses bewusste Leben sucht vor allem nach konstruktiven Kräften in mir, bei den Menschen und dem, woran sie glauben, worauf sie hoffen; es ist besonders offen für den Zuspruch der Liebe, der Hoffnung, der Verheißung, der Nähe und des Schutzes Gottes, der in der Religion, der christlichen zumal, zu finden ist. Und dieses bewusste Leben stellt sich schließlich dem Anspruch, der aus der Akzeptanz dieses Zuspruchs resultiert: aus dem Glauben und der Hoffnung heraus die Liebe zu praktizieren, also die konstruktiven Kräfte in mir und bei den anderen zu stärken, eine positive Energie zu verbreiten, widerständig gegen alles Destruktive, Herabziehende, Zerstörende zu sein.

Diese Definition ist bewusst weit gefasst, sodass sowohl die Erzieherinnen sich in ihr wiederfinden, die ihre Spiritualität bewusst und konsequent religiös ausrichten bzw. sie aus dem Glauben schöpfen, als auch die Erzieherinnen, die ihre Spiritualität eher aus sich heraus und aus den Dingen der Welt ableiten.

Persönlichkeitsbereiche als Quellorte meiner Spiritualität

Meine Spiritualität, also der Geist, aus dem heraus ich lebe, erhält aus folgenden Bereichen, die wesentlich zu mir gehören, Kräfte und Impulse.

- *Aus dem Bereich meines Wissens, meines Könnens, meines Schaffens:*
  Meine Erfahrungen, das Wissen, das ich mir erworben habe, meine Fähigkeiten und Kompetenzen, meine Arbeit und mein Engagement bestimmen mein Denken, meine Gefühle, meine Energien, mein »Lebensprogramm«.

- *Aus dem Bereich meiner Beziehungen zu Menschen:*
  Lieben können und geliebt werden, sich um jemanden sorgen, sich nach jemandem sehnen, sich vor einem Menschen fürchten – aber auch: einen Menschen nicht leiden können, einen Menschen verabscheuen oder hassen, ihn als Bedrohung empfinden – kurz: Mein Ich wird bestimmt von den Menschen, zu denen ich eine Beziehung habe, die Töne, die sie in mir erzeugen, wirken auf mein Empfinden und Denken, also meinen Geist von Grund auf.
  Dazu gehören auch Menschen, zu denen ich früher eine Beziehung hatte, die gestorben sind oder irgendwo anders leben. Dazu gehören Menschen aus dem öffentlichen Leben, aus dem Bereich von Religion, Kunst, Politik ... Dazu gehören Menschen, die ich mir als Seelenführer oder Seelenführerin wünsche oder ausgesucht habe.

- *Aus dem Bereich meiner Körperlichkeit:*
  Dazu gehört mein Aussehen, wie ich es für mich wahrnehme und in seiner Wirkung auf andere; dazu gehört die Art und Weise, wie ich über meinen Körper mit mir vertraut bin, über ihn mit anderen in Beziehung trete; dazu gehören meine Einschränkungen und Krankheiten, dazu gehören meine körperlichen Stärken: meine Gesundheit, meine Kraft, meine Ausstrahlung; dazu gehört meine Sexualität in ihrer ganz und gar individuellen Ausprägung; dazu gehört mein Alter; dazu gehören meine Energien; dazu gehört die Verbindung meines Körpers mit der Natur, den Energiefeldern um mich

her, den göttlichen Energien. Alle diese Facetten meiner Körperlichkeit können meine Spiritualität bereichern und sie zu einer Quelle für ein »Leben aus der Fülle« werden lassen – je nachdem, was ich als schön, lustvoll, wohltuend, in die Schöpfung eingebunden erlebe oder als lästig und beschwerlich, als Makel oder als etwas, das vernachlässigt, nicht beachtet, abgespalten werden sollte.

- *Aus dem Bereich meiner Emotionen, Sehnsüchte, Ängste, Lust, Hoffnungen, Wünsche:*
  Dieser Bereich kann vielfältig gefüllt sein, immer in Bewegung, mit ständig sich widersprechenden Kräften, aber auch Gleichmut und Gelassenheit bewirken. Meine Emotionen als Ausdruck von Lebendigkeit und Vitalität, die mich spüren lassen, dass ich lebe und ganz eigene Kräfte habe – oder meine Emotionen als Last, weil ich sie bändigen muss, weil sie mich runterziehen und Energie kosten – meine Emotionen als Ausdruck meiner »Seele« und meiner Spiritualität. Aber auch: meine fremdbestimmten Emotionen, durch die ich mir selbst fremd werde. Alle meine Emotionen bestimmen selbstverständlich und oft mehr, als mir bewusst ist, den Geist, aus dem heraus ich lebe.

- *Aus dem Bereich von Literatur, Kunst, Sport, Technik, Natur ...:*
  Dieser Bereich enthält Zielpunkte meiner Vorlieben, meiner Interessen; hierauf richtet sich mein Engagement, hier begegne ich Menschen, hier fühle ich mich herausgefordert, hier mache ich mir ein Stück Welt vertraut, hier nehme ich Worte, Bilder, die Natur auf, hier bin ich selbst schöpferisch, hier kann ich mich über Dinge und Menschen und mich selbst begeistern. Woran mein Herz hängt, darauf richtet sich auch der Geist, aus dem ich lebe – und umgekehrt: Mein Geist schöpft sich aus dem, woran mein Herz hängt.

- *Aus dem Bereich meines Handelns und meiner Lebensvollzüge:*
  In meinem Handeln wird wahr, woran ich glaube, was ich wichtig finde, wofür es sich zu arbeiten und mühen lohnt. Meine »Liebeserklärungen« an mich, einen Menschen, die Menschen: Das Leben wird wahr durch mein Handeln; aber ebenso werden auch meine Ängste, meine Vorbehalte, schlechten Träume, meine Pflichten und Zwänge wahr, indem sie mein Handeln bestimmen, wenn ich sie abwehren will oder mich ihnen unterwerfen muss. Der Geist, der mich und mein Leben bestimmt, wird in meinem Handeln konkret greifbar, setzt sich dort in sichtbare und erfahrbare Wirklichkeit um.

- *Aus dem Bereich meiner Religion:*
  Dieser Bereich bestimmt entweder am stärksten meine Spiritualität, weil er mir eine Welt der Verheißung, der Hoffnung, göttlicher Kräfte, liebender Menschen, weil er mir Halt und Dynamik zugleich, also eine »Fülle des Lebens« bietet. Oder er steckt voller Fragezeichen, voller undurchsichtiger Botschaften, Bilder und Symbole, sodass meine Spiritualität aus einer ständigen Absetzung von traditionellen Bereichen der Religion lebt, in der ich aufgewachsen bin, und sich immer wieder Anleihen aus anderen Religionen macht.

- *Aus dem Bereich meiner Leiden, meiner unerfüllten Wünsche, meiner Enttäuschungen:*
  Dieser Bereich kann meine Existenz so sehr berühren, dass daraus meine Spiritualität besonders stark oder sogar fast ganz bestimmt wird. Meine Sehnsucht nach Lebensbejahung, Freude, Offenheit und Unbekümmertheit kann durch die Erfahrung von eigenen Nöten und Leiden und Enttäuschungen erlahmen und sich in eine gegenteilige Sehnsucht – etwa nach Einsamkeit, Empfindungslosigkeit oder Ablenkung und Zerstreuung – verkehren. Meine Spiritualität kann sich durch Leiderfahrungen als Resignation, als Mutlosigkeit, als Gleichgültigkeit, als Verunsicherung und Entfremdung äußern – aber auch als Widerständigkeit, als Protest, als Kampf, als Trotz, als Rebellion, auf jeden Fall als Herausforderung.

Eine eigene spirituelle Heimat finden – Anregungen und Hilfen angesichts der schillernden Vielfalt spiritueller Angebote

Die folgenden Hinweise und Anregungen beziehen sich auf die Augenblicke in unserem Leben, in denen sich uns die Frage nach der eigenen Spiritualität als eines Menschen dieser Zeit und in dieser multispirituellen Situation stellt. Das kann ein persönlicher existenzieller Anlass sein; das kann aber auch eine berufliche Notwendigkeit sein – beispielsweise bei der religionspädagogischen Praxis in der Kindertageseinrichtung oder bei der Festschreibung dieser Praxis in die Konzeption dieser Einrichtung oder bei der Vorbereitung von Elternveranstaltungen zum Thema »Warum die religiöse Bildung der Kinder in unserer Einrichtung zum Kanon der Bildungsbereiche gehört«.

Eine grundsätzliche persönliche Entscheidung

Die wichtigste Weichenstellung im Blick auf die persönliche spirituelle Ausrichtung besteht für eine Erzieherin – wie für jeden Menschen, der sich spirituell verorten will – in der Beantwortung der Frage, ob der Bereich des Glaubens und der Religion als ein »Quellort« (s. oben), eine Bezugsgröße infrage kommt, oder ob sie sich ganz und gar auf sich selbst und auf innerweltliche Quellorte beschränken will.

Besinnung auf meine spirituellen Wurzeln

Diese kann erfolgen als Erinnerung an Kindheitserfahrungen, an spätere Erfahrungen: an Menschen, an Botschaften des Lebens, der Religion, an Bilder, Landschaften, Gebäude, Ereignisse und Erlebnisse, Träume und Fantasien, Musik ...

Diese Besinnung kann mit dem Motiv des Weges (»meine spirituelle Entwicklung als persönlicher Weg«) oder mit dem Motiv der inneren Landschaft (»die Bildsegmente, Formen und Farben, harmonischen und disharmonischen Bezüge der Einzelelemente in mir«) gestaltet werden.

Leitend können dabei Fragen sein wie: Wann und wie haben sich Formen meiner Spiritualität verfestigt – als Frau, als Freundin, Partnerin, Mutter, als Erzieherin? Und wo stehe ich heute – im Ortlosen, in einem Netzwerk, allein in einer verwirrenden spirituellen Landschaft, auf sicherem Boden, in der Luft hängend, getragen, tragend, stark, schwach, als Frau in ständiger Absetzung vom Mann, als Frau unter Frauen ...?

Beobachtungen und Reflexionen

Dazu gehört ein bewusst gerichteter Blick auf die spirituellen Phänomene im Alltag, in den Medien, an besonderen Orten (Kirchen, Kitas, Friedhöfe, Landschaften) und zu bestimmten Anlässen (Feste, gesellschaftliche Großereignisse, Nachrichten von Unglücksfällen oder Katastrophen, religiöse Ereignisse usw.).

Dazu gehört ferner, diese Beobachtungen zu reflektieren, also darüber nachzudenken, sich Klarheit durch das Einholen von Informationen zu beschaffen, sie in ihrer Wirkung auf mich zu spüren und bewusst zu dosieren.

Dazu kann auch das Gespräch mit ausgesuchten Menschen gehören, die eine Antenne für Spiritualität haben und ein Interesse an Gesprächen über sie.

Unterscheidung der Geister

Gemeint ist hier: eine intensivere Beschäftigung mit ausgesuchten spirituellen Phänomenen, mit Menschen, die für bestimmte spirituelle Richtungen stehen (Lektüre von Publikationen, Begegnung mit spirituellen Menschen, Erfahrungen mit spirituellen Praktiken).

Sodann die Erstellung einer persönlichen Kriterienliste für eine »Unterscheidung der Geister« (zum Beispiel: Was tut gut? Was baut auf? Was zieht runter? Was fordert mich heraus? Was entspricht meinem Bedürfnis nach Wahrheit? Was entspricht meinem Bedürfnis nach Vereinzelung, nach Gemeinschaft? Was ist nicht Mode, lässt sich nicht instrumentalisieren? Was ist Menschen, die ich schätze, wichtig? Was scheint zu tragen? usw.).

Schließlich ist hier die bewusste Entscheidung gemeint: also der Entschluss, entweder eine spirituelle Richtung intensiver kennenzulernen und damit Erfahrungen zu sammeln, sich also darauf einzulassen, oder die bisherige persönliche Spiritualität zu vertiefen und sich damit gegen die Beeinflussung und Irritation durch andere spirituelle Strömungen zu wappnen.

Vergewisserung meines momentanen Bedürfnisses nach spirituellen Erfahrungen, einer spirituellen Beheimatung

Dieser Schritt kann auch vor allen bisher beschriebenen Schritten stehen. Gemeint ist ein Nachfühlen und Nachdenken über sich selbst: meine Vorlieben für Dinge, die ich für mich und meine tiefer sitzenden Bedürfnisse tue; über den Grad der Zufriedenheit mit mir, dem Leben, eventuell meiner Religion; über meine Fähigkeit zur Stille, zum Nachsinnen, zur Offenheit für Dinge jenseits des alltäglich Funktionalen und Sachlichen, meine Sehnsüchte, Ängste, Hoffnungen, Lieben – kurz: Es geht um eine Vergewisserung, ob ich mich momentan überhaupt offen für spirituelle Erfahrungen erlebe, ob ich ein Bedürfnis nach Spiritualität habe und ob ich diesem einen Raum zu geben bereit bin oder ob ich gleich wieder alles zudecke mit der Bemerkung »Dafür habe ich jetzt keine Zeit«.

Gemeint ist hier auch, Vergleiche anzustellen zwischen Zeiten eines lebendigen spirituellen Lebens und eines Lebens ohne jegliche spirituelle Dimension.

Gemeint ist schließlich auch: Nicht nur meine Bedürfnisse zu spüren, sondern sich Zeit zu nehmen, sie zu beschreiben und eventuell aufzuzeichnen, also mein früheres und mein momentanes Bedürfnis nach spirituellen Erfahrungen, spiritueller Orientierung, spiritueller Verwurzelung. Und ebenso die Erfahrungen festzuhalten, die ich mit dem möglichen Fehlen dieses Bedürfnisses mache.

Entscheidungen treffen

Gemeint ist die Entscheidung für eine spirituelle Praxis, die verbindlich sein soll (das können sein: Denkpausen, Atempausen für die Seele, Zeiten der Beschäftigung mit spirituellen Themen, spirituelle Quellen »anzapfen«, Beziehungen zu spirituellen Menschen pflegen usw.).

Zu der Verbindlichkeit gehört dann eine Verortung dieser spirituellen Praxis in das Programm meiner All-, Sonn- und Feiertagsgestaltung.

Schließlich die Entscheidung, ob ich meine Spiritualität lediglich in ein paar ausgesparten Räumen leben will (an Weihnachten, an persönlichen Festtagen wie Geburts- und Hochzeitstag usw.) oder ob meine spirituelle Praxis ein integraler Bestandteil meines Lebens sein soll.

Bezüge herstellen

Diese Maßnahme zielt darauf, dass die eigene Spiritualität nicht von dem übrigen Leben abgespalten wird – auch wenn ich sie bisweilen tatsächlich in ausgesparten Räumen und zu bestimmten Zeiten (Gottesdienstzeiten, Einkehrtage, Meditationsabende) praktiziere. Es geht also um Bezüge zu meinen Alltagserfahrungen, zu meiner Arbeit in der Kindertageseinrichtung, mit den Kindern, den Eltern, meinen Kolleginnen, und um meine sonstigen sozialen Beziehungen. Bezüge auch zu meinen individuellen Erfahrungen mit der Natur, mit Kunst, Literatur, Musik, mit den schönen und hässlichen, den aufbauenden und den beunruhigenden Nachrichten über die Welt.

Zum Tragen kommen solche Bezüge vor allem, wenn die Deutung von Ereignissen und Entwicklungen – im privaten wie im öffentlichen Leben – ansteht, wenn ich mir einen Reim auf etwas machen, wenn ich zu einer Position kommen will. Und wenn ich dabei meine Spiritualität als einen Bereich verstehe, aus dem ich solche Deutungen und Positionierungen (auch) ableiten möchte.

Schließlich geht es bei der Profilierung und Festigung meiner Spiritualität auch um Bezüge zu meiner Resilienz, also den starken, widerständigen Kräften in mir, und zu meiner Vulnerabilität, meiner Verletzlichkeit, meiner dünnen Haut, meinen Schwachstellen. Konkret gehört dazu die Erprobung von Verfahren, wie ich meine Spiritualität als Grundlage und Impulsgeberin für ein aufrechtes, widerständiges Leben nutzen und wie ich aus meiner Spiritualität Kraft sowie heilende, versöhnliche Impulse für meine Vulnerabilität schöpfen kann.

Die hier erörterten Ansatzpunkte für eine Orientierung in der schillernden Vielfalt der Spiritualitäten können, das dürfte deutlich geworden sein, zugleich auch eine Stärkung der eigenen Spiritualität bewirken. Allein ist dies aber schwerlich zu schaffen. Für Erzieherinnen bieten sich einige Möglichkeiten, bei anderen Hilfe und Unterstützung zu finden – bei Kolleginnen, einem pastoralen Mitarbeiter, einer Mitarbeiterin der Gemeinde, bei Fortbildungen und bei religiösen und spirituellen Angeboten von Exerzitienhäusern, Bildungswerken usw.

Gut ist es auf jeden Fall, sich einen Begleiter, eine Begleiterin zu suchen – man nannte diese Menschen früher »Seelenführer« bzw. »Seelenführerin« –, die Vertrauen genießen, zu denen im Alltäglichen eine Distanz und im Besonderen, also bei den Gesprächen über die eigene Spiritualität, die erforderliche Nähe herstellbar ist. Menschen zudem, die für spirituelle Fragen offen und sensibel sind, die Wissen und Erfahrung mitbringen, die Respekt haben vor dem, was ich erfahre, fühle, denke, wozu ich mich entscheide.

Literatur

Klaus Arntz (Hrsg.), Religion im Aufwind. Eine kritische Bestandsaufnahme aus theologischer Sicht. Regensburg: F. Pustet Verlag 2007

Johann Hinrich Claussen, Zurück zur Religion. Warum wir vom Christentum nicht loskommen. München: Pantheon Verlag 2006

Michael N. Ebertz/Peter-Otto Ullrich, »›Lebensraumorientierte Seelsorge‹ – Prinzipien eines missionarischen Projekts«, in: *Michael N. Ebertz/Ottmar Fuchs/Dorothea Sattler (Hrsg.)*: Lernen, wo die Menschen sind. Wege lebensraumorientierter Seelsorge. Mainz: Matthias Grünewald Verlag 2005, S. 43–60

Margit Eckholt/Sabine Pemsel-Maier (Hrsg.), Räume der Gnade. Interkulturelle Perspektiven auf die christliche Erlösungsbotschaft. Ostfildern: Schwabenverlag 2006

Christian Fries/Paul M. Zulehner, Gottlose Respiritualisierung. Querige Anmerkungen zu einem jugendrelevanten Trend, in: *Hans Asmann/Gerhard Kruip/Martin Lechner (Hrsg.)*: Kundschafter des Volkes Gottes. Festschrift Roman Bleistein. München: Don Bosco Verlag 1998, S. 81–93 (Studien zur Jugendpastoral, 4)

Karl Gabriel, Formen heutiger Religiosität im Umbruch der Moderne, in: *Heinrich Schmidinger (Hrsg.)*: Religiosität am Rande der Moderne. Krise oder Aufbruch? Innsbruck: Tyrolia Verlag 1999, S. 193–227 (Jahrbuch Salzburger Hochschulwochen)

Bernhard Grom, Hoffnungsträger Esoterik? Regensburg: F. Pustet Verlag 2002 (Topos*plus* Taschenbuch)
Anselm Grün, Ein ganzer Mensch sein. Die Kraft eines reifen Glaubens. Freiburg: Herder Verlag 2006
Konrad Hilpert (Hrsg.), Wiederkehr des Religiösen? Metaphysische Sehnsucht, Christentum und Esoterik. Trier: Paulinus Verlag 2001
Hans-Joachim Höhn, Postsäkular. Gesellschaft im Umbruch – Religion im Wandel. Paderborn: Schöningh Verlag 2007
Willigis Jäger/Christoph Quarch, »... denn auch hier sind Götter«. Wellness, Fitness und Spiritualität. Freiburg: Herder Verlag 2004 (HERDER spektrum 5457)
Emmanuel Jungclaussen/Peter Schellenbaum, Religion hat Zukunft. Für eine Spiritualität, die dem Menschen gut tut. München: Kösel-Verlag 2005
Stefan Knobloch, Mehr Religion als gedacht! Wie die Rede von der Säkularisierung in die Irre führt. Freiburg: Herder Verlag 2006
Ulrich H. J. Körtner, Wiederkehr der Religion? Das Christentum zwischen neuer Spiritualität und Gottvergessenheit. Gütersloh: Gütersloher Verlagshaus 2006
Gottfried Küenzlen, Die Wiederkehr der Religion. Lage und Schicksal in der säkularen Moderne. München: Olzog Verlag 2003
Ariane Martin, Sehnsucht – der Anfang von allem. Dimensionen zeitgenössischer Spiritualität. Ostfildern: Schwabenverlag 2005
Matthias Morgenroth, Weihnachts-Christentum. Gütersloh: Chr. Kaiser Verlag/Gütersloher Verlagshaus, 2. Aufl. 2003
Matthias Morgenroth, Heiligabend-Religion. Von unserer Sehnsucht nach Weihnachten. München: Kösel-Verlag 2003
Regina Polak (Hrsg.), Megatrend Religion? Neue Religiositäten in Europa. Ostfildern: Schwabenverlag 2002
Panorama der neuen Religiosität. Sinnsuche und Heilsversprechen zu Beginn des 21. Jahrhunderts. *Hrsg. von Reinhard Hempelmann u.a.* Gütersloh: Gütersloher Verlagshaus, 2. Aufl. 2005
Religion, Werte und religiöse Bildung im Elementarbereich. 10 Thesen des Rates der Evangelischen Kirche in Deutschland. Hannover: Kirchenamt der EKD 2007, S. 3
Marjorie Thomson, Christliche Spiritualität entdecken. Einübung in ein bewusstes Leben. Freiburg: Herder Verlag 2002
Paul M. Zulehner (Hrsg.), Spiritualität – mehr als ein Megatrend. Ostfildern: Schwabenverlag 2004

Sich selbst nichts schuldig bleiben?
Eine Balance finden zwischen beruflichem Engagement und der Sorge für sich selbst

*Von **Matthias Hugoth,** Freiburg*

Leben wir in einer Welt von Egoisten?

Anlässlich einer Fortbildung mit Erzieherinnen im Jahr 2006 geht es um die Frage, welche Einstellung Kinder und Jugendliche heute zu ihren Eltern und ihren Familien, zu Freunden, zur Natur, zur Technik, zu Krieg und Frieden und vielen anderen Dingen haben, die im Leben der Menschen eine Rolle spielen. Ziel ist es, sich ein Bild darüber zu verschaffen, was Kindern heute wert und teuer ist. Dabei zitiert der Referent ausführlich aus der damals aktuellen Shell-Studie »Jugend 2002« und aus anderen Untersuchungen, die über die Werteeinstellungen junger Menschen durchgeführt worden sind. Der Begriff »Egotaktiker«, der in diesen Studien immer wieder auftaucht, wird schließlich auch zum Schlüsselwort der gesamten Veranstaltung. Offensichtlich löst er bei den Erzieherinnen unterschiedliche Empfindungen aus, denn an ihm entzünden sich leidenschaftliche Diskussionen.

Einige finden ihn gut gewählt, weil er auf den Punkt bringt, was sie von den jungen Menschen halten: Diese denken immer zuerst an sich und setzen viel daran, in allem auf ihre Kosten zu kommen. Kein Wunder, dass die sozialen Berufe einen zunehmenden Nachwuchsmangel haben, denn von solchen Jugendlichen ist nicht zu erwarten, dass sie sich mal mit den Kindern anderer Leute »abplagen«, kranke und alte Menschen pflegen.

Andere Teilnehmerinnen des Kurses finden das Verhalten der jungen Leute durchaus in Ordnung: Heutzutage muss jeder schauen, wie er mit seinem Leben zurechtkommt. Alles ist so komplex und undurchschaubar geworden, dazu kommen die Unsicherheiten auf dem Ausbildungs- und Arbeitsmarkt, und die wirtschaftliche Lage ist mit ihrem Auf und Ab auch nicht gerade vertrauenserweckend. Das bekommen schon unsere Kinder mit. Die müssen bereits recht früh lernen herauszufinden, was für sie wichtig und maßgebend ist und wie sie sich in dieser komplizierten Welt mit so vielen unterschiedlichen

Standpunkten, Werthaltungen und Lebensstilen und dem reichhaltigen Angebot an vielerlei Botschaften vom guten und glücklichen Leben zurechtfinden.

Plötzlich spaltet sich die Gruppe in zwei Lager auf, und aus der Diskussion über die Werthaltungen von Kindern und Jugendlichen und die Art und Weise, wie aus ihnen anständige Menschen werden können, entwickelt sich eine Auseinandersetzung darüber, wie viel man an sich selber denken darf und ab wann man zu einer heillosen Egoistin oder heillosen Egoist wird.

Wie viel Selbstliebe kann sich eine Erzieherin leisten? Einig sind sich alle darüber, dass man auch gut zu sich selbst sein muss. Doch dann stellt sich heraus, dass die meisten aus dem Kurs – dies sind fast ausschließlich die älteren Teilnehmerinnen, die schon lange im Kindergarten arbeiten – sich deshalb mal was gönnen, damit sie wieder mit neuer Kraft und neuem Schwung für die Kinder und ihre Familien da sein können.

»Warum ist das eigentlich so?«, fragt eine Erzieherin. »Warum können wir nicht was Gutes für uns tun, ohne dabei ständig an unseren Beruf und unsere eigenen Familien zu denken?« »Weil wir's nicht anders gelernt haben«, lautet die Antwort.

Für andere da sein, ohne sich selbst etwas schuldig zu bleiben

Wie aber bekommt man es hin, dass man für die anderen da ist, ohne sich selbst etwas schuldig zu bleiben? Bei der gemeinsamen Suche nach Lösungen für dieses offensichtliche Dilemma fanden die Erzieherinnen zumindest einige Bereiche, wo anzusetzen wäre.

- *Die Einstellungen zu mir selbst überprüfen*
  Was mag ich an mir, worauf bin ich stolz, was pflege und was vernachlässige ich, wo fällt es mir leicht, mich zu akzeptieren, womit habe ich Probleme? Brauche ich andere Menschen, die mich mögen und schätzen, damit auch ich mich selbst wertschätzen kann? Wie sehr brauche ich diese Menschen? Wo komme ich ganz gut ohne deren Zuwendung und Bestätigung aus?
- *Meine Energiequellen überprüfen*
  Woher nehme ich die Kraft für meine Arbeit, für mein Leben überhaupt? Was bedeuten mir Musik, die Natur, die Farben von Blumen, Bildern,

Menschen? Was bedeutet mir mein Glaube, die Botschaft der Bibel, die Feste des Kirchenjahres, Gebet und Meditation? Was bedeuten mir die Freundschaft mit anderen Menschen, meine Heimat, mein Kindergarten? Woher beziehe ich meine Energie? Kann ich mir diese erhalten oder wird sie mir ständig von meiner Arbeit und den Menschen um mich her geraubt?

- *Die Orte überprüfen, an denen ich Anerkennung und Bestätigung finde*
  Werde ich von anderen nur anerkannt und gemocht, weil ich klug, kompetent, tüchtig, brauchbar, hübsch, hilfsbereit und lernfähig bin? Oder bin ich für andere wichtig, interessant, respektabel, weil ich die bin, die ich bin? Was an mir sollen die anderen mögen und wertschätzen?
- *Die Art und Weise überprüfen, welchen Stellenwert ich in meinem Denken und Reden den ernsten und mühsamen und welchen den schönen, ermutigenden und lustvollen Seiten des Lebens einräume*
  Stimme ich in das allgemeine Jammern und Schlechtreden der Zeitgenossen ein oder kann ich auch schöne, hoffnungsvolle, ermutigende, humorvolle Dinge entdecken und darüber reden? Trage ich zu einer offenen und freundlichen Stimmung in unserer Einrichtung bei oder sehe ich immer nur zuerst die Probleme?
- *Sich zugestehen, dass es sich lohnt, in die eigene persönliche und berufliche Entwicklung zu investieren*
  Wie stehe ich zu meinem Recht auf Fortbildungen? Wie mache ich meinen Anspruch auf eine gute berufliche Begleitung und Unterstützung geltend? Was unternehme ich zur Stärkung meines Selbstbewusstseins, zur Weiterentwicklung meiner sprachlichen und argumentativen Kompetenzen und meiner Fähigkeiten und Begabungen? Auf welche Weise sorge ich dafür, dass ich im Blick auf meine kulturellen, musischen, sportlichen und anderen Bedürfnisse, die sich nicht unbedingt in meinem Beruf nutzen lassen, auf meine Kosten komme?

Für diese Bereiche, in denen die Teilnehmerinnen der Fortbildung eine Überprüfung ihrer Beziehung zu sich selbst, zu anderen Menschen und zu ihrer Arbeit für möglich und notwendig ansahen, haben sie ein Motto gefunden: Wenn ich den Kindern eine Würde zuspreche und dies zum Maßstab für mein Handeln mache, muss ich ebenso ernst nehmen, dass auch ich eine Würde habe, die mich dazu anhält zu verwirklichen, was mir wert und teuer ist.

Am Ende der Fortbildung sind die Erzieherinnen intensiv mit sich selbst beschäftigt. Und je mehr sie erkennen und bejahen, was sie gut an sich und für sich finden, umso näher fühlen sie sich den Kindern in ihrem Kindergarten.

Denn die wissen bekanntlich sehr genau, woher das Lachen und die Freude am Leben und die Liebe zu den Menschen kommen.

In vielen Fortbildungen, in vielen Teamberatungen, Supervisionen und in Einzelgesprächen mit Erzieherinnen kommt das Spannungsverhältnis zur Sprache, in dem fast alle Mitarbeiterinnen in Kindertageseinrichtungen (und in anderen sozialen und medizinisch-pflegerischen Berufen) stecken: die Balance zu finden zwischen der Sorge um andere Menschen und dem Engagement für ihre Einrichtungen auf der einen und der Sorge für sich selbst auf der anderen Seite.

Einige Beiträge dieses Buches haben dieses Thema bereits aus theologischer Sicht aufgegriffen und aufgezeigt, wie man zu einer Spiritualität finden kann, in der das Engagement für andere und für sich selbst gut aufgehoben ist. Die folgenden Ausführungen gehen die Frage nach der inneren Balance aus psychologischer und lebenspraktischer Sicht an.

Mit gutem Gewissen für sich selber sorgen

Wenn man den vielen Angeboten in der Werbung, in Zeitschriften, Radio und Fernsehen aufmerksam zuhört, dann werden hier ständig Ideen propagiert, wie man gut für sich selber sorgen kann: indem man isst und trinkt und genießt, was uns die Werbung anpreist, indem man die Haut und den ganzen Körper mit einer bestimmten Seife oder Creme pflegt oder indem man Waschpulver, Putzmittel, Staubsauger oder andere Geräte benutzt, die einem das Leben zu erleichtern scheinen, und vieles mehr.

Dieser Linie wollen wir mit unseren folgenden Ausführungen nicht folgen. Es werden keine Erlaubnisse erteilt, mal an sich zu denken, sich etwas Gutes zu tun, fünfe gerade sein zu lassen usw. Es werden auch keine Wellnessideen und -tipps angeboten.

Es geht vielmehr um Überlegungen zu der Frage, wie Erzieherinnen einen Ausgleich finden können zwischen den zahlreichen Ansprüchen, die ihnen von den Kindern und den Eltern, den Kolleginnen und dem Träger gestellt werden, und der Sorge um sich selbst, oder kürzer gesagt: wie sich die Nächstenliebe und Selbstliebe in eine gute Beziehung miteinander bringen lassen. Eine ausgezeichnete Erzieherin sein und sich selbst nichts schuldig bleiben – wie soll das mit gutem Gewissen gehen?

Die Palme

Durch eine Oase ging ein finsterer Mann, Ben Sadok. Er war so gallig in seinem Charakter, dass er nichts Gesundes und Schönes sehen konnte, ohne es zu verderben.

Am Rande der Oase stand ein junger Palmbaum im besten Wachstum. Der stach dem finsteren Araber in die Augen. Da nahm er einen schweren Stein und legte ihn der jungen Palme mitten in die Krone. Mit bösem Lachen ging er weiter.

Die junge Palme schüttelte sich und bog sich und versuchte, die Last abzuschütteln. Vergebens. Zu fest saß der Stein in der Krone.

Da krallte sich der Baum tiefer in den Boden und stemmte sich gegen die steinerne Last. Er senkte seine Wurzeln tief, dass sie die verborgene Wasserader der Oase erreichten, und stemmte den Stein so hoch, dass die Krone über jeden Schatten hinausreichte. Wasser aus der Tiefe und Sonnenglut aus der Höhe machten eine königliche Palme aus dem jungen Baum.

Nach Jahren kam Ben Sadok wieder, um sich an dem Krüppelbaum zu freuen. Er suchte vergebens. Da senkte die stolze Palme ihre Krone, zeigte den Stein und sagte: »Ben Sadok, ich muss dir danken, deine Last hat mich stark gemacht.«

Afrikanisches Märchen

Stimmigkeit und Kohärenz

Das von Aaron Antonovsky entwickelte Konzept der Salutogenese (Antonovsky 1997), der Bestimmung von Einflussfaktoren für die Entstehung und die Entwicklung von Gesundheit, geht von der zentralen Feststellung aus: Wenn Menschen ein starkes Gefühl der Kohärenz und der Stimmigkeit sich selbst und ihrem Leben gegenüber empfinden, wenn die wesentlichen Dinge, die ihr Dasein und ihre Beziehung zu den Menschen (und zu Gott) bestimmen, in einem guten Verhältnis zueinander stehen (»stimmig« sind) und zusammenpassen (»kohärent« sind), dann verfügen diese Menschen über eine starke und leistungsfähige Gesundheit.

Um die Stimmigkeit des eigenen Lebens zu erfahren, müssen drei Komponenten zusammenwirken:

1. Den »Durchblick« gewinnen, also die Übersicht bewahren, Zusammenhänge erkennen, Situationen und Entwicklungen differenziert erfassen können: »Herausforderungen der eigenen Umwelt werden als verständlich und durchschaubar erlebt. Interne (körperliche, psychische) und externe Stimuli werden als geordnet, konsistent, strukturiert, klar wahrgenommen und nicht als ›Rauschen‹ (zufällig, willkürlich, unerklärlich).« (Lauterbach 2005, S. 36)

2. Die Erfahrung und Einsicht, dass den Herausforderungen des Lebens passende Ressourcen der Bewältigung gegenüberstehen – entweder eigene, die man selbst kontrolliert, oder fremde, über die andere die Kontrolle haben, denen man vertraut. Antonovsky nennt diese Fähigkeit »Handhabbarkeit« und meint damit die Fähigkeit, auf die Herausforderungen angemessen reagieren zu können, also nicht Opfer der Ereignisse zu werden.

3. Die Sinnhaftigkeit und Bedeutsamkeit, die man einer Sache zu geben in der Lage ist. Gemeint sind die emotionale und spirituelle Dimension des Lebens sowie der Bereich der Motivation. »Die Auseinandersetzung mit Herausforderungen wird als lohnenswert erlebt, die Herausforderungen sind in einen tragfähigen, sinnstiftenden Kontext eingebunden, werden als sinnvoll erlebt; es lohnt, sich zu engagieren. Auch schwierige Herausforderungen werden angenommen, ihnen wird eine Bedeutung beigemessen.« (Ebd. S. 36)

Wenn der Mensch auf diese Weise eine Stimmigkeit in sich entwickeln kann, wird er auch in der Lage sein, seine Kräfte (Wissen, Gedanken, Emotionen, Fantasien, Visionen, körperliche und seelische Kräfte, Glaube, Hoffnung und Liebe usw.) wahrzunehmen, zu steuern, zu bündeln und der Sache angemessen einzusetzen. Kurz: Er verfügt über eine starke Kohärenz.

Je stärker aber die Kohärenz und das Empfinden für sie ist, umso größer die Chancen, mit Stressfaktoren so umzugehen, dass sie einen nicht vollends besetzen.

Gegenkräfte zu Stimmigkeit und Kohärenz

Stimmigkeit und Kohärenz – wer ist überhaupt in der Lage, solche stabilen und starken Zustände zu erreichen? Erste Antwort: jedenfalls nicht der,

1. der keine Zusammenhänge erkennt und den Überblick bewahrt, sondern stattdessen stets die einzelnen Herausforderungen des Alltags sieht – in der eigenen Familie, am Arbeitsplatz, im sozialen Umfeld – und diese addiert und somit zu einem unüberschaubaren und deshalb nicht mehr einschätzbaren Gebilde wachsen lässt;
2. der sich seiner Kräfte und Möglichkeiten nicht bewusst ist und auch nicht um die Ressourcen weiß, die sich um ihn her aktivieren lassen könnten, um die einzelnen Herausforderungen zu bewältigen; der stattdessen immer wieder betont, was er nicht hat – keine Kraft mehr, keine Zeit, keine Fantasie, keine Freunde, keine Energiequellen, keinen rechten Glauben ...;
3. der in den Herausforderungen des Alltags nur Lästiges, Müde-Machendes, Entfremdendes, zu Bewältigendes sieht und nicht mehr dafür offen sein kann, einen Sinn in den einzelnen Dingen und im Ganzen des Alltags zu sehen.

In dieser Gegenüberstellung von einerseits Stimmigkeit und Kohärenz und andererseits ihren Gegenkräften – die in einem umfangmäßig begrenzten Beitrag selbstverständlich nur schematisch erfolgen kann – wird deutlich, dass die Frage danach, wie es möglich ist, dass man angesichts der vielfältigen täglichen Herausforderungen nicht auf der Strecke bleibt, durch die Einstellung entschieden wird, die man zu sich selbst und zu seinem Leben hat.

Gute Gefühle für sich selber

Wer mit sich und seinem Leben stimmig und kohärent und also stark und selbstbewusst werden will, sollte nicht bei dem anfangen, was man darf, was an Aufmerksamkeit und Engagement für sich selbst erlaubt ist. Jeder sollte zuerst auf seine Gefühle achten und nachspüren, wie es um ihn als Mensch steht:

- Wo habe ich das Gefühl, zu kurz zu kommen? Was konkret schmerzt daran? Wo tut das Gefühl, »Opfer« zu sein, vielleicht auch gut? Wo setze ich dieses »Leiden« in Selbstdarstellungen gegenüber anderen ein, um deren Mitgefühl, Achtung, Anerkennung zu bekommen, um nicht den Eindruck zu erwecken, dass ich egoistisch oder gar narzisstisch bin?
- Wenn ich Geld, Zeit, Macht, Ansehen, Beziehungen, die erforderlichen Kompetenzen hätte, meine Situation zu ändern und die Verlierer- gegen

die Gewinnerrolle einzutauschen – würde ich dies alles nutzen und etwas ändern? Oder macht mir der Gedanke an Veränderung und die Notwendigkeit, mich und meine Rolle dann neu definieren zu müssen, Angst?

- Definiere ich mich in erster Linie durch andere (meine Familie, meinen Beruf, meine Freunde, meine Vorgesetzten und Kollegen) und durch meine Arbeit? Wenn ja, wie geht es mir damit? Wo will ich auf jeden Fall als die gesehen werden, die ich wirklich bin? Welche Erfahrungen habe ich schon mit solchen Versuchen gemacht?
- Habe ich gelernt, auf mich zu hören? Ein sicheres Gefühl mir selbst gegenüber zu entwickeln? Wie vertraut ist mir mein Körper, sind mir meine Gefühle, sind mir Grundstimmungen wie Angst, Trauer, Hoffnung, Neugier, Liebe, Abscheu oder Hass und kann ich die Signale des Körpers, der Gefühle, der Stimmungen verstehen?
- Was löst es bei mir aus, wenn andere sagen, dass sie an Gott glauben, dass sie sich von ihm angenommen und bei ihm aufgehoben wissen? Kann ich das verstehen, akzeptieren, vielleicht auch für mich sagen? Wenn es nicht Gott ist, wer ist es dann, bei dem ich mich gut aufgehoben weiß – ich selbst, mein Partner, meine Familie, ein Freund?

Solche Fragen lassen sich weiterführen. Wer sich ihnen stellt, kreist ganz bewusst um sich selbst. Das muss man wollen, sonst kann man keine guten Gefühle für sich entwickeln. Manche können dies allerdings nur, wenn sie einen anderen Menschen hinzuziehen. Hilfreich ist dabei ein Begleiter, eine Begleiterin jedoch nur, wenn der- oder diejenige nicht immer zustimmt, sich mit uns verbündet, am gleichen Strang zieht. Es muss jemand sein, der weiß, wann Nähe und Zustimmung angesagt ist, wann aber auch Distanz und Loslassen, Widerspruch und Korrektiv erforderlich sind.

Die Frage nach dem Bestimmer

Um »mit gutem Gewissen für sich selber sorgen« zu können, ist es schließlich noch erforderlich herauszufinden, wer eigentlich der innere »Bestimmer« in einem ist: Wer sagt mir eigentlich, was ich für mich tun darf, tun soll? Wer verbietet mir dieses und jenes? Wer macht mir ein schlechtes Gewissen?

Ein schlechtes Gewissen zu haben, ist nichts Schlimmes, kein Zustand, den man mit aller Gewalt beseitigen muss. Das Gewissen ist ein Seismograf, der anzeigt, was an meinem Denken, Fühlen und Handeln gut und schlecht, was verantwortbar und was bedenklich ist. Wichtig ist allerdings zu wissen, woher die »Einwände des Gewissens« kommen. Sind es »Kopfbewohner«, also die

Stimmen meines Vaters, meiner Mutter, meines Mannes, meiner Frau, eines Lehrers? Oder ist es meine eigene Stimme? So ganz lassen sich die Sprecher in mir nicht unterscheiden und schon gar nicht austauschen – ich gegen die anderen. Doch die Regie bei dem »Gewissensspiel«, das sich bei jeder schwerwiegenden Entscheidung abspielt, sollte ich behalten. Wie? Indem ich mir über mein Menschenbild, meine Werte, meine Handlungsoptionen (Für was stehe ich und tue ich dann auch? Womit kann man bei mir nicht rechnen?), meine Motive im Klaren bin. Aber auch darüber, was es für mich bedeutet, mit meiner Meinung unter Umständen allein dazustehen, Gegner zu haben, einen anderen Menschen zu enttäuschen.

Zu wissen, was einem wert und heilig ist und warum das so ist, darin liegt die Voraussetzung, um selbst der Bestimmer über sein Gewissen zu sein. Dann fällt es zumindest leichter zu begreifen, dass man nicht nur den anderen, sondern auch sich selbst etwas schuldig bleiben kann.

Was heißt das alles aber konkret für eine Erzieherin, die sich in einer Kindertageseinrichtung zahlreichen unterschiedlichen Ansprüchen vonseiten der Kinder, der Eltern, der Kolleginnen, des Trägers gegenübersieht und die darüber hinaus auch noch einen Anspruch an sich selber hat? Wie kann eine Erzieherin selbst eine Antwort auf die Ausgangsfrage dieses Beitrags finden: Wie gelingt es mir, mir selbst nichts schuldig zu bleiben?

Letztlich kann nur jede Erzieherin sich selbst die Antwort darauf geben. Um zu verhindern, dass diese Antwort entweder nur grundsätzlich und abstrakt ausfällt oder sich auf Einzelsituationen aus dem Alltag beschränkt (bei beiden Formen kann man sich persönlich ganz schön raushalten), schlagen wir das »ABC einer Ethik der Selbstverantwortung für Erzieherinnen« vor. Dieses ABC haben wir nicht von heute auf morgen, es kann eine Weile dauern, bis man beim »Z« angelangt ist.

Es geht konkret so: Nehmen Sie einen Buchstaben des Alphabets und bilden Sie aus diesem ein Wort – beispielsweise »A wie *Achtsamkeit*«, »B wie *Bedachtsamkeit*« oder »*Bündnis*«. Diese Worte sollten stets eine Haltung oder eine Handlung oder eine Struktur bezeichnen (wie »Bündnis«), mit denen ein ethischer Anspruch verbunden ist. Diesen Anspruch sollten Sie nun selbst entfalten, und zwar mit Blick auf sich selbst: Welche Verpflichtung, welche Erlaubnis beinhaltet dieser Begriff mir selbst gegenüber? Also: Bei »A wie *Achtsamkeit*« geht es um die Achtsamkeit, die ich mir selbst schulde; bei »B wie *Bedachtsamkeit*« geht es um die Frage, mit wie viel Bedacht (Behutsamkeit und Intensität) Sie auf sich selber hören, welchen Raum Sie dazu brauchen usw. Wenn Sie »B wie *Bündnis*« wählen, dann geht es darum, wie verbindlich die Sorge um Sie selber für Sie ist, ob Sie eine Art Vertrag mit sich geschlossen haben usw.

Im Folgenden werden einige Buchstaben aus dem »ABC einer Ethik der Selbstverantwortung für Erzieherinnen« ausgeführt, um zu verdeutlichen, was Ihnen dieses »bringen« kann, aber auch, um Sie zu ermutigen bei dem Bemühen, bei allem Engagement für Ihre Kinder und Ihre Einrichtung auch dafür zu sorgen, dass Sie sich selbst nichts schuldig bleiben.

ABC einer Ethik der Selbstverantwortung für Erzieherinnen

A wie »Achtsamkeit«

Achtsamkeit gehört zu den Grundtugenden einer Erzieherin. Denn sie hat sich mit konzentrierter Aufmerksamkeit und Empathie ihren Kindern zu widmen und herauszuhören, zu erspüren und zu entdecken, was die Kinder beschäftigt, was sie brauchen und wo sie selbst gefragt ist. Wohlwollende Beobachtung – das gehört zum Alltagsgeschäft einer Erzieherin. Und das betrifft nicht nur die Kinder. Auch die Eltern wollen ihre Aufmerksamkeit, erwarten von ihr ein Feingefühl, die Fähigkeit des Einfühlens und Verstehens. Und das wollen schließlich auch die Kolleginnen im Team. Ganz zu schweigen von den Lieben daheim. Denn was »die anderen in deiner Kita von dir bekommen, das steht uns schon lange zu« – so könnte man die Erwartungen des Partners und der eigenen Kinder wohl treffend auf den Punkt bringen.

Achtsamkeit ist also ein Begriff, bei dem für viele Erzieherinnen diverse Ansprüche mitschwingen, der moralisch aufgeladen ist und einen starken Forderungsakzent besitzt.

Wie steht es aber mit der Achtsamkeit sich selbst gegenüber? Erzieherinnen haben alle die Binsenweisheit verinnerlicht: Wer nicht gut für sich selbst sorgt, der kann auch nicht für andere gut sorgen. Also tut man auch schon mal sich selbst was Gutes – geht shoppen (auch mal ohne dabei Besorgungen für die Familie zu tätigen), liest ein Buch (auch ohne dabei zu überlegen, wie man es bei der Arbeit einsetzen kann), geht in ein Konzert usw. Vor allem scheinen Essen und Trinken beliebt zu sein, um sich was zu gönnen.

Doch all das ist nicht »Achtsamkeit für sich selber«! Denn dazu muss ich mir Zeit nehmen, lange Auszeiten sogar, muss mich mal ganz allein in den Blick nehmen, mich mit mir beschäftigen – meiner Geschichte, meinen Siegen und

Niederlagen, den »roten Fäden« in meiner Biografie, den Menschen, die mir gutgetan, die mich herausgefordert haben und durch die ich etwas gelernt habe, und die mich enttäuscht, mir wehgetan haben.

Ich muss mich mit meinem ungelebten Leben beschäftigen, also mit all den Dingen, von denen ich sage: »Eigentlich würde ich gerne ...«, »eigentlich wollte ich ...«, »eigentlich bin ich ganz anders – aber ich komme so selten dazu«.

Ich muss mich auch fragen, woher ich meine Kraft nehme, und wo die »schwarzen Löcher« sind, die mir meine Energie rauben.

Ich muss mich fragen, wo ich Wurzeln schlagen kann.

Ich muss mich auch fragen, was ich an mir mag, liebenswert finde, worauf ich stolz bin.

Ich muss mir Zeit nehmen, mich lange und ganz und gar vor dem Spiegel zu betrachten.

»Ja, was denn noch?«, denken Sie nun vielleicht. Wann soll ich das alles tun? Wozu? Wem nützt das was? Das kann ich mir nicht leisten. Und außerdem ist eine solch intensive Beschäftigung mit sich selbst eindeutig egoistisch, vielleicht sogar narzisstisch.

Halt! Welche Kopfbewohner melden sich denn da zu Wort? Wer ist es eigentlich, der mir eine solche Beschäftigung mit mir selbst verbietet? Meine Mutter? Mein Vater? Mein Mann? Gott?

Brauche ich denn eine Erlaubnis? Ja, brauche ich. Und deshalb suche ich nach einem Ort, wo ich sie finden kann.

E wie »Energie«

Für den Beruf der Erzieherin braucht man eine Menge Energie! Niemand wird das bestreiten, der dieses Geschäft kennt. Tagein, tagaus mit den Kindern anderer Leute pädagogisch zu arbeiten, dazu noch möglichst oft die Eltern einzubeziehen, dann auch noch im Team klarzukommen, sich ferner fachlich auf dem Laufenden zu halten – und bei alldem immer wieder zu lächeln (weil sauertöpfig oder gestresst dreinschauende Erzieherinnen kein gutes Bild abgeben): Das kostet in der Tat Kraft und starke Nerven.

Woher nehme ich aber diese Kraft? Bin ich mir im Klaren darüber, über welche Energiequellen ich verfüge? Und ebenso natürlich: Welche »Schwarzen Löcher« meine Energie stehlen? Und welche Rolle spiele ich dabei mir selbst gegenüber – ziehe ich mich selber ständig runter, indem ich beispielsweise eher auf das schaue, was nicht gut läuft und deshalb Probleme macht, indem ich mich ständig realen oder vermuteten Ansprüchen der Menschen um mich her ausgesetzt fühle?

Die meisten Erzieherinnen haben sich mit ihrem Leben und ihrer Arbeit eingerichtet und »irgendwie« eine Balance gefunden zwischen den Menschen und Dingen, die Energie kosten, und solchen Situationen, in denen sie wieder auftanken können. Doch eine solche Balance ist oft anfällig für Störungen und das Bemühen um einen guten Energieausgleich schlägt fehl.

Deshalb ist es gut, sich ab und zu auf seine Energiequellen zu besinnen und nach neuen Quellen Ausschau zu halten.

Die folgenden Gedanken sollen den Blick auf unterschiedliche Bereiche lenken, aus denen Energien geschöpft werden können – für den Körper ebenso wie für die Seele.

- Für viele ist *die Natur* ein solcher Bereich, der Kraft gibt. Deshalb sollten die Möglichkeiten ausgeweitet werden, in denen sich die Natur betrachten und erleben lässt – von regelmäßigen Spaziergängen in der Natur über das Hereinholen, Pflegen und Erleben in Garten, Haus und Hof (Pflanzen, Tiere), über die Präsenz der Natur durch Bilder in der Wohnung und am Arbeitsplatz bis hin zur medialen Vermittlung von Natur durch Bildbände und Bücher, durch Filme, durch akustische Aufnahmen, durch die Musik.
  Frage: Was genau gewinne ich aus der Natur? Wo gibt sie mir Kraft? Bin ich ein Teil von ihr? Was kann ich tun, dass sie für mich erreichbar bleibt, auch wenn sie durch irgendwelche Umstände nicht mehr in meiner unmittelbaren Nähe ist?
- Für viele sind es *Menschen*, bei denen sie Kraft tanken können: vertraute Menschen, die sie durchs Leben begleiten – als Lebenspartner im gemeinsamen Wohnraum, als Kollegin oder Kollege, als Freunde, als Seelsorger, als Gesprächspartner aus der Ferne.
  Frage: Wie erfahre ich einen Menschen als eine Kraftquelle für mich? Ist es ein Geben und Nehmen? Und wenn ich zeitweise die bin, die nur nehmen kann – erlaube ich mir das dann? Wie muss ich mit diesen Menschen umgehen, damit unsere Beziehung nicht beschwerlich wird? Kommt es auch vor, dass ein Mensch, der mich herausfordert, vielleicht sogar konfrontiert, Kräfte in mir freisetzt?
- Viele haben in ihrem *religiösen Glauben* eine Quelle der Kraft gefunden: Dazu gehören für die einen die Inhalte des Glaubens, für andere eher Symbole, Bilder und Riten, für wieder andere die Gemeinschaft mit anderen Gläubigen, und wieder andere richten sich vor allem an den Werten auf, die von ihrer Religion vorgegeben sind.
  Frage: Wie viel ist mir meine Religion als ein Bereich wert und heilig, aus

dem heraus ich Kraft für mein Leben, für die Menschen um mich her und für mich schöpfen kann? Wie viel beschäftige ich mich mit der Welt meines Glaubens? Habe ich alle Quellen schon entdeckt? Und wie steht es mit den Schattenseiten meiner Religion, also mit unverständlichen Glaubensinhalten und -bildern, mit recht zweifelhaften Ereignissen in der Geschichte, mit Praktiken der Kirche heute, die mir undurchsichtig bis zweifelhaft sind? Wo finde ich Hilfe, mit diesen Schattenseiten gut umzugehen, sodass mir die guten Seiten meiner Religion nicht verstellt und damit ihre Kraftquellen nicht versperrt werden?

- Für viele Menschen ist auch *ihre Arbeit* eine Quelle ihrer Energie: Wo Menschen den Eindruck haben, etwas Sinnvolles zu tun; wo sie Erfolg haben, etwas bewirken können, auf eine gute Resonanz der Abnehmer ihrer Dienste oder ihrer Kolleginnen und Kollegen stoßen, wo sie sich am richtigen Platz wissen, wo ihre Kompetenzen und ihre Leistungen anerkannt werden, kurz: wo sie am Arbeitsplatz eine Erfüllung finden. Eu-Stress nennt man solche Arbeitssituationen, das heißt der hier entstehende Stress baut auf, mobilisiert Kräfte, setzt Fantasien frei, bewirkt Glücksempfindungen und tut gut (das griechische Wort »eu« meint »gut«).
  Frage: Kann ich mich an Situationen an meinem Arbeitsplatz erinnern, in denen ich Bestätigung gefunden habe, in denen mir meine Arbeit Spaß gemacht hat, an denen sie von den Kindern, den Eltern, den Kolleginnen, der Leiterin anerkannt wurde? Was baut mich auf bei meiner Arbeit? Und was zieht mich runter? Was kostet viel Energie? Wo und wie kann ich gegensteuern, kann ich dies ausgleichen?
- Schließlich finden zahlreiche Menschen auch *in sich selbst* eine Kraftquelle: Sie haben ein starkes Selbstvertrauen, das heißt: Sie wissen, was sie können, sie können mit ihren Grenzen gut umgehen. Sie verfügen über vielfältige Stärken, über Fantasie, über Mut, über kreative Kräfte. Sie glauben an sich und an die Möglichkeiten, die in ihnen stecken. Sie haben eine gute Balance für ihr Leben gefunden, verfügen über eine innere Weite, können gute Erinnerungen aktivieren, sind stolz auf Dinge, die sie geleistet oder überstanden haben. Sie glauben an sich und können diesen Glauben häufig in einen Glauben an Gott einbetten, zu dem sie eine gute Beziehung haben.
  Frage: Was traue ich mir zu? Was erlaube ich mir an Dingen, die mir guttun? Kann ich an mich, an meine Fähigkeiten und Stärken glauben, oder sind die Selbstzweifel am Ende immer stärker? Kann ich mich mit mir selbst versöhnen, wenn ich mal nicht die mir abverlangte Leistung erbracht habe, wenn ich Fehler gemacht, etwas versäumt, mich dumm angestellt habe? Erlebe ich mich in gute Kontexte eingebunden, aus denen ich Kraft schöp-

fen kann – in eine gute Beziehung zu Menschen, zu einer Gemeinschaft von Glaubenden, zu Gott?

Diese vier exemplarischen Bereiche möglicher Energiequellen enthalten natürlich noch weit mehr Aspekte, die anzuschauen sich lohnen könnte. Ein solches ausdauerndes Hinschauen und Vergewissern der eigenen Energiequellen ist für viele ungewohnt, meist deshalb, weil der Alltag kaum Zeit dazu lässt, und auch deshalb, weil wir es nicht gewohnt sind.

Wer allerdings schon einmal Exerzitien erlebt hat, wer Yoga oder eine andere, den Körper und die Seele einbeziehende Meditationsform praktiziert, wer grundsätzlich zu meditieren versteht oder einfach nur sich zu öffnen und empfänglich zu halten weiß für das, was ihn ausgeglichen, ruhig, froh machen und ermutigen kann, der hat sich auf die Spur nach seinen ganz persönlichen Energiequellen gemacht – und wird dabei auch immer wieder Weggefährten finden, die ihn begleiten und bestärken. Und die ihm schließlich auch helfen, mit den »Schwarzen Löchern«, den Energiefressern, zurechtzukommen.

Wie man mit den Dingen und Menschen am besten umgeht, die einen viel Energie kosten, könnte unter einem weiteren Buchstaben des »ABC einer Ethik der Selbstsorge« verhandelt werden – beispielsweise unter »A wie Abwehr« oder »D wie Distanz«.

S wie »Selbstliebe«

Selbstliebe – das klingt noch immer für viele zunächst nach Egoismus und Narzissmus. Beides Wörter, die für Menschen in helfenden Berufen keinen guten Klang haben: Ein Egoist ist einer, der nur an sich selber denkt und sogar über Leichen zu gehen bereit ist, wenn es um seinen Vorteil geht. Und ein Narzisst ist ein Mensch, der so sehr in sich selbst verliebt ist, sich also so toll, hinreißend, schön, klug, attraktiv und anziehend findet und sich derart viel mit sich selbst beschäftigt, dass er nicht mehr viel für andere übrighaben kann.

Selbstliebe im Sinn von Egoismus und Narzissmus lässt sich mit dem Selbstbild einer Erzieherin nicht vereinbaren.

Erzieherinnen wissen selbstverständlich, dass man gut für sich selbst sorgen muss, um die Kraft und die Ausdauer aufbringen zu können, die erforderlich sind, um die Anforderungen und Belastungen der täglichen Arbeit bestehen zu können. Auch haben viele gelernt, dass man durchaus stolz auf das sein sollte, was man geleistet hat und was einem besonders gut gelungen ist. Schließlich fördert das die Arbeitsmotivation und stachelt dazu an, möglichst noch besser zu werden.

Eine solche rein funktionale Sicht der Sorge für sich selbst hat allerdings nicht viel mit dem zu tun, was Selbstliebe im Kern ausmacht. Sie ähnelt außerdem sehr der Fürsorge, die man für andere aufbringt – als Erzieherin etwa für die Kinder in der Kita, für eine Kollegin, der es gerade nicht so gut geht, für eine Mutter, einen Vater, die einfach mal jemanden brauchen, der ihnen zuhört und der ihnen seine Aufmerksamkeit schenkt.

Dieser von vielen Erzieherinnen in Fleisch und Blut übergegangene Gestus der Fürsorge funktioniert häufig auch dann, wenn es um sie selbst geht. Sie wissen ja schließlich, wie ausbeutbar sie sind, wenn ihre Kinder, ihre Einrichtung, ihre Familien daheim und auch Verwandte und Freunde sich bittend an sie wenden oder einfach Signale aussenden, die besagen: »Bitte enttäusche mich nicht.« Und sie können problemlos Beispiele von Kolleginnen benennen, die unter dem Druck der Anforderungen ihrer Umwelt an den Rand des Burn-out geraten sind. Also ist es schon eine Sache der Vernunft, wenn man gut für sich selber sorgt.

Liebe hat bei aller Zärtlichkeit, Leidenschaft, bei allem Gefühlsmäßigen und Irrationalen auch immer etwas mit Vernunft zu tun. Spätestens dann, wenn wir nicht mehr allein intuitiv wissen oder fühlen können, was der andere braucht, und auch dann, wenn wir uns fragen müssen, ob das, was er von uns will, gut für ihn und gut für unsere Beziehung ist, müssen wir »den Kopf einschalten«. Deshalb sind auch die eben formulierten »vernünftigen« Gründe für eine gute Sorge für sich selbst, also für eine Form der Selbstliebe, berechtigt.

Doch Selbstliebe meint mehr als gut zu sich selbst zu sein, um gut zu anderen sein zu können. Dieses »Mehr« besteht sowohl in der Begründung der Nächstenliebe als auch in dem, was sie alles beinhaltet.

Humanistisch gesehen, also allein aus einer achtungsvollen und wohlwollenden Betrachtung des Menschen heraus, sprechen für die Selbstliebe ähnliche Gründe wie für die Liebe zu den Menschen: Der Mensch hat eine Würde, die ihm allein deshalb zugesprochen werden muss, weil er Mensch ist. Der mit Würde ausgezeichnete Mensch verdient Achtung, Respekt und Hilfe, wenn er in Not ist. Wenn wir uns alle an diesen Grundsatz halten würden, sähe die Welt besser aus. Gottlob richten sich viele hierzulande danach, weshalb wir – noch immer – bei uns von einer humanen Gesellschaft sprechen können.

Die Liebe zu sich selbst ist in einem solchen humanistischen Denken begründet, daher kann und muss ich natürlich auch mir selbst eine Würde zusprechen und daraus Rechte für mich ableiten: Ich bin gut zu mir, weil ich es wert bin.

Für Christen ergibt sich über ein solches Denken hinaus noch eine größere Verpflichtung zur Selbstliebe aus dem biblischen Gebot der Nächstenliebe heraus. Denn dieses lautet »Liebe den Nächsten wie dich selbst«. Dieser Satz enthält einen zweifachen Auftrag – den Nächsten, also den Menschen schlechthin wie auch den Menschen in meiner Nähe, zu lieben und mich selbst zu lieben. Konkret meint Liebe hier: aufmerksam und zugewandt sein, anerkennen und gelten lassen, manchmal auch: beistehen, helfen, Verantwortung tragen – für eine gute Beziehung zwischen mir und dem anderen und bisweilen auch dafür, wie es dem anderen geht.

Zu einer solchen Liebe weiß sich eine Christin sowohl im Blick auf den Nächsten als auch im Blick auf sich selbst verpflichtet. Rein theologisch gesprochen: In einer solchen Liebe zum Nächsten und zu sich selbst spiegeln Christen die Liebe Gottes zu den Menschen wider, wie sie in den biblischen Schriften bezeugt und von den Christen geglaubt wird.

Ob aus humanistischen oder aus christlichen Auffassungen vom Menschen abgeleitet – für die Selbstliebe gibt es als stärkere Gründe also das rein funktionale Argument, dass ich gut für mich sorgen muss, wenn ich für andere da sein will. Diese Gründe machen die Selbstliebe anspruchsvoller. Doch wenn ich sie gelten lasse, werde ich mir erst wirklich selbst gerecht.

Mir gerecht werden wollen, also zu einer guten Praxis der Selbstliebe finden – das bin ich mir wert und das macht mich unabhängiger vom Urteil und Zuspruch anderer. Deshalb gehört »S wie Selbstliebe« unbedingt in ein »ABC einer Ethik der Selbstverantwortung«.

Dazu am Schluss noch ein paar Ideen und Anregungen, wie sich eine solche Selbstliebe praktizieren lässt.

Selbstliebe heißt:

- Ich habe eine Verantwortung mir selbst gegenüber – und die beginnt bereits da, wo ich meine Bedürfnisse wahr- und ernst nehme: Was brauche ich wirklich? Was gestehe ich mir zu? Kann ich zwischen dem, was man mir sagt, dass ich es brauche, und dem, was ich mir in Wahrheit wünsche, unterscheiden – also zwischen dem, was meine Familie, Freunde, Kolleginnen mir raten und was mir die Werbung und die Konsummittelindustrie einzureden versuchen, und dem, was meinen ganz persönlichen Sehnsüchten und Wünschen entspricht? Welches Recht auf eigene Zeiten, eigene Gedanken und Fantasien, eigenen Geschmack, auf Rückzug und eine Beschäftigung mit mir selbst gestehe ich mir zu?
- Ich versuche, eine gute Beziehung zu mir selbst aufzubauen. Ich sehe beispielsweise nicht immer zuerst, was ich nicht kann, nicht geschafft, nicht so gut gemacht habe, sondern honoriere, was ich schon geleistet, was ich

schon überstanden, gemeistert, an Problemen gelöst habe. Ich entdecke auch schöne und liebenswerte Seiten an mir (an meinem Aussehen, meinem Körper wie auch an meinen geistigen und psychischen Fähigkeiten, charakterlichen Eigenschaften, Potenzialen und Möglichkeiten, die in mir stecken).

Ich achte auf die Signale, die mein Körper, meine Gefühle, meine Träume mir senden. Ich nehme mich ernst. Ich erlaube mir Fehler, aber ich bin auch bereit, meine Schwächen und Unzulänglichkeiten anzuschauen und zu entscheiden, was ich ändern will.

- Ich suche nach Kraftquellen für mich in mir selbst, bei meinen Mitmenschen, bei meiner Arbeit, bei den Kindern, in der Natur, in der Musik, in der Kunst, in meinem Glauben, bei Gott. Und ich bin bereit, mir den Raum und die Zeit zu nehmen, die erforderlich sind, damit ich mich wirklich auf diese Quellen besinnen kann und damit sie zur Wirkung kommen.
- Ich bemühe mich bei dem Versuch, meinen Bedürfnissen gerecht zu werden, um eine Balance zwischen den Dingen, die auf Ausgleich und Erholung, auf Zerstreuung und Ablenkung ausgerichtet sind, und den Interessen und Themen, die tiefer gehen, die anspruchsvoller sind und Zeit und Energie brauchen. Ich erlaube mir diese Zeit und diese Energie – ganz für mich allein. Ich sage nicht mehr: »Eigentlich müsste ich mal wieder …« Ich nehme mir aus den vielen Dingen, die ich »eigentlich« mal wieder für mich tun möchte, eine Sache vor und setze sie um.
- Ich entwickle meine Fähigkeit, Ansprüche an andere Menschen zu stellen, weiter, indem ich diese klar zu formulieren und auch gegen Widerstand zu behaupten lerne – auch gegen meine Familie, Freunde, Kolleginnen und andere Menschen, die mir nahestehen.
- Ich lerne »Nein« zu sagen. Ich lerne, mich eindeutiger zu zeigen in dem, was man von mir erwarten kann und was nicht.
- Ich bemühe mich um mehr Klarheit in der Frage, wem ich was schuldig bin und wem ich nichts oder nur bestimmte Dinge schuldig bin.
- Ich suche mir Menschen, die mich aufbauen, die mich begleiten, bei denen ich Anerkennung, Unterstützung und Hilfe, aber auch, wo es angebracht ist, Kritik und einen Widerpart finde, an dem ich mich reiben und an dem ich stärker werden kann.

Die Reihe der Möglichkeiten, wie die Selbstliebe in meiner Einstellung zu mir selbst, in der Beziehung zu mir selbst und in meinem Handeln für mich selbst praktiziert werden kann, lässt sich noch lange fortsetzen. Dazu sollten die bisherigen Ausführungen zur Selbstliebe ermutigen und anregen.

Sich auf solche Ermutigungen und Anregungen einzulassen, ist schon ein erster Schritt auf eine gesunde Selbstliebe hin.

Literatur

Aaron Antonovsky, Salutogenese. Zur Entmystifizierung der Gesundheit. Tübingen: dgvt-Verlag 1997

Matthias Lauterbach, Gesundheitscoaching. Strategien und Methoden für Fitness und Lebensbalance im Beruf. Heidelberg: Carl-Auer-Systeme Verlag 2005

Zwanzig Thesen zur Frage, ob es Gott gibt*

Von ***Norbert Scholl,*** *Heidelberg*

Drei Dinge
sind aus dem Paradies
geblieben: Sterne,
Blumen und Kinder.
Dante Alighieri

Gibt es Gott? Gibt es eine Gottheit? Gibt es eine transzendente, alles übersteigende Macht, einen Schöpfer des Alls? Oder bilden wir uns das alles nur ein?

Wir wissen es nicht. Es kann ja sein. Vielleicht. Es kann möglicherweise auch nicht sein. Jedenfalls, das war das erklärte Ziel der vorangegangenen Ausführungen, ist es sinnvollerweise nicht kategorisch auszuschließen, dass es »so etwas wie Gott« gibt. Denn:

1. Die Gottesfrage ist grundsätzlich offen. Weder die Existenz noch die Nicht-Existenz Gottes lassen sich beweisen. Für jede der beiden Positionen können stichhaltige Argumente benannt werden. Beide Einstellungen sind zu achten und zu respektieren.

2. Seit eh und je ist die Frage nach Gott ein Kristallisationspunkt aller unlösbaren Rätsel des irdischen Daseins. Ausgangspunkt ist die Frage nach dem Woher und Wohin und das Verwundern: Warum ist eigentlich etwas und nicht nichts?

3. Nicht wenige von jenen, die sich als Atheisten bezeichnen, tun dies nur deswegen, weil ihnen das von Kirchen oder religiösen Institutionen vorgelegte, normierte Gottesbild nichts mehr sagt, weil sie sich mit ihren eigenen

---

* *Norbert Scholl,* Kein Platz für Gott? Zur Aktualität der Gottesfrage. Freiburg (Schweiz): Paulusverlag 2006, S. 213–216

Erfahrungen darin nicht wiederfinden können und weil ihnen die tradierte »Gotteslehre« zu abstrakt und begriffsorientiert erscheint.

4. Keine der Weltreligionen kann für sich in Anspruch nehmen, über eine exklusive, jegliches menschliches Erkenntnisvermögen prinzipiell überschreitende, allein »wahre« Gotteserkenntnis und Gotteskenntnis zu verfügen.

5. Nach wie vor erfüllt viele Menschen die Größe und Erhabenheit des »gestirnten Himmels« und die kleinen Wunder des Mikrokosmos mit Staunen und Ehrfurcht. Das lässt in ihnen die Frage aufkommen, ob alles nur aus Zufall geworden sei oder ob nicht »hinter« allem eine schöpferische und ordnende, geheimnisvolle Kraft stehe.

6. Viele sehen trotz der manchmal völlig chaotisch verlaufenen Evolutionsgeschichte bis hin zum Menschen eine zielorientierte und sinnstiftende Macht am Werk.

7. Der Mensch erscheint als ein »Mängelwesen«, als »ergänzungsbedürftiges Bruchstück des Seins« (Alexander Gehlen). Die immer wieder aufbrechende »Sehnsucht nach dem ganz Anderen« (Max Horkheimer) und die unausgesprochene Vermutung, dass es im Leben noch mehr geben muss als »Alles«, offenbaren die merkwürdige Ahnung von einem letzten, tragenden Grund jenseits aller irdischen Wirklichkeiten.

8. Merkwürdig ist die Tatsache, dass seit den Anfängen der Menschheit Zeugnisse für den Glauben an ein Welt-jenseitiges »höheres Wesen« belegt sind. Dieser Glaube hat sich immer wieder in persönlichen und kollektiven Krisen bewährt.

9. Die Sehnsucht des Menschen nach einem Zuhause und einer Heimat könnte die rätselhafte Urahnung von einer letzten und endgültigen Geborgenheit offenbaren, aus der die Menschen kommen und zu der hin sie unterwegs sind.

10. Zahlreiche Wissenschaftler vertreten die Ansicht, dass die Biologie des Gehirns offen ist für eine transzendente Wirklichkeit und das Göttliche und dass die Religion eine biologische Grundlage hat. Religiöses Erleben lässt sich nicht auf bestimmte neurologische Vorgänge reduzieren.

11. Angesichts der täglich leidvoll erlebten, aber unumgehbaren Ausgesetztheit und des Überfordertseins ahnt offenbar der Mensch, dass es Mächte gibt, die stärker sind als er, der sich oft hilflos ausgeliefert fühlt. Er spürt, dass er auf mehr und auf anderes als nur auf sich selbst verwiesen ist. Seit Urzeiten scheint das Göttliche als integrierender Teil zum System des Lebens zu gehören.

12. Allein die Tatsache, dass es das Wort »Gott« gibt, obwohl es etwas bezeichnet, was im Erfahrungshorizont der Menschen gar nicht vorkommt, ist merkwürdig und erscheint des Nachdenkens wert.

13. Vor dem Hintergrund vielfacher Erfahrungen hat sich im Verlauf der Geschichte Israels die Überzeugung verdichtet, dass JAHWE, der Gott Israels, ein namenloser, verborgener Gott ist, der in besonders transparenten Situationen plötzlich und unerwartet »da ist« und der sich nicht auf eine feste Gestalt oder ein exakt fixiertes Bild festlegen lässt. Diese Überzeugung weist einen Weg, wie Gott auch heute gedacht werden könnte. Gott »ist« nicht, sondern er »wird«. Gott »ereignet« sich in der Situation – hier oder dort, vielleicht auch ganz anders und ganz woanders.

14. Für Milliarden von Menschen ist Jesus von Nazaret zu *dem* »Gottesereignis« schlechthin geworden.

15. Alltägliche Sinnerfahrungen unbedingter Freiheit, grenzenloser Liebe, vorbehaltloser personaler Zuwendung, erlebter Treue und Redlichkeit, unverhoffter Verzeihung und Feindesliebe bieten Anlass zu dem Vertrauen, dass allem Geschehen letztendlich ein wohlwollendes Ordnungsgesetz zugrunde liegt.

16. Die Bezeichnung Gottes als »Person« mag in der Antike aufgrund eines anderen Begriffsverständnisses angebracht gewesen sein: Unter »Person« wurde als das verstanden, was »hinter« allem vordergründig Wahrgenommenen steht. Das heutige Personenverständnis – Person als selbstständiges Individuum – führt unweigerlich zu gefährlichen Missverständnissen – zumal in der christlichen Rede von dem »einen Gott in drei Personen«.

17. Das Wort »Gott« erscheint heute weithin abgegriffen und vieldeutig. Aufgrund einer unterschiedlichen Sozialisation, einer oft recht divergierenden

Auslegung und einer stark belasteten Geschichte verbinden sich damit sehr verschiedenartige Vorstellungen, die nicht selten geradezu widersprüchlich sind (»Gott mit uns« – »Gott will es« als Schlachtruf). Es empfiehlt sich daher, das Wort »Gott« nur sehr behutsam, demütig und eher selten im Munde zu führen.

18. Umschreibende Begriffe sind besser geeignet, das mit »Gott« Gemeinte zum Ausdruck zu bringen: absolutes Geheimnis, tragender Grund, Urkraft des Seins, Urbeginn von allem, das, was mich unbedingt angeht, verborgenes Geheimnis des Seins, Grund, Mitte und Ziel alles Seienden und allen Seins, geheimnisvoll ansprechendes und ansprechbares Du.

19. Wer vorgibt, über Gott, sein »innergöttliches Leben« und seine »Eigenschaften« genau Bescheid zu wissen und sichere Aussagen darüber machen zu können, offenbart damit nur, dass er vom Geheimnis »Gott« nicht erfasst ist. Er beschreibt das von ihm selbst geschaffene Bild. Denn »wenn du ihn begriffen hast, kann es nicht Gott gewesen sein« (Augustinus).

20. Zeitgemäße, glaubwürdige Rede von Gott darf nicht geprägt sein vom Grundton scheinbar unerschütterlicher Sicherheit und von einem begrifflichen »Wissen« um das Geheimnis »Gott«. Sie muss vielmehr Ausdruck sein eines ahnungsvollen, vorsichtigen Tastens im Ungewissen, im Unbeschreiblichen, im Unfassbaren und eines Mutes, das Undenkbare zu denken. Die »Umgangsformen« mit Gott sollten scheuer und verhaltener sein.

Herausgeber, Autorinnen und Autoren

Monika Benedix, Diplomsozialpädagogin, Social Service Managerin, Geschäftsführerin/Referentin der Bundesvereinigung Evangelische Tageseinrichtungen für Kinder (BETA), langjährige Tätigkeit in der Fachberatung.

Matthias Hugoth, Theologe, Pädagoge und Caritaswissenschaftler, Dozent für Erziehungswissenschaft und Elementarpädagogik an der Katholischen Fachhochschule, Freiburg, langjähriger Referent im »Verband Katholischer Tageseinrichtungen für Kinder (KTK)-Bundesverband«, Freiburg.

Dr. *Albert Biesinger*, Professor an der Katholisch-Theologischen Fakultät der Universität Tübingen, Abteilung Religionspädagogik.

Dr. *Werner Gatzweiler*, Theologe und Physiker, Referent im »Verband Katholischer Tageseinrichtungen für Kinder (KTK)-Bundesverband«, Freiburg. Hauptberuflicher Diakon in Leonberg, Diözese Rottenburg-Stuttgart.

Dr. *Frieder Harz*, Professor für Religionspädagogik an der Evangelischen Nürnberg und als Lehrbeauftragter an der Evangelisch-Theologischen Fakultät der Ludwig-Maximilians-Universität München. Landeskirchlicher Beauftragter der Evangelisch-Lutherischen Kirche in Bayern für religiöse Erziehung in der frühen Kindheit.

Dr. *Gunther Klosinski*, Professor an der Universitätsklinik Tübingen, Abteilung Psychiatrie und Psychotherapie im Kindes- und Jugendalter.

Dr'in *Helga Kohler-Spiegel*, Professorin für Religionspädagogik/Humanwissenschaften an der Pädagogischen Hochschule Vorarlberg/Österreich. Psychotherapeutin und Supervisorin in eigener Praxis.

Dr. *Andreas Leinhäupl-Wilke*, Theologe und Germanist, mehrere Jahre theologischer Referent in der Abteilung Tageseinrichtungen für Kinder beim Diözesan-Caritasverband Köln mit den Schwerpunkten Religionspädagogik, Kinderpastoral, Kinderarmut (hierzu Federführung eines Forschungsprojektes). Planung, Organisation und Durchführung von Fortbildungsveranstaltungen für Erzieherinnen und Erzieher; Entwicklung von Konzepten für die Kindergartenpastoral. Betreuung des DFG-Forschungsprojektes

»Herrenmahl und Gruppenidentität« bei der Universität Münster. Habilitand im Fach Neutestamentliche Exegese.

Rita Meurer, Dozentin für Religionspädagogik, Deutsch und Jugendliteratur an der Fachschule für Sozialpädagogik im Erzbischöflichen Berufskolleg Köln.

Sabine Müller-Langsdorf, Pfarrerin, Dozentin für Religionspädagogik im Arbeitszentrum Fort- und Weiterbildung (afw) der Pädagogischen Akademie Elisabethenstift in Darmstadt. Arbeitsschwerpunkte: Religionspädagogik im Situationsansatz, Kinder unter drei, Wertorientierung in Kindertagesstätten.

Wolfgang Poller, Pfarrer in Idar-Oberstein (Rheinland-Pfalz). Synodalbeauftragter für Kindertagesstätten. Vorsitzender eines Trägerverbandes für acht Kindertagesstätten in Idar-Oberstein. Stellvertretender Vorsitzender des Rheinischen Verbandes Evangelischer Kindertagesstätten.

Maja Dorothea Schellhorn, Universitäre Ausbildung in Sprachwissenschaften, Erwachsenenbildung sowie Coaching und Beratung von Veränderungsprozessen mit künstlerischen Mitteln. 14 Jahre Leitungserfahrung in großen Institutionen. Selbstständig tätig als Coach/Supervisorin, Mediatorin, Moderatorin und Trainerin, u.a. für Erzieherinnen. Themenschwerpunkte: Kommunikation, Teamentwicklung, Führungskompetenzen, Geschlechter- und familiengerechte Strukturen, berufliche Veränderungsprozesse.

Aya Schneider, Diplompädagogin, langjährige Leiterin einer Kindertageseinrichtung, Referentin für Religionspädagogik in Kindertageseinrichtungen im Ordinariat des Erzbistums Freiburg, aktiv tätig in der Fortbildung von Erzieherinnen.

Dr. Friedrich Schweitzer, Professor an der Evangelisch-Theologischen Fakultät der Universität Tübingen, Abteilung für Religionspädagogik.

Peter Siebel, Pädagoge und Pfarrer, Dozent für den Elementarbereich am Pädagogisch-Theologischen Institut der Evangelischen Kirche im Rheinland in Bonn-Bad Godesberg.

Johanna Wittmann, Pfarrerin, Lehrsupervisorin (DGfP), Weiterbildnerin für Psychodrama und Leiterin der Evangelischen Akademie im Saarland.

Dr'in Agnes Wuckelt, Professorin für Religionspädagogik an der Katholischen Fachhochschule Nordrhein-Westfalen, Abteilung Paderborn.

Quellennachweis

S. 49: *Peter Handke*, Das Gewicht der Welt. Ein Journal (November 1975 – März 1977). Frankfurt/M.: Suhrkamp Verlag, 8. Aufl. 2003

S. 149: *Brigitte Enzner-Probst*, Heimkommen. Segensworte, Gebete und Rituale für die Kranken- und Sterbebegleitung. München: Claudius Verlag 2004, S. 32

S. 151, 170, 183 und 208: *Christoph Quarch*, Stille hinter allen Worten. Gebete, die das Herz öffnen. München: Kösel-Verlag 2005